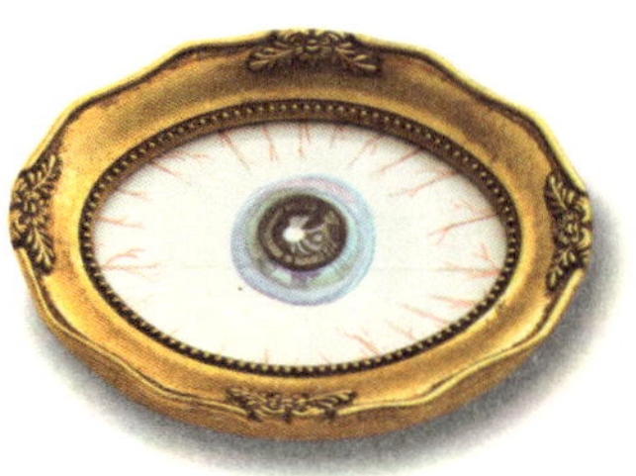

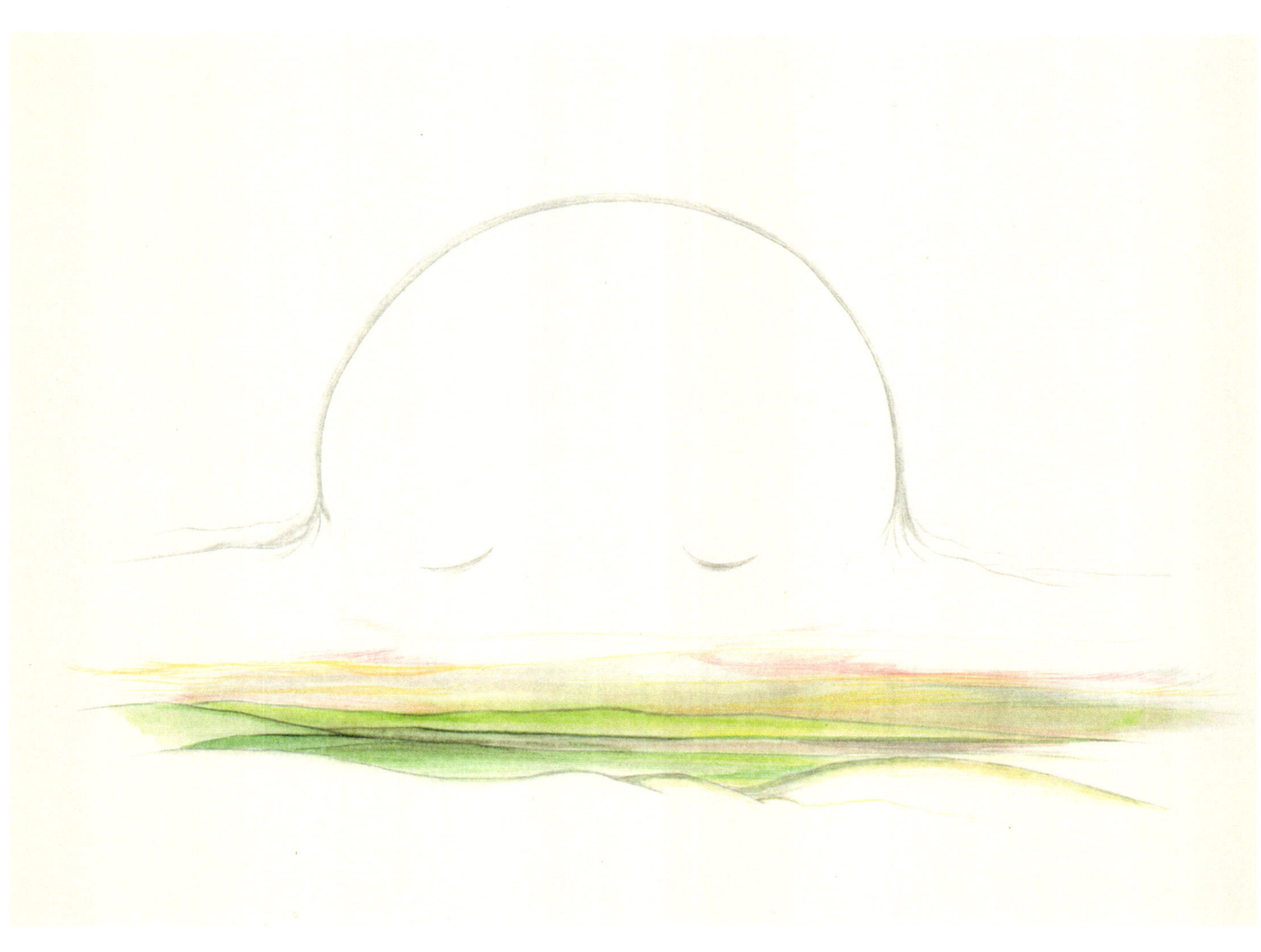

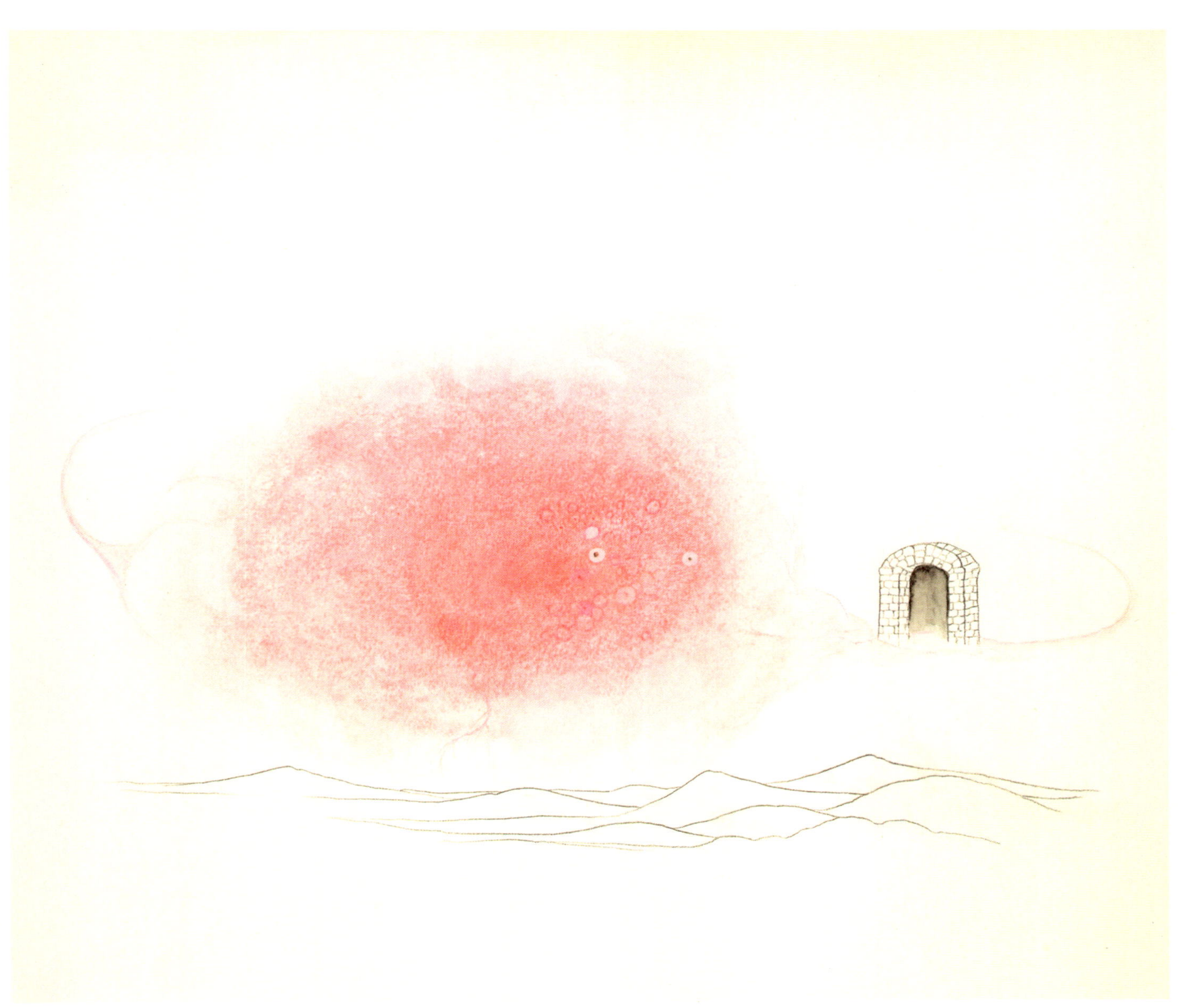

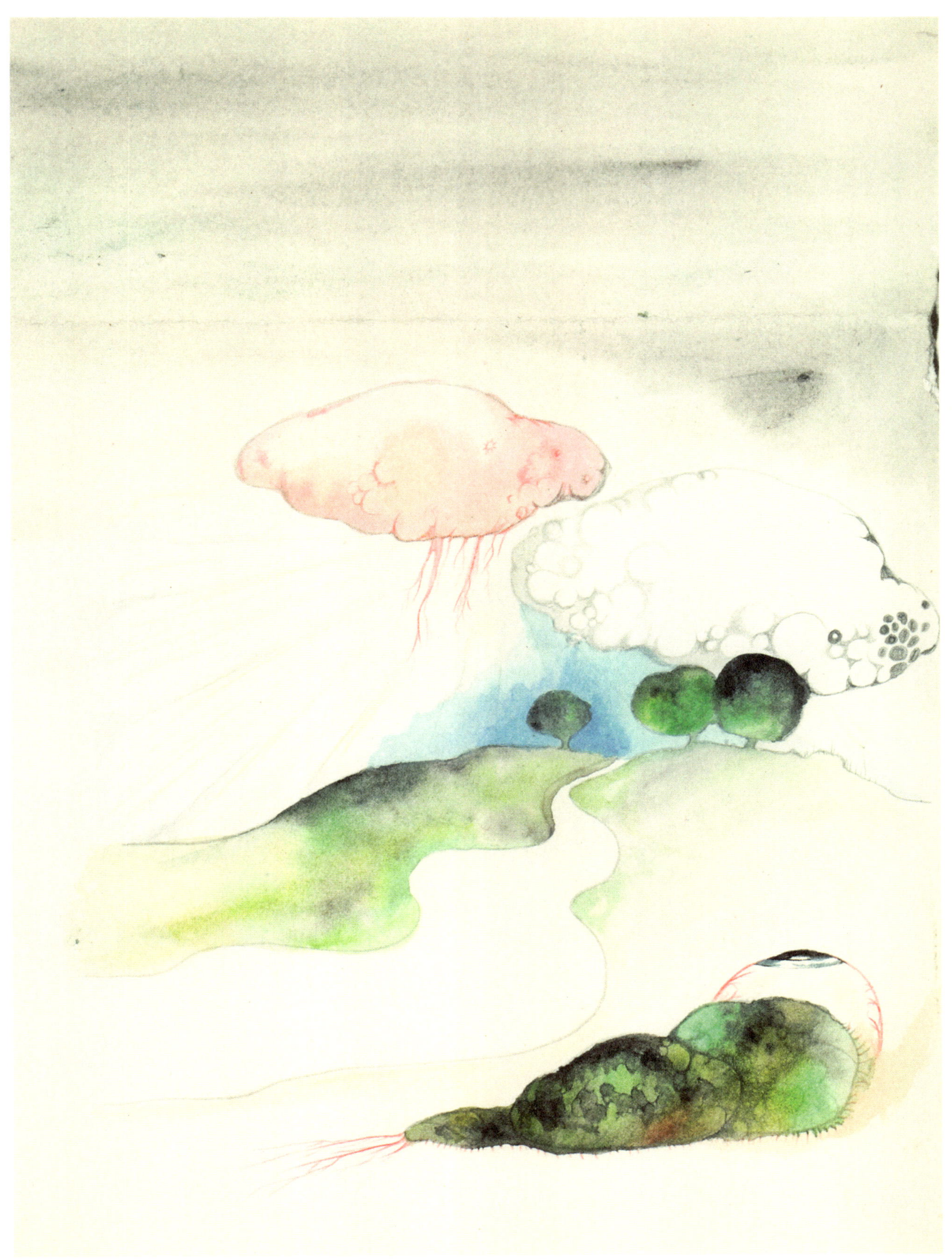

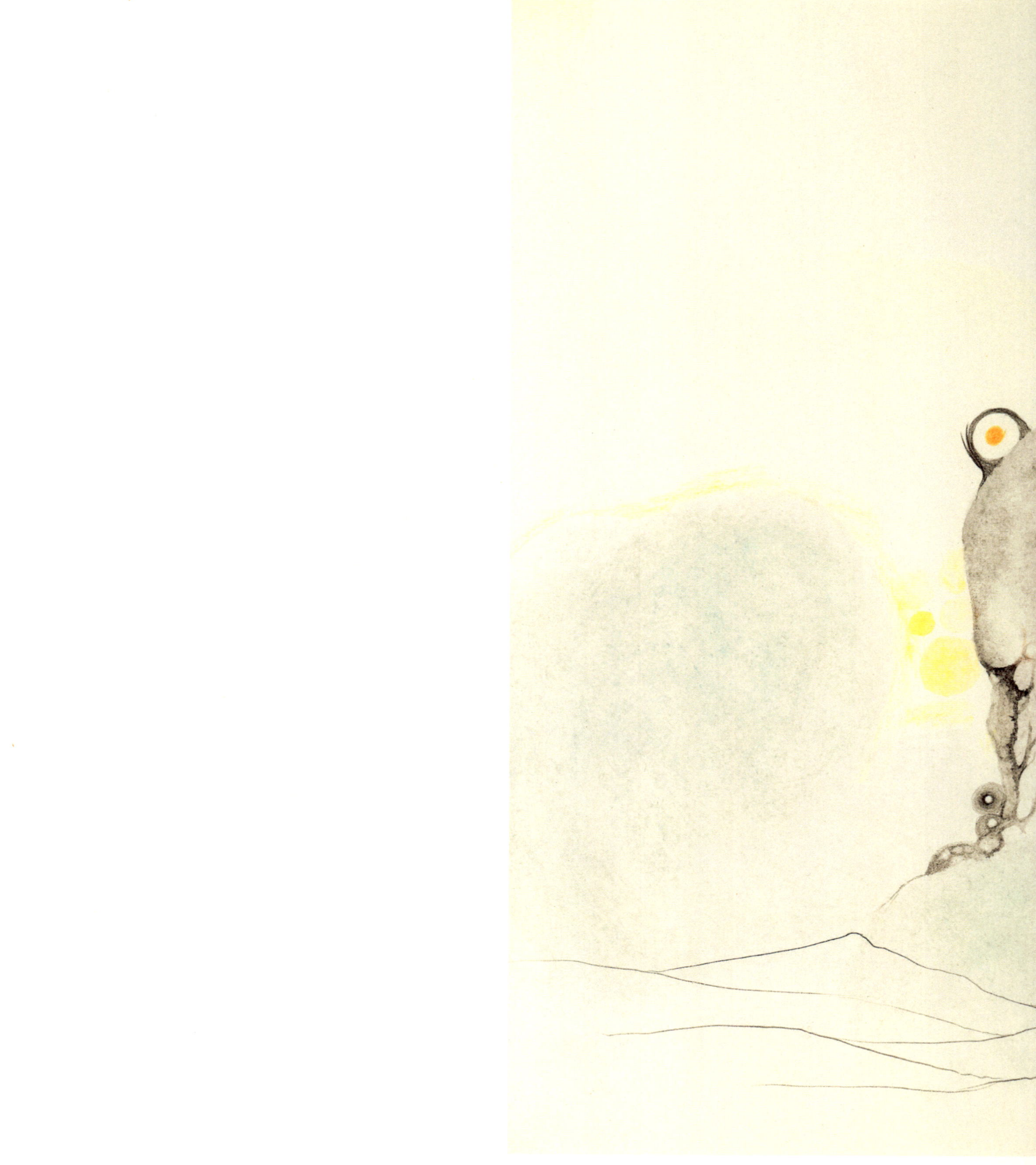

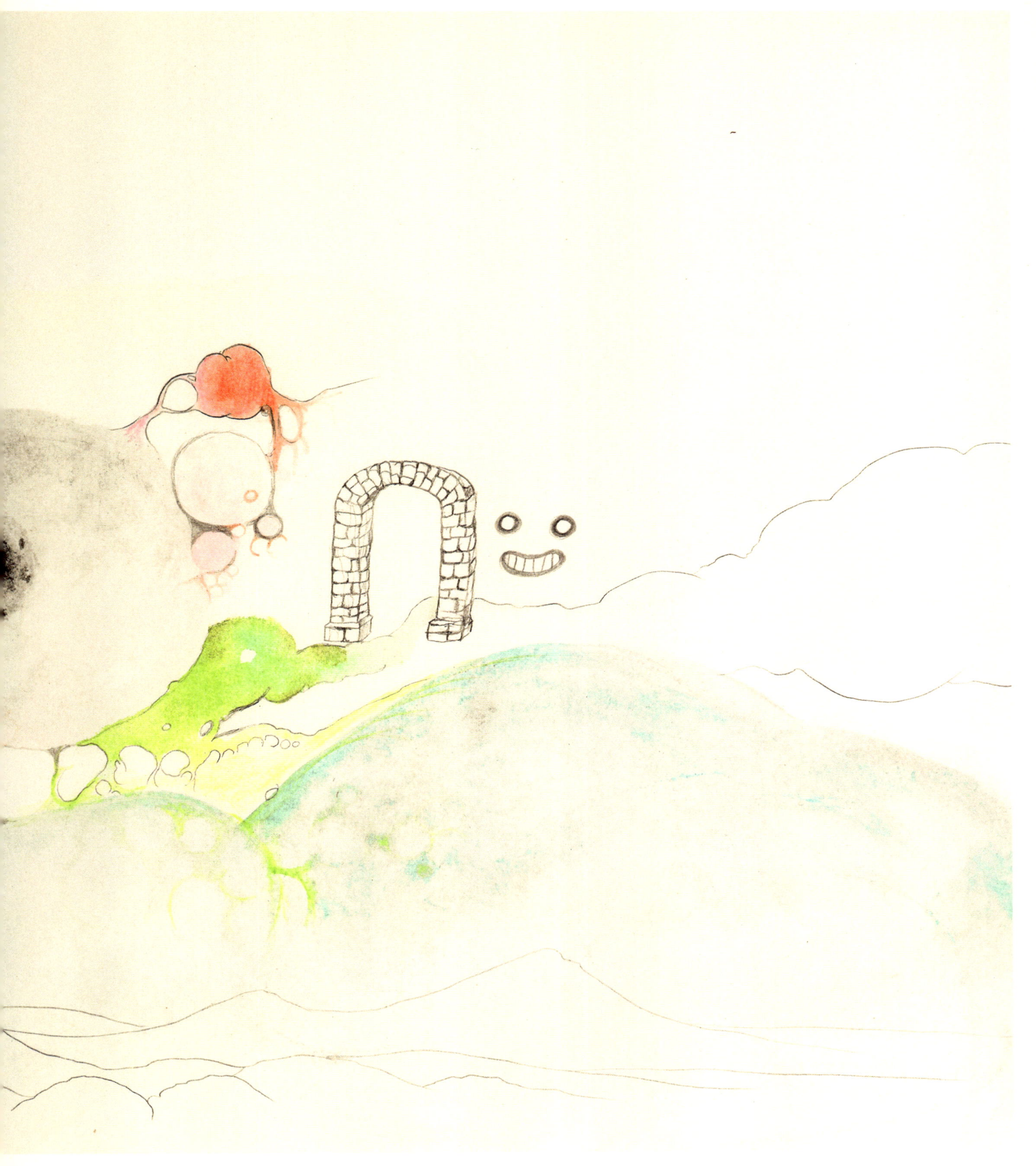

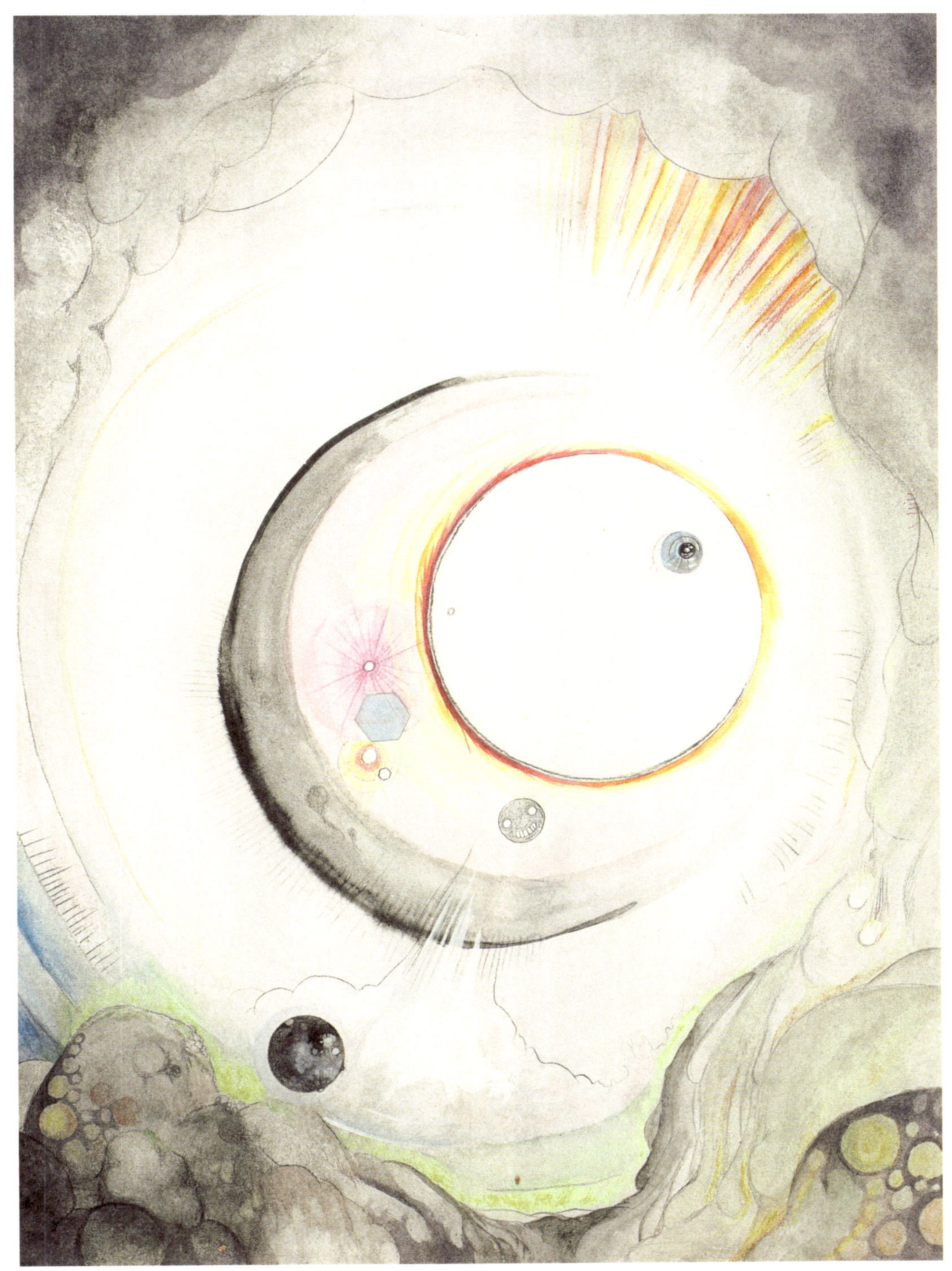

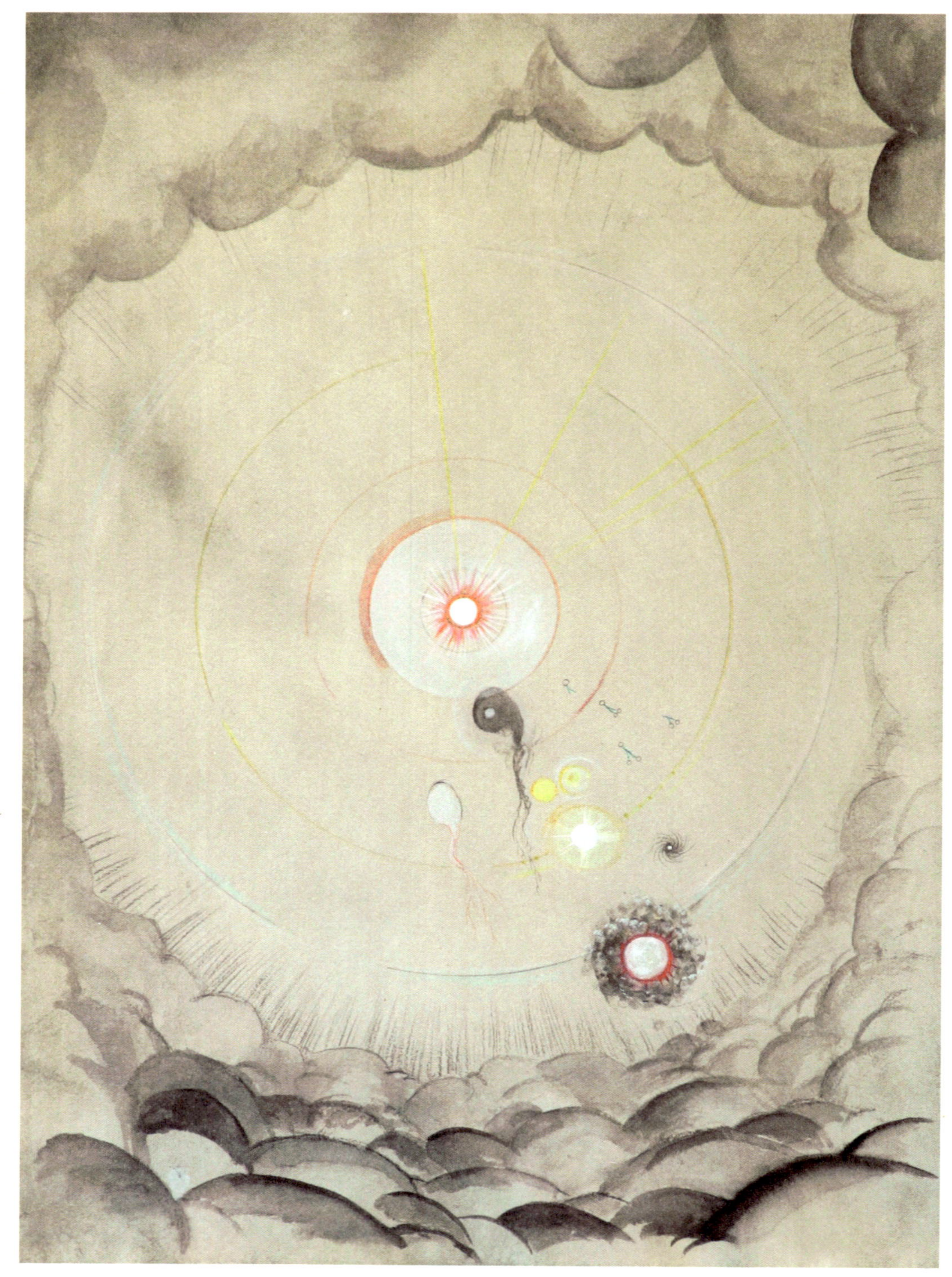

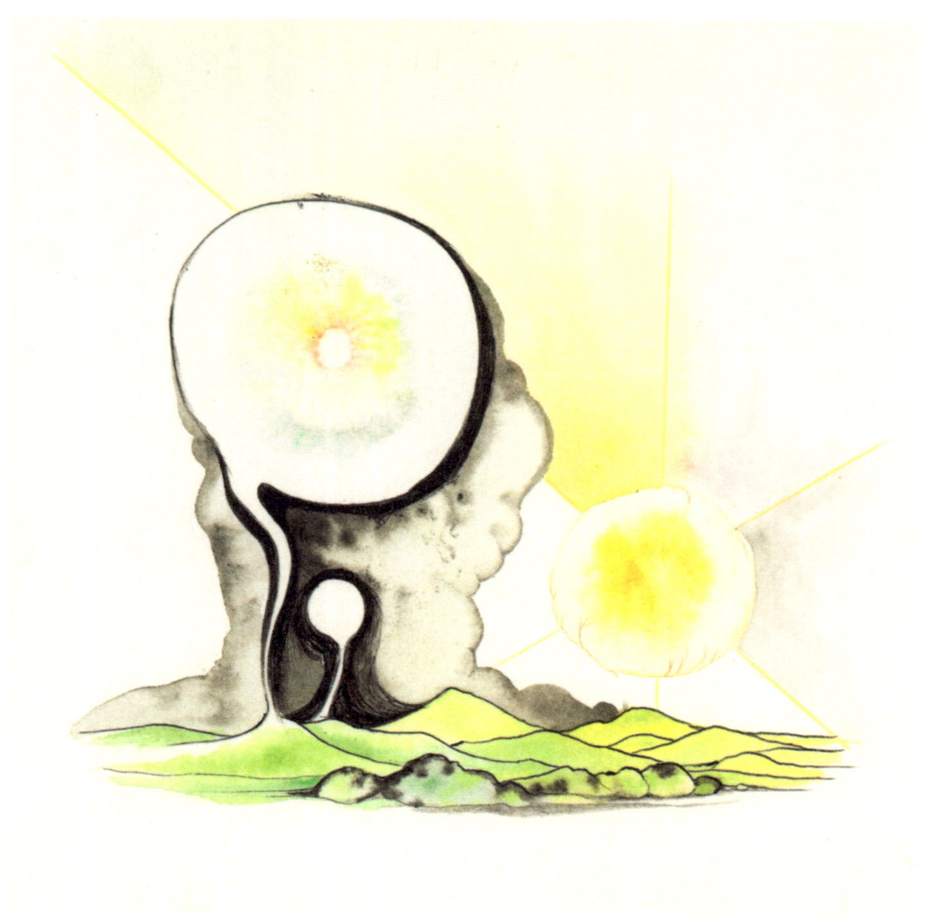

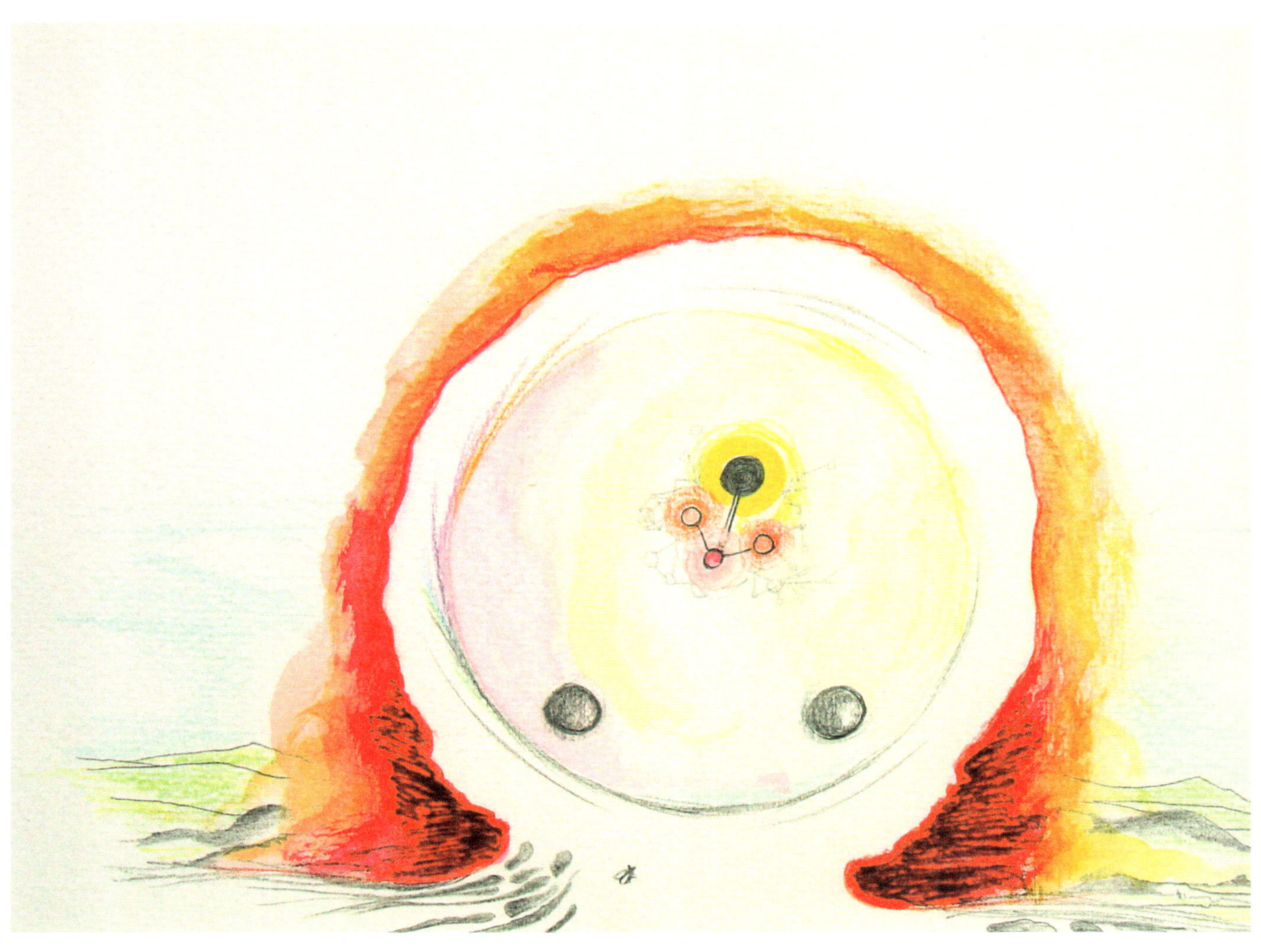

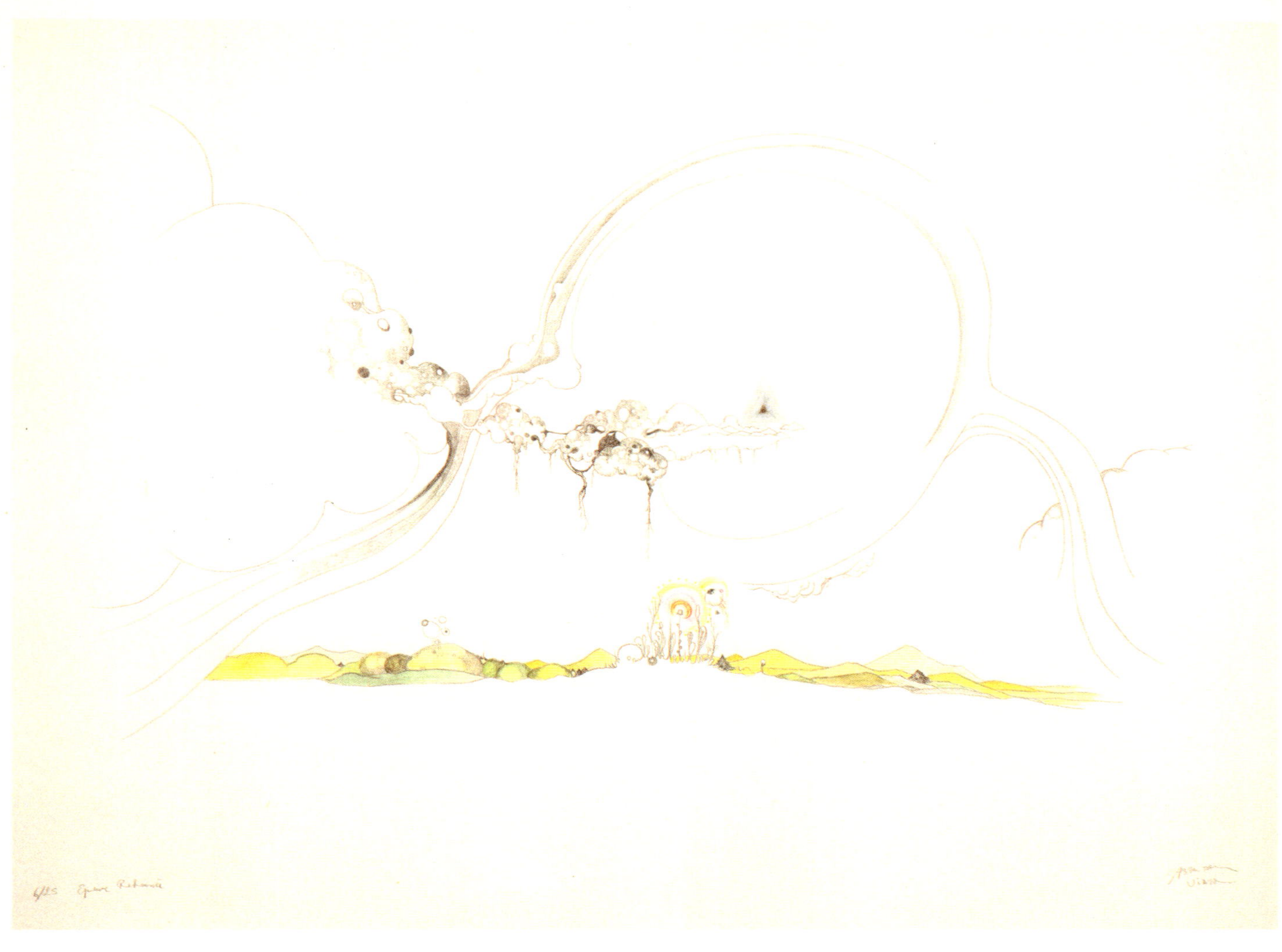

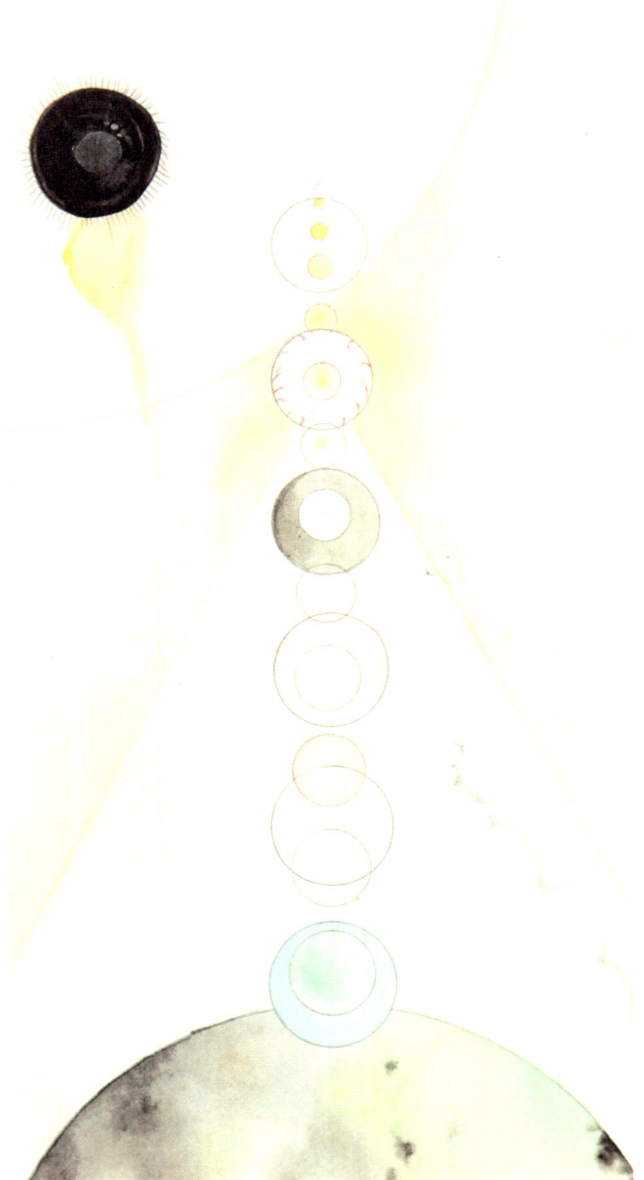

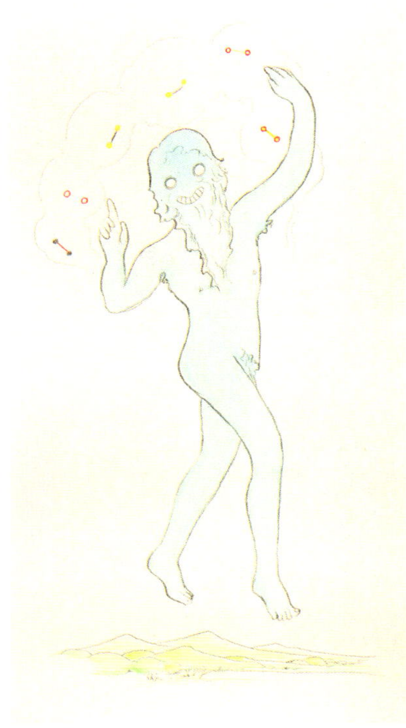

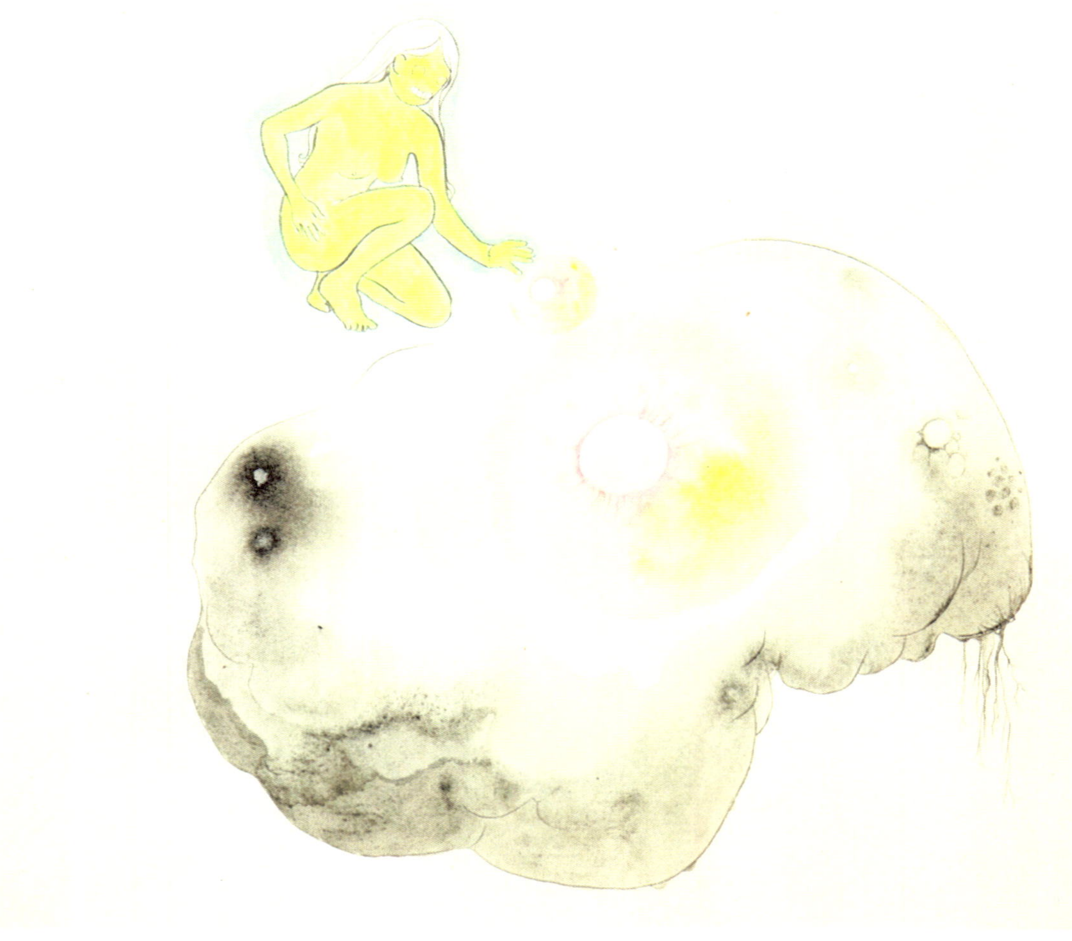

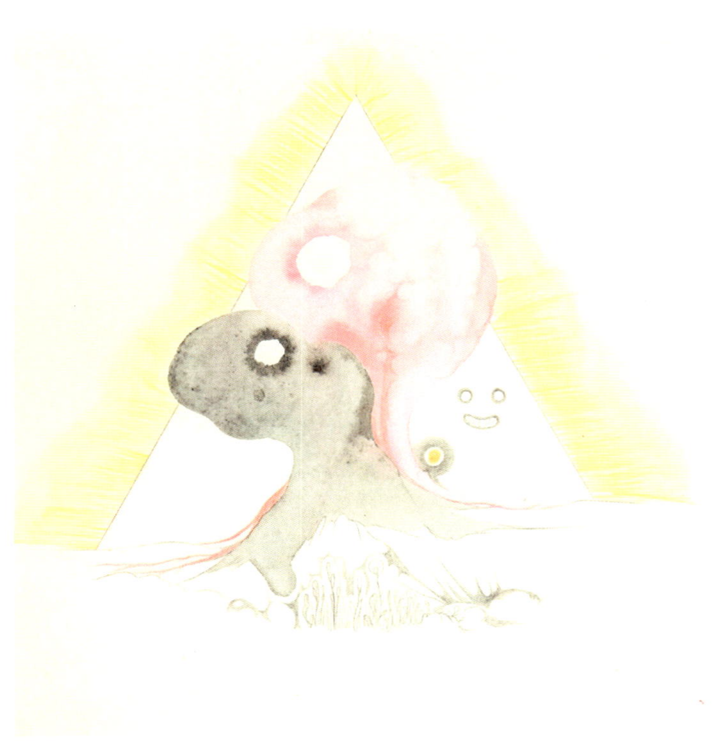

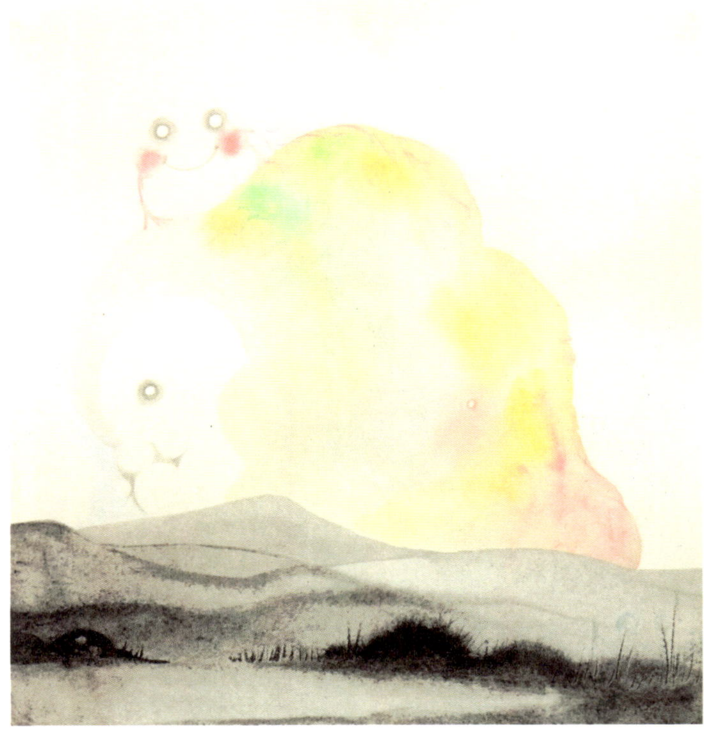

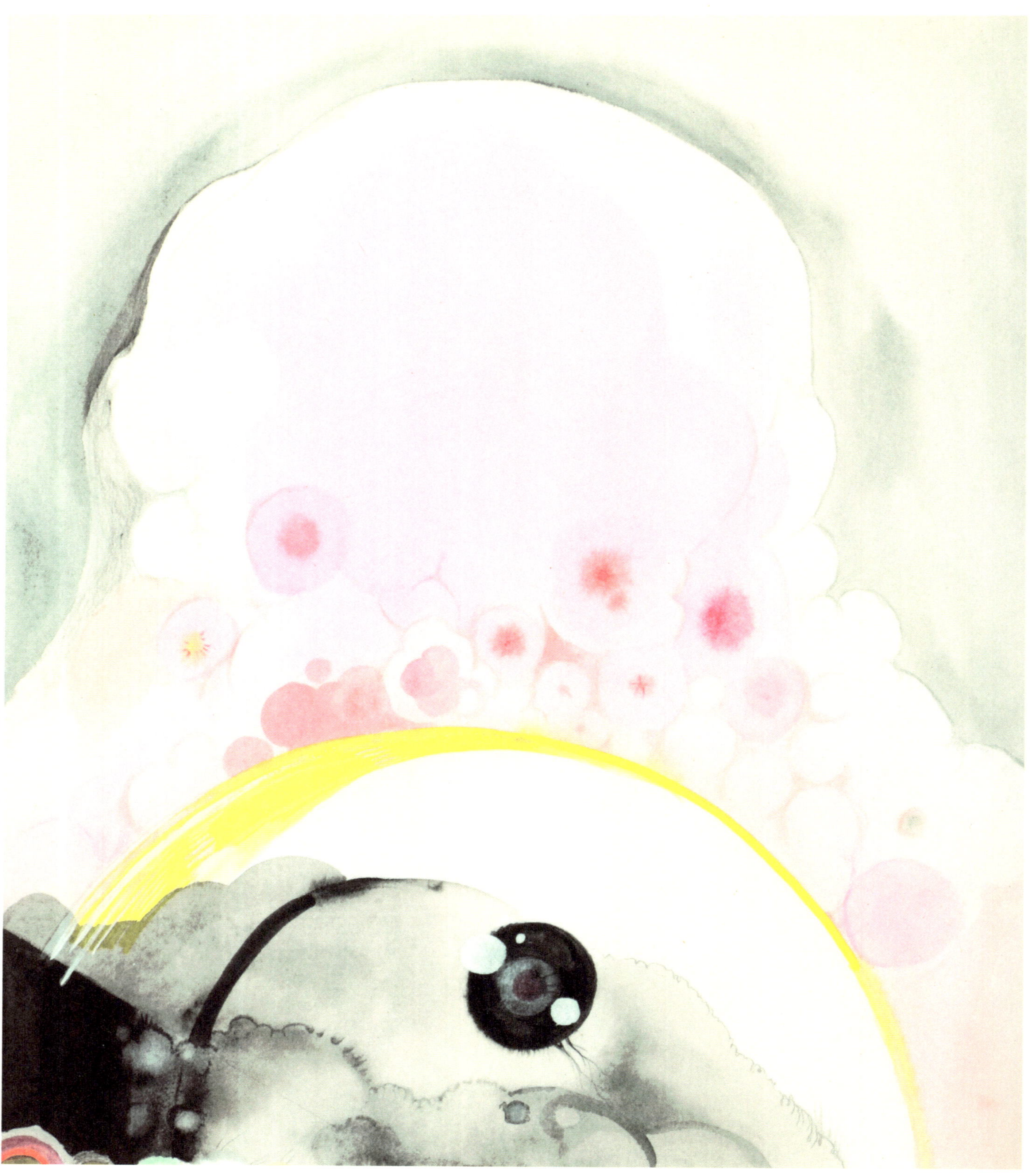

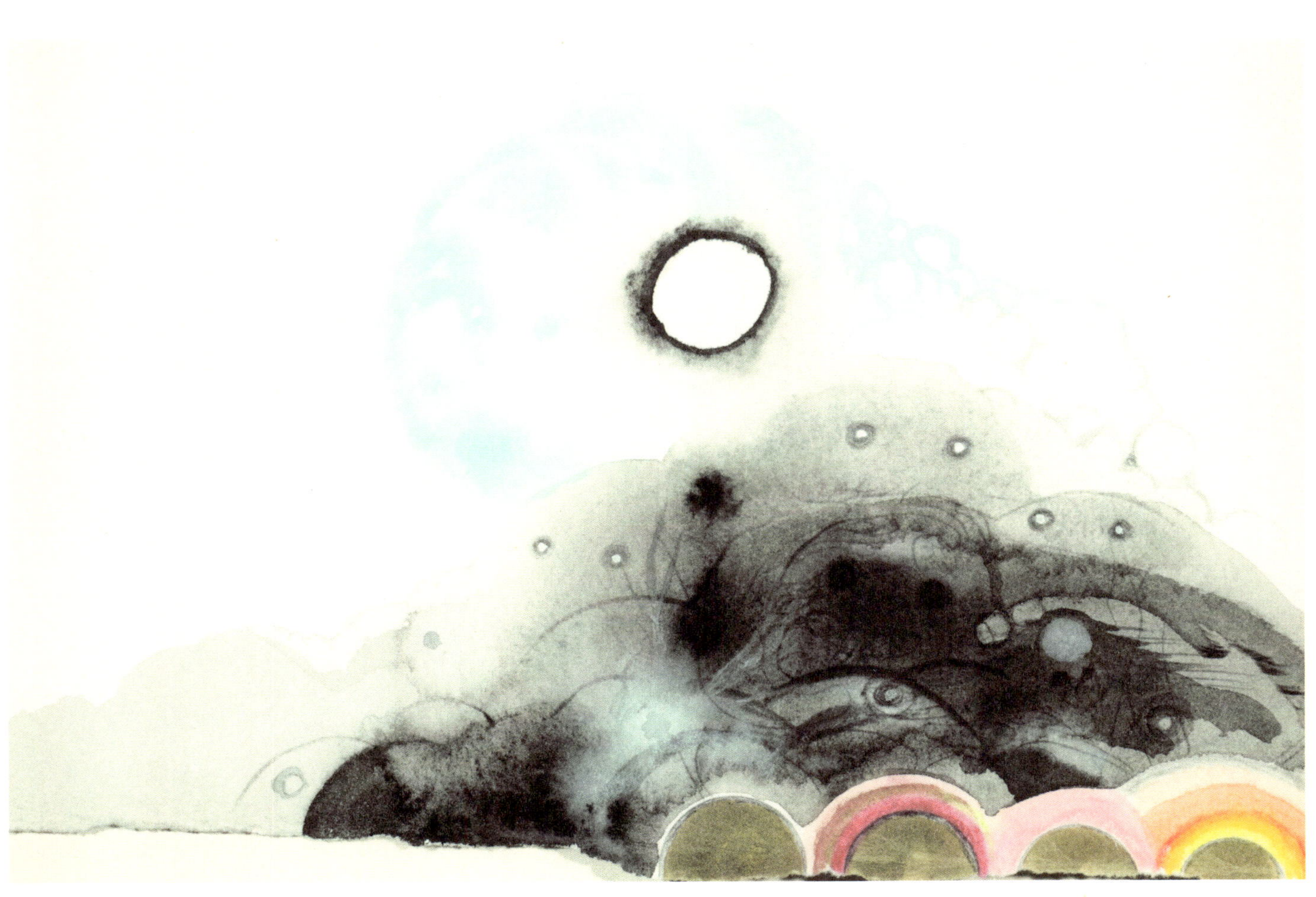

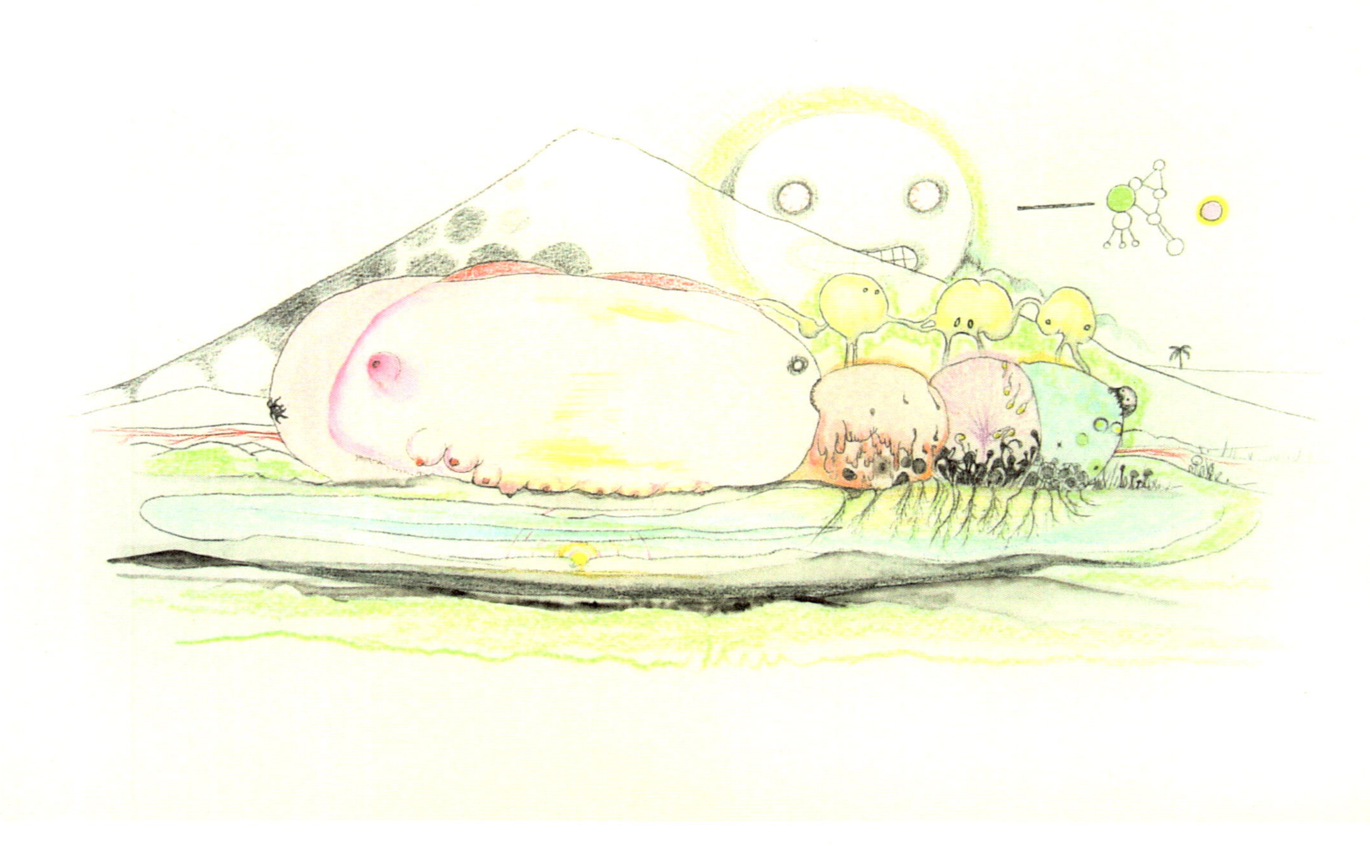

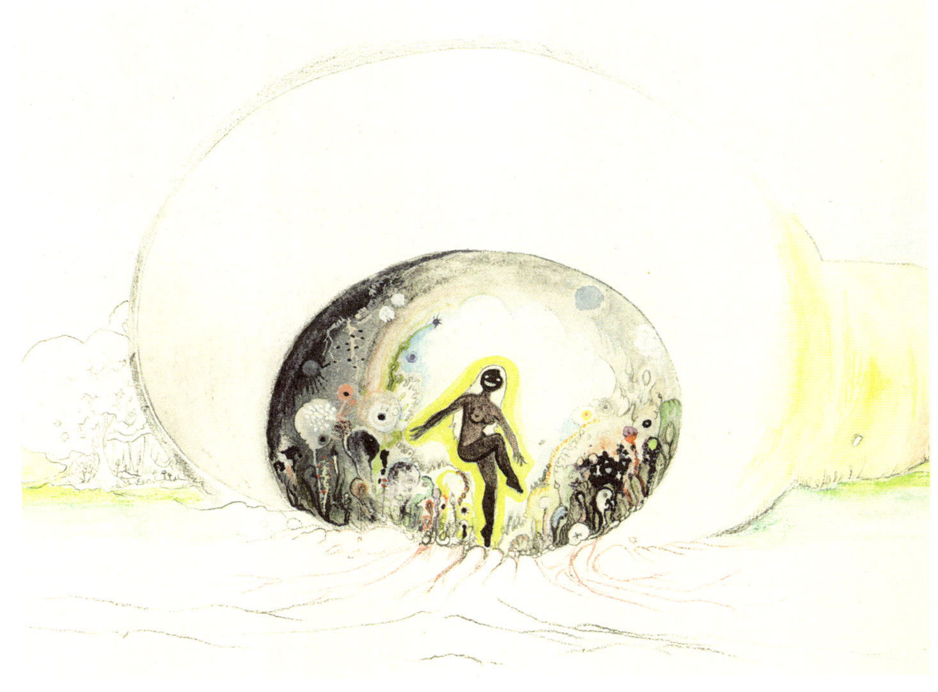

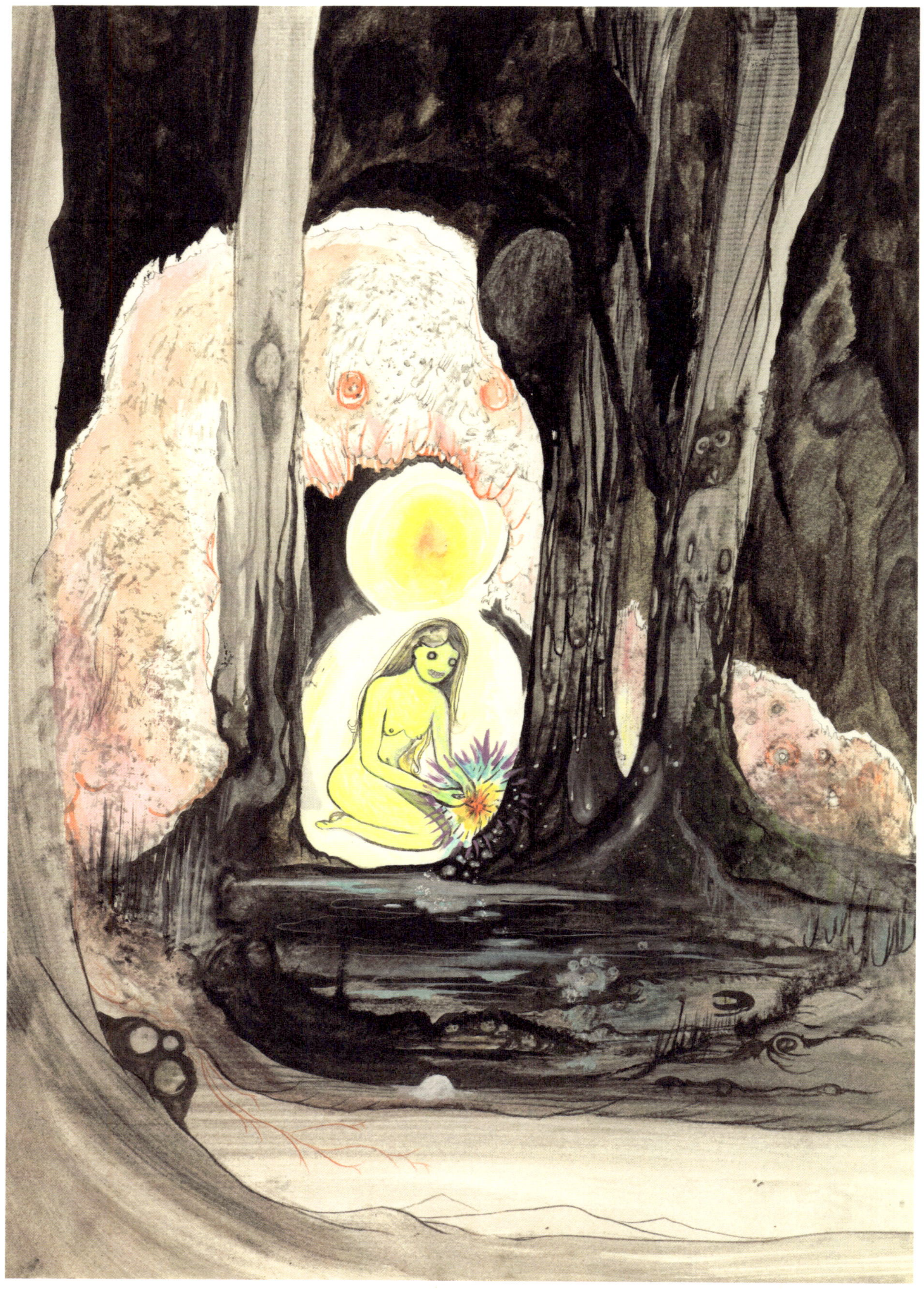

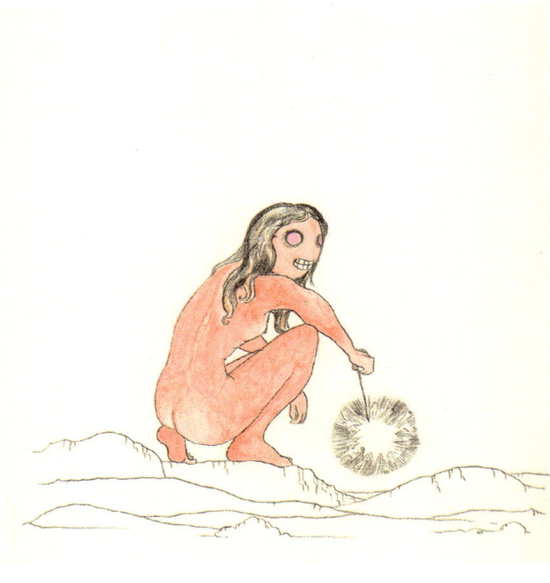

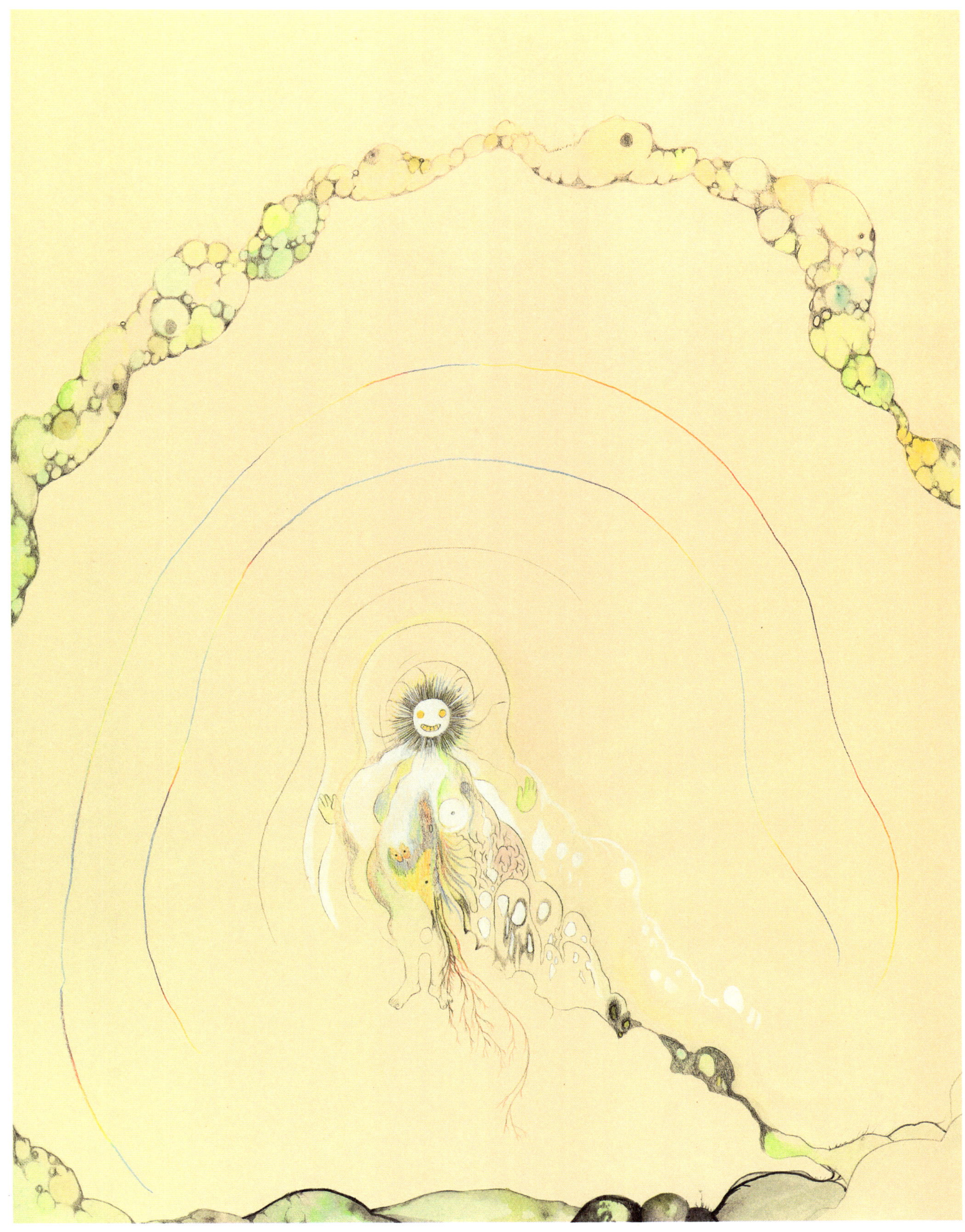

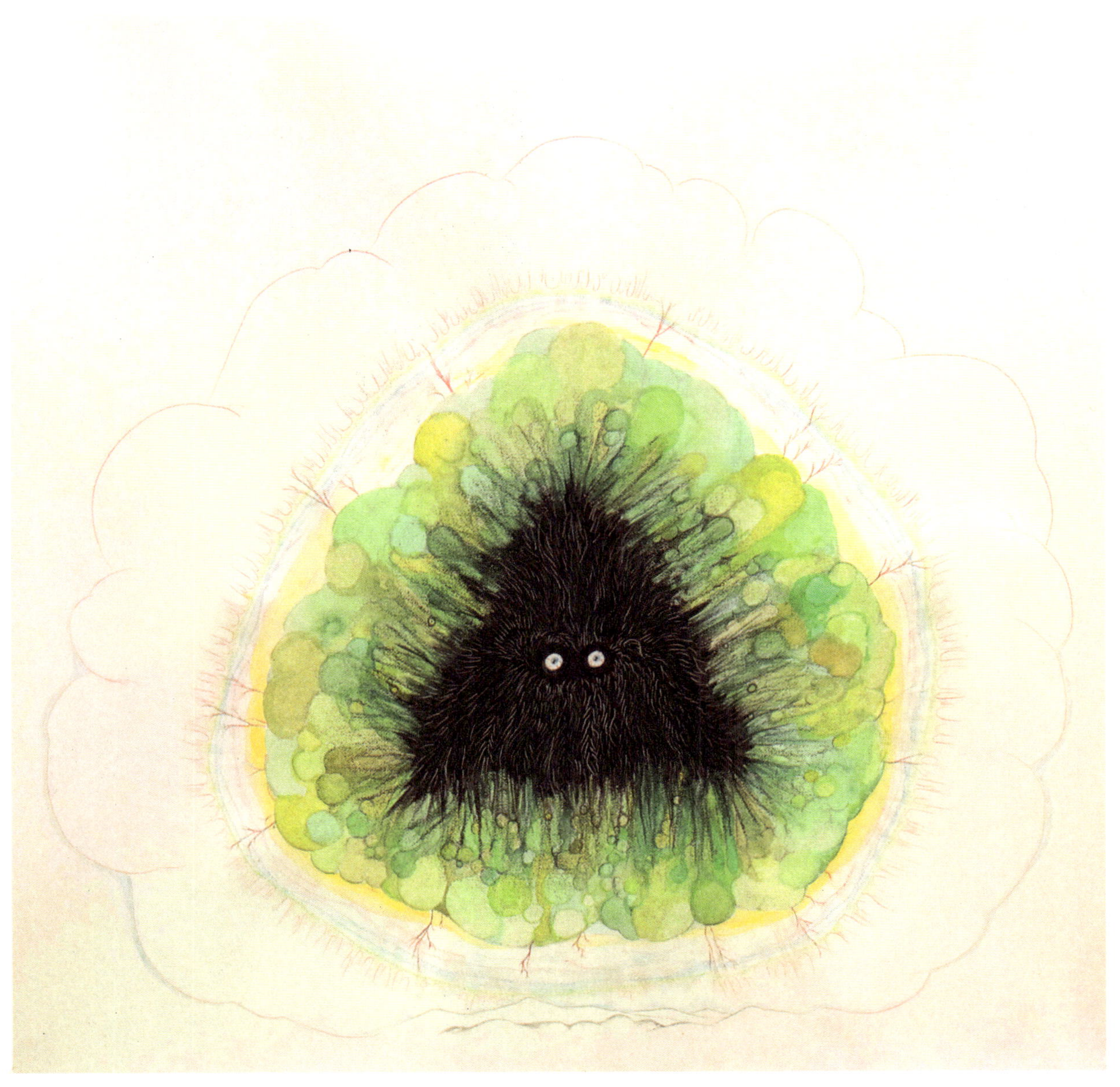

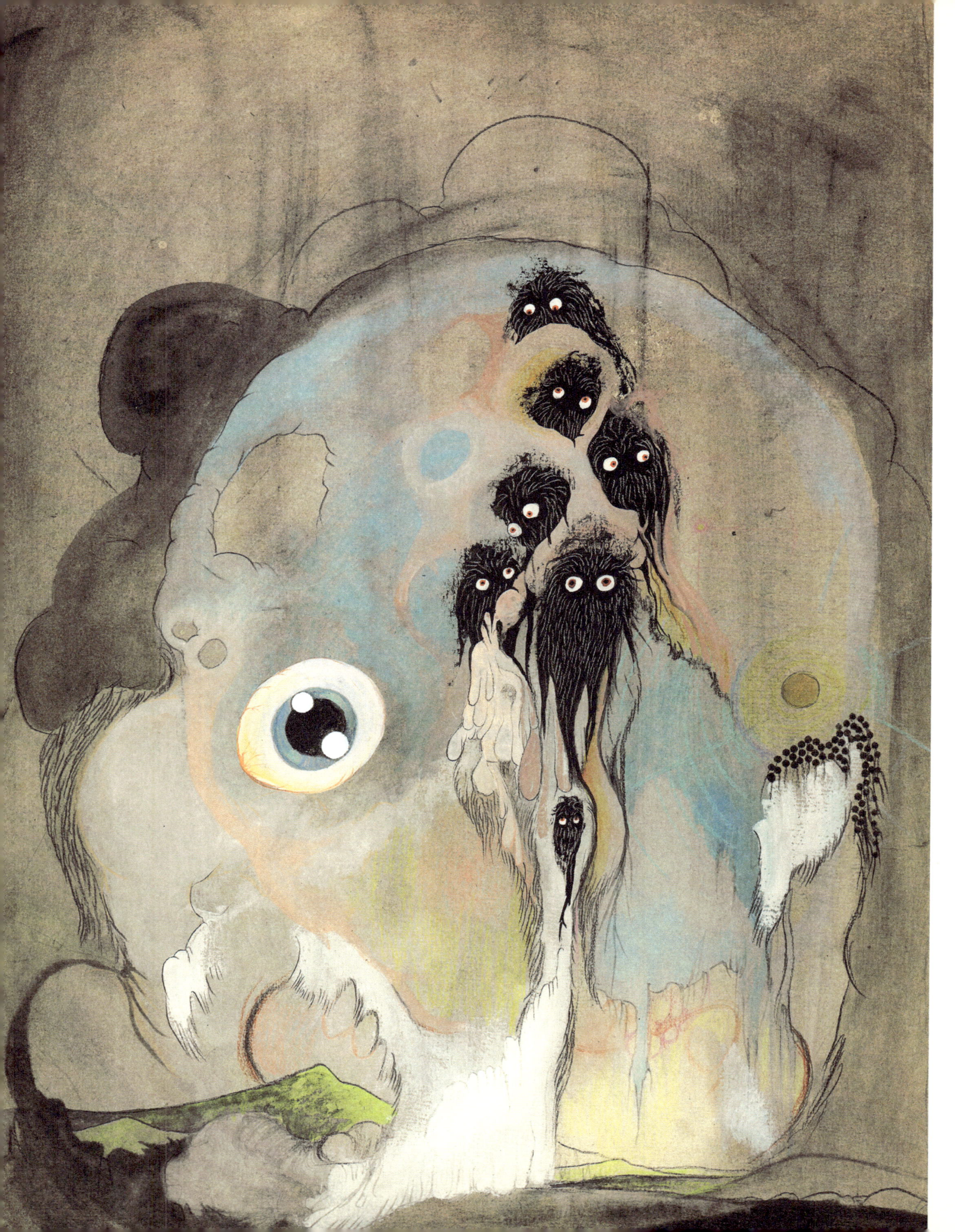

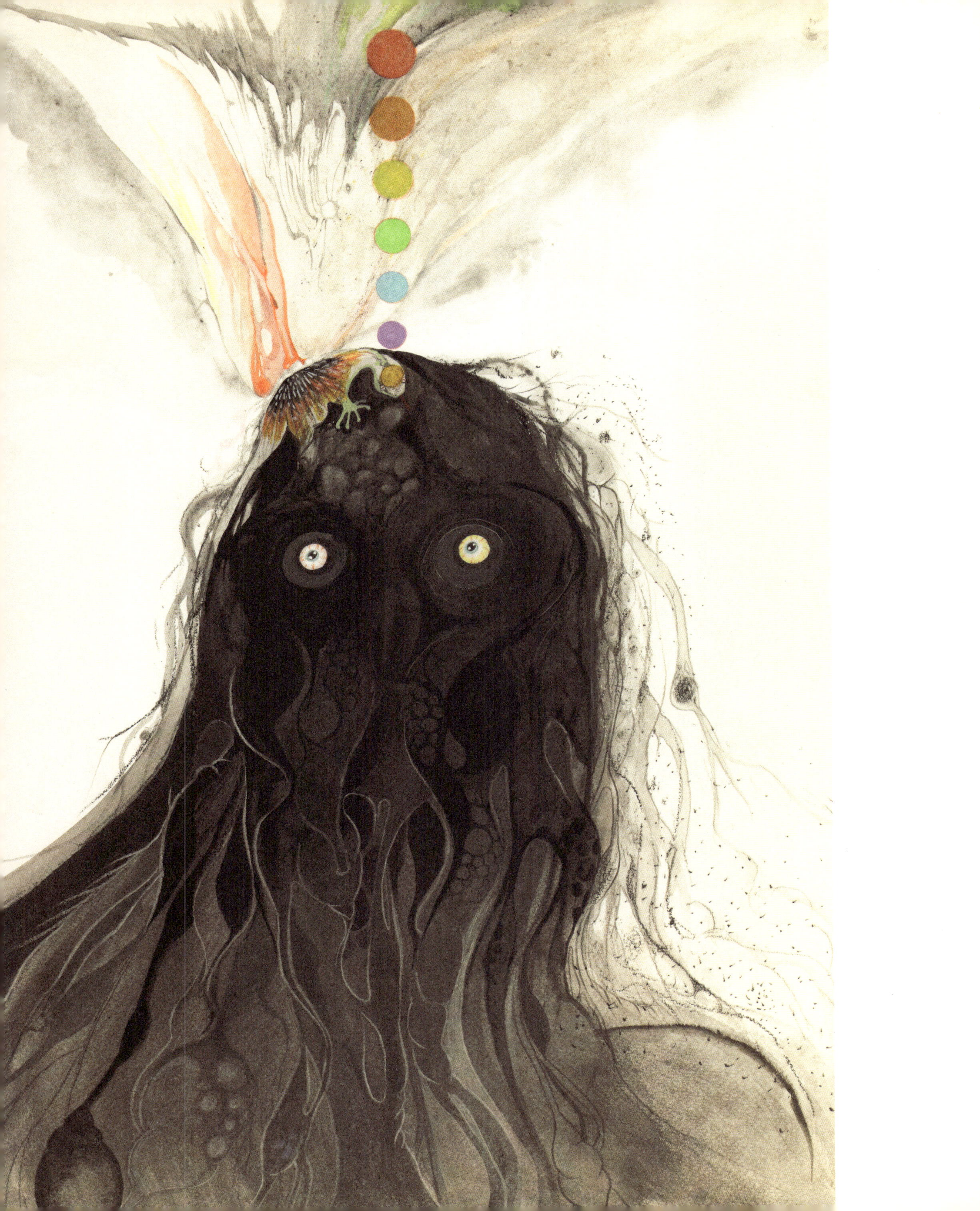

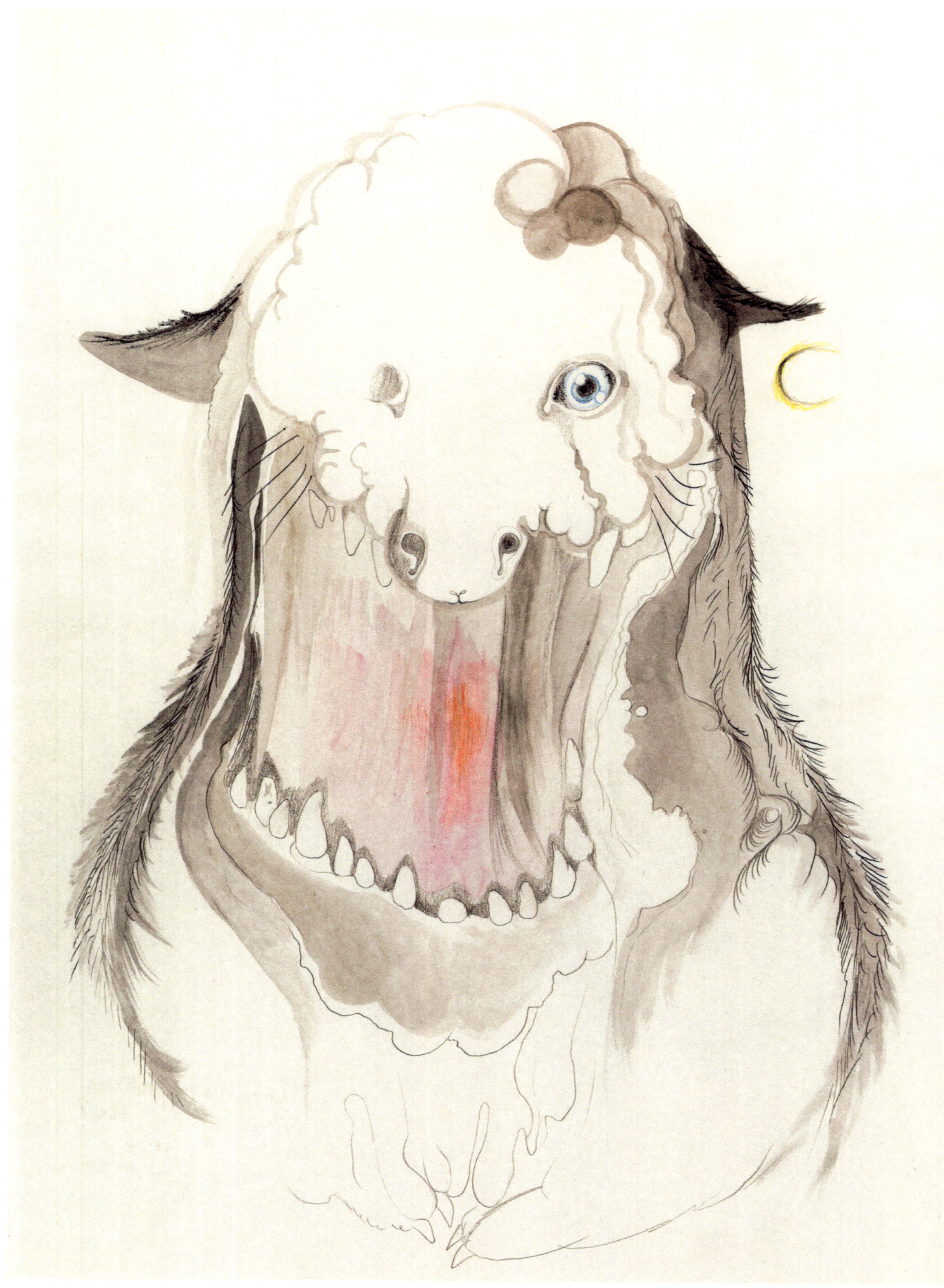

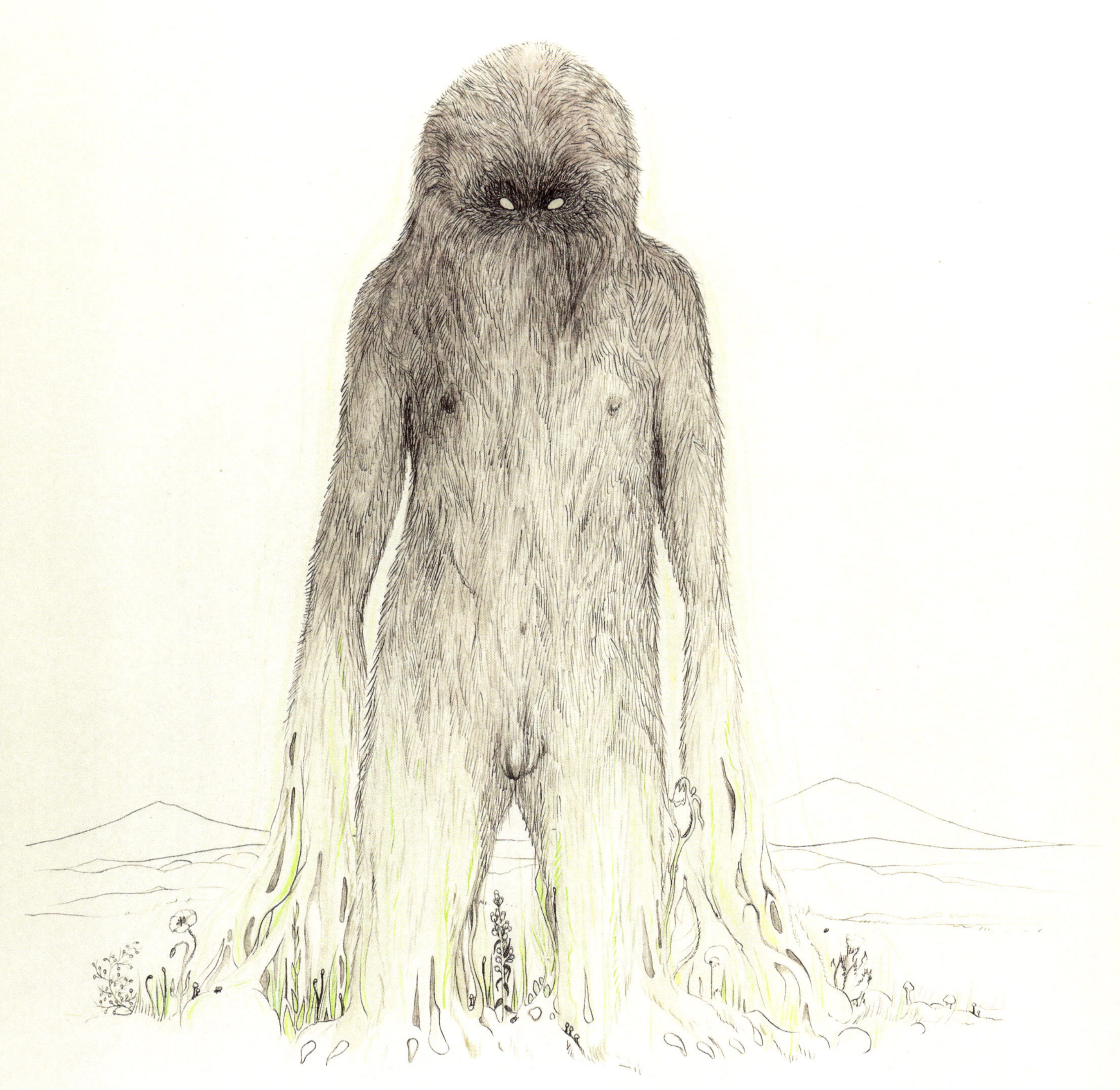

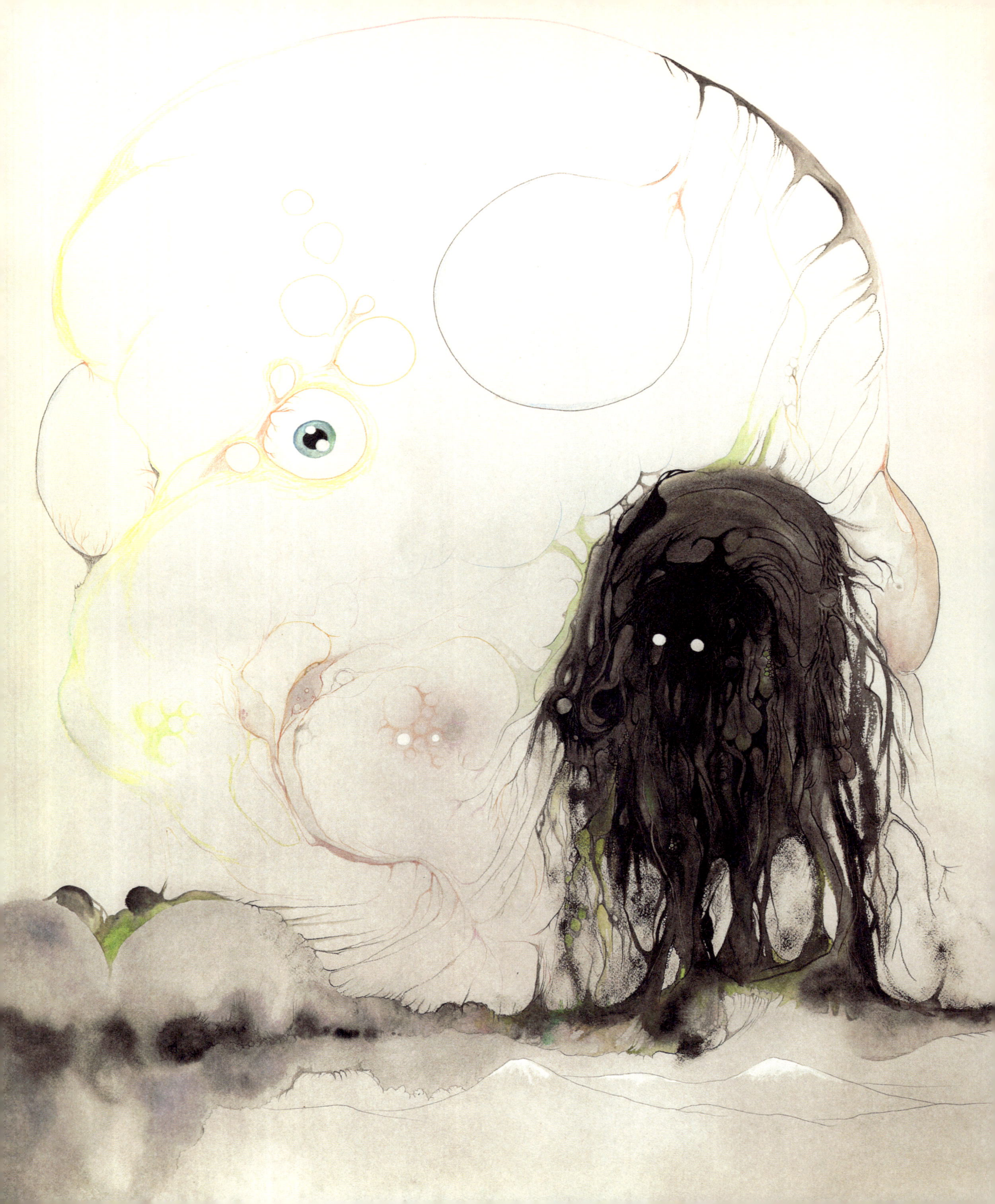

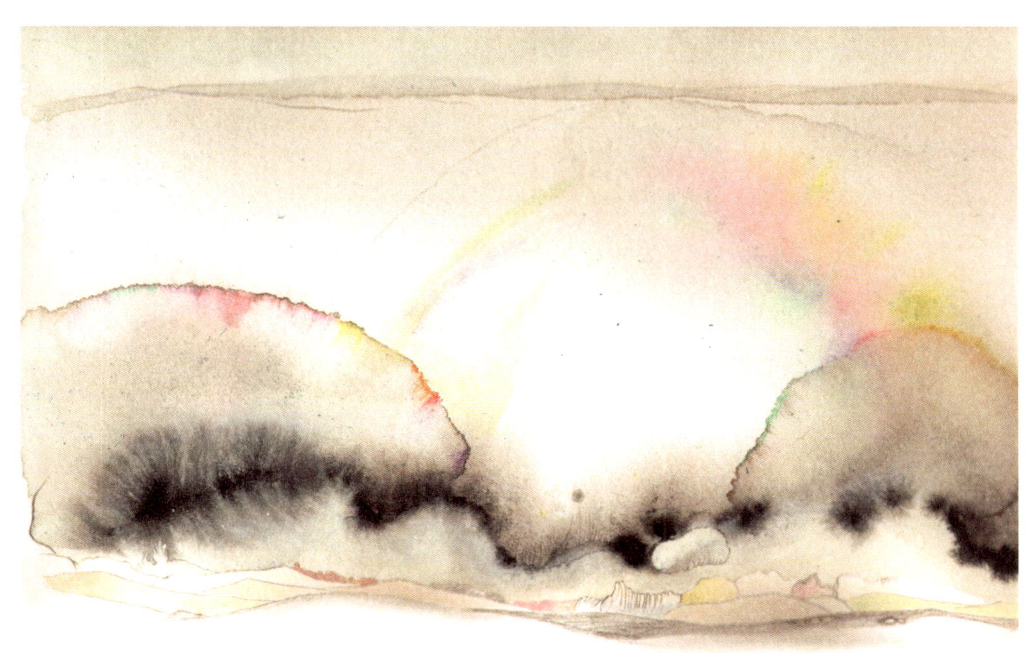

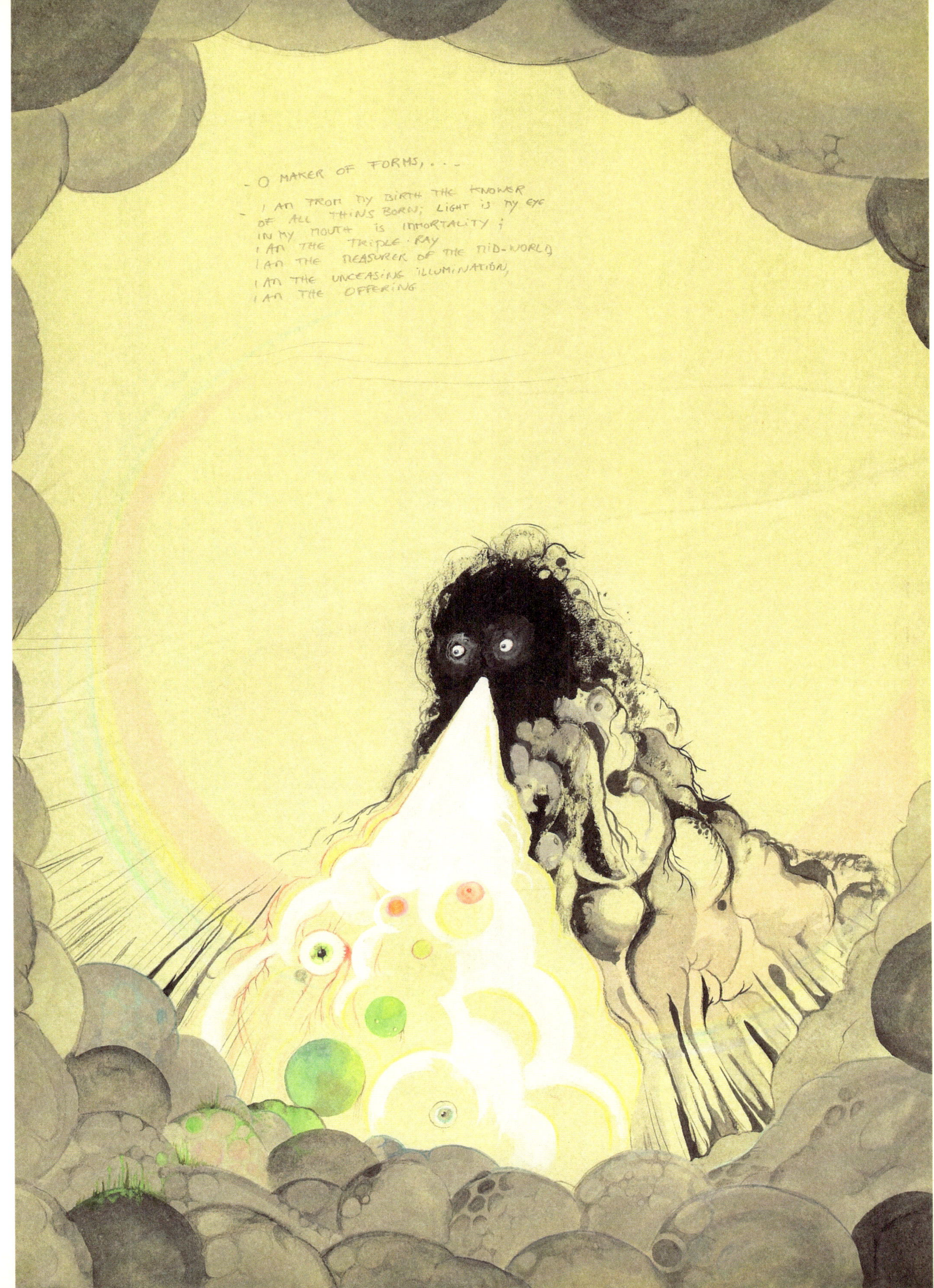

- O MAKER OF FORMS, . . -
- I AM FROM MY BIRTH THE KNOWER
OF ALL THINGS BORN; LIGHT IS MY EYE
IN MY MOUTH IS IMMORTALITY;
I AM THE TRIPLE-RAY
I AM THE MEASURER OF THE MID-WORLD
I AM THE UNCEASING ILLUMINATION,
I AM THE OFFERING

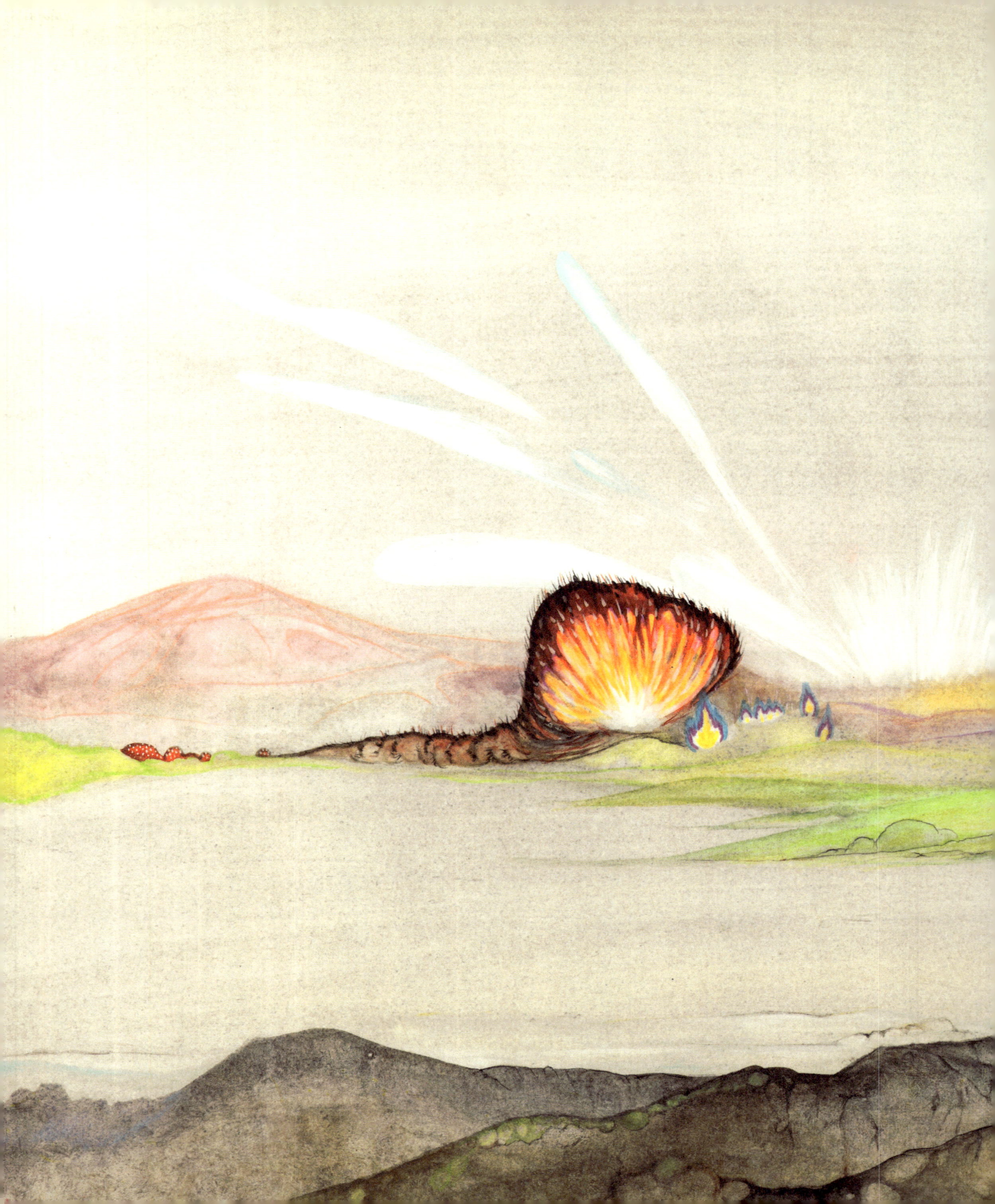

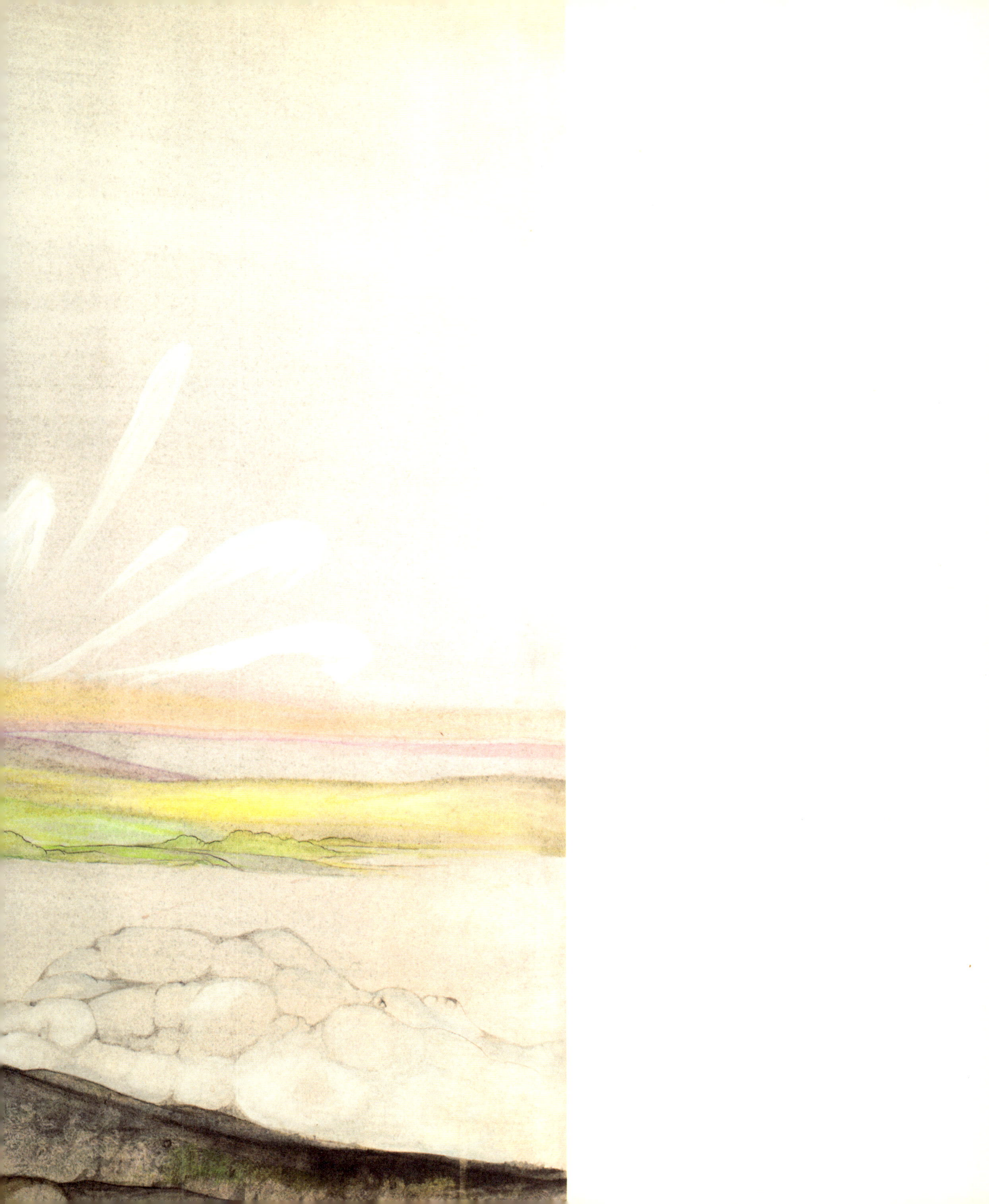

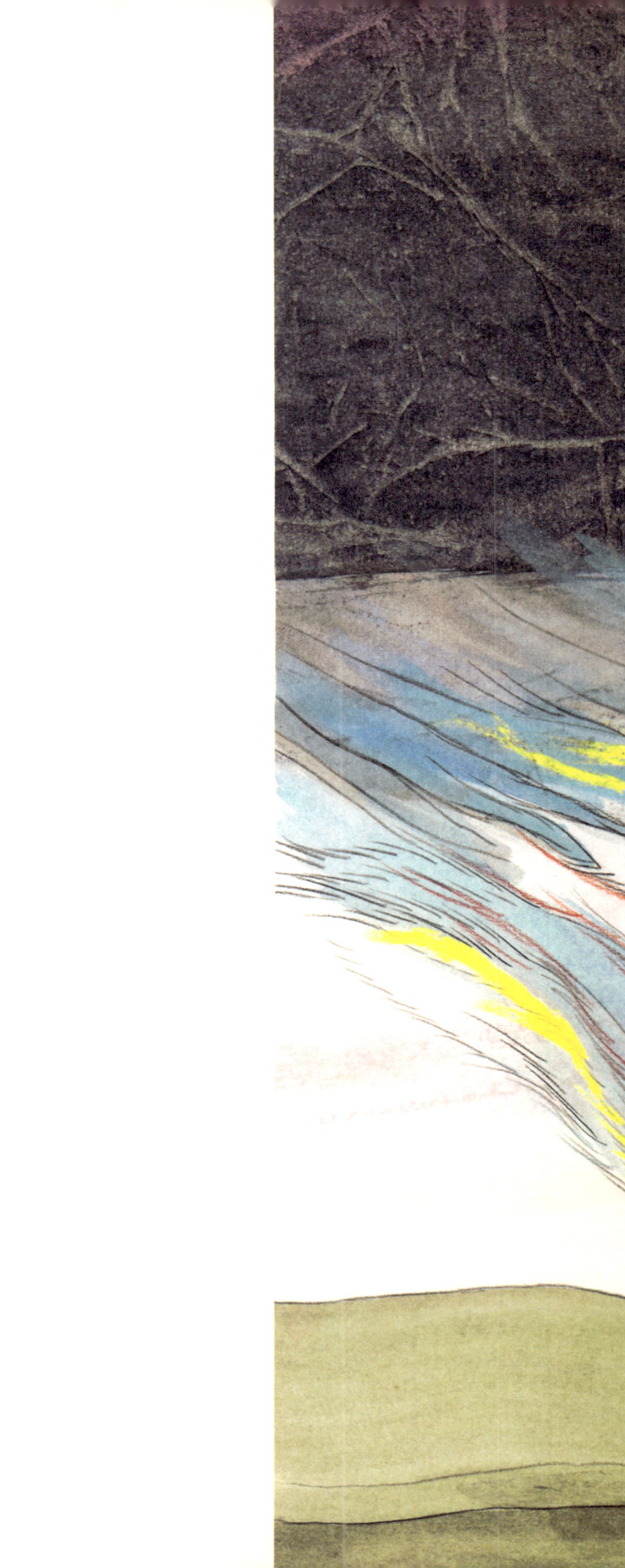

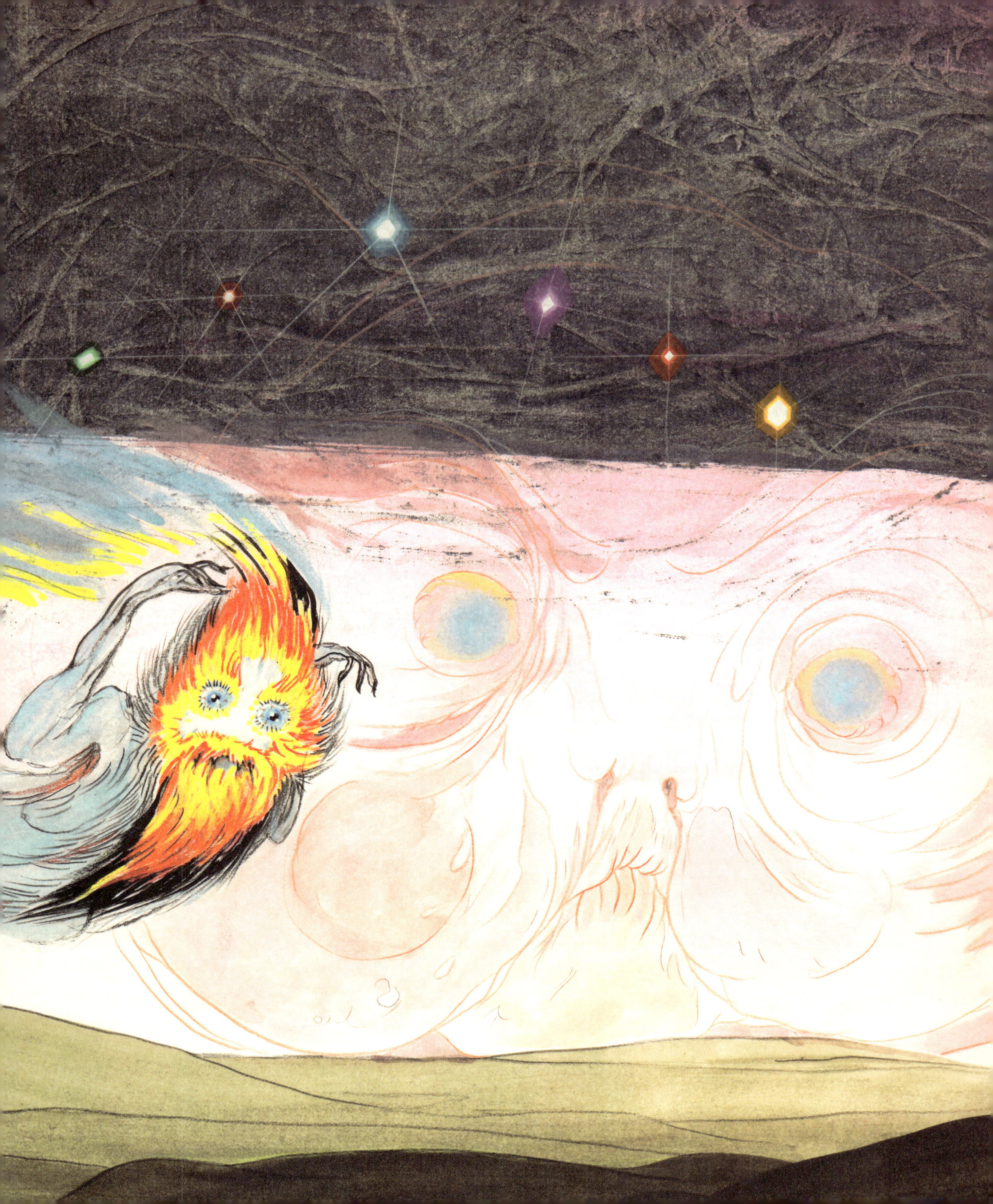

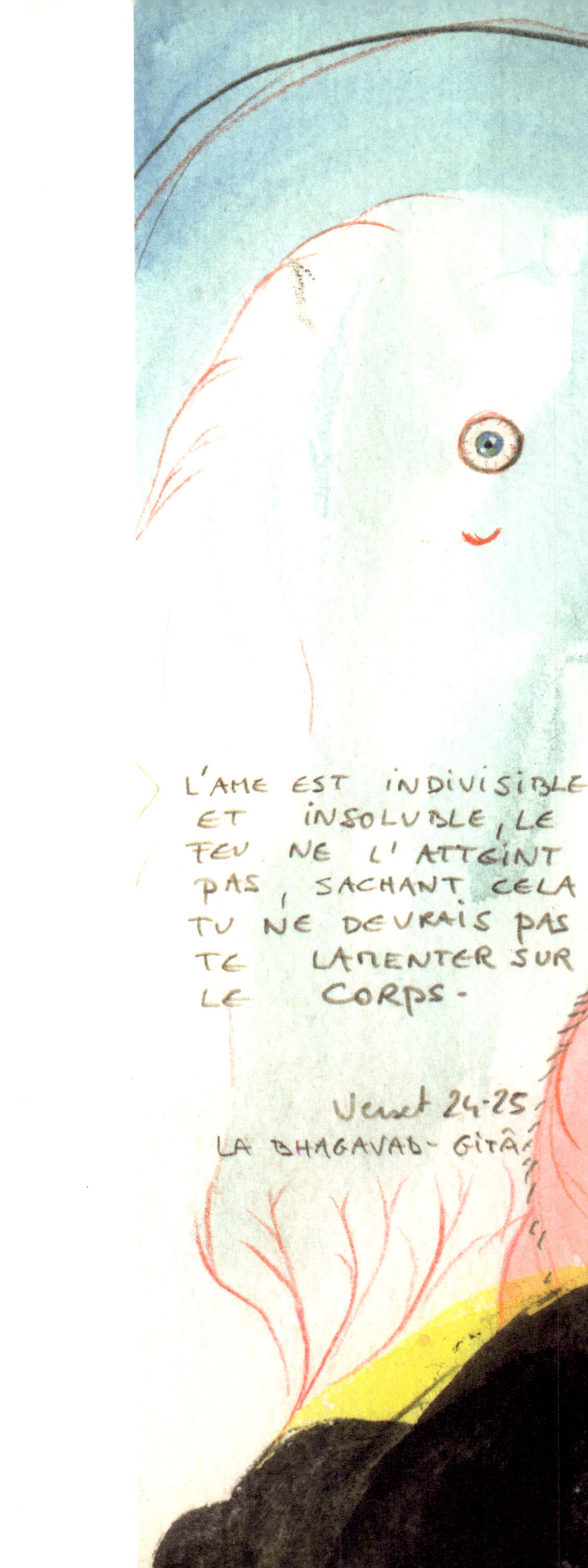

L'AME EST INDIVISIBLE
ET INSOLUBLE, LE
FEU NE L'ATTEINT
PAS, SACHANT CELA
TU NE DEVRAIS PAS
TE LAMENTER SUR
LE CORPS.

Verset 24-25
LA BHAGAVAD-GITÂ

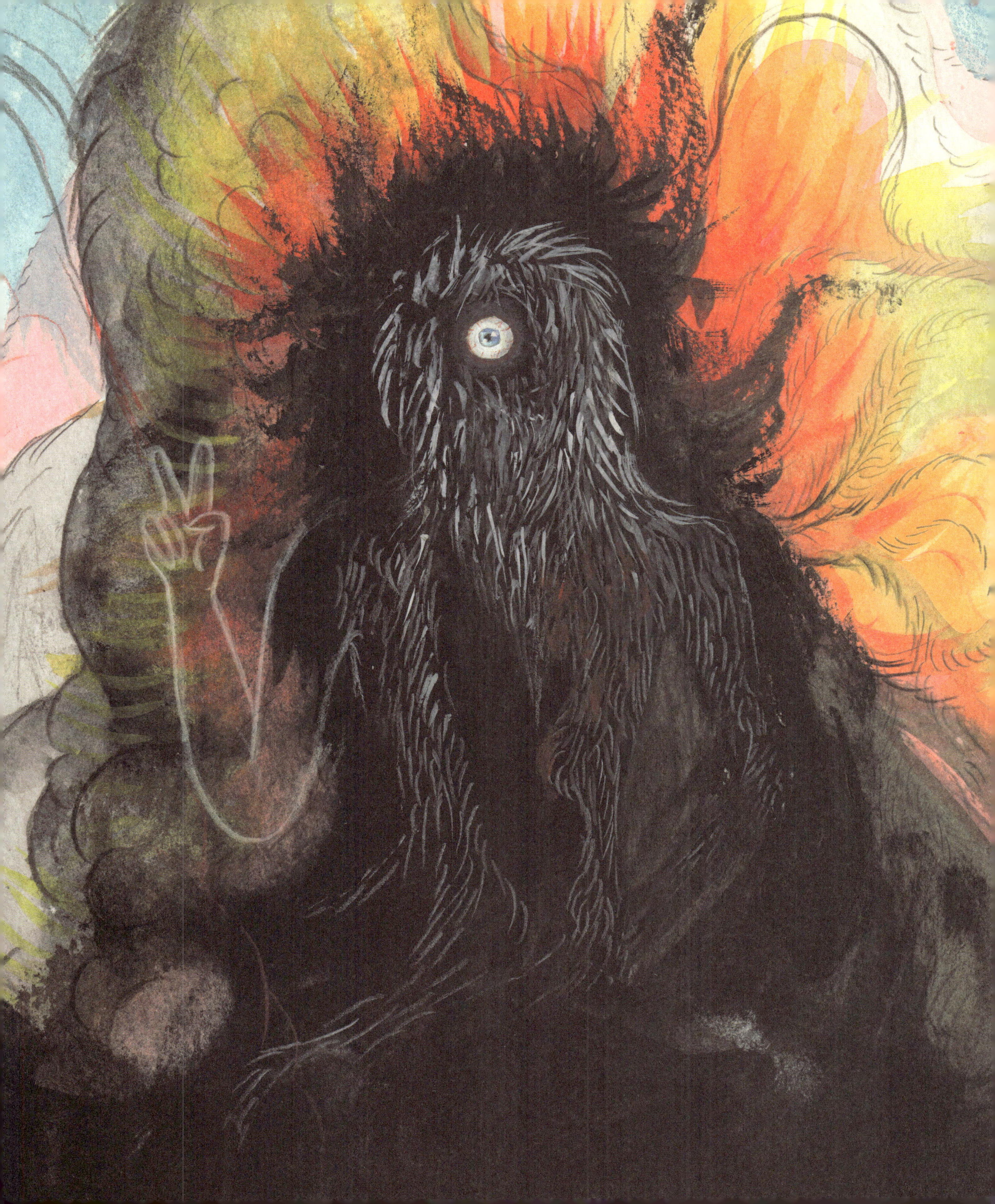

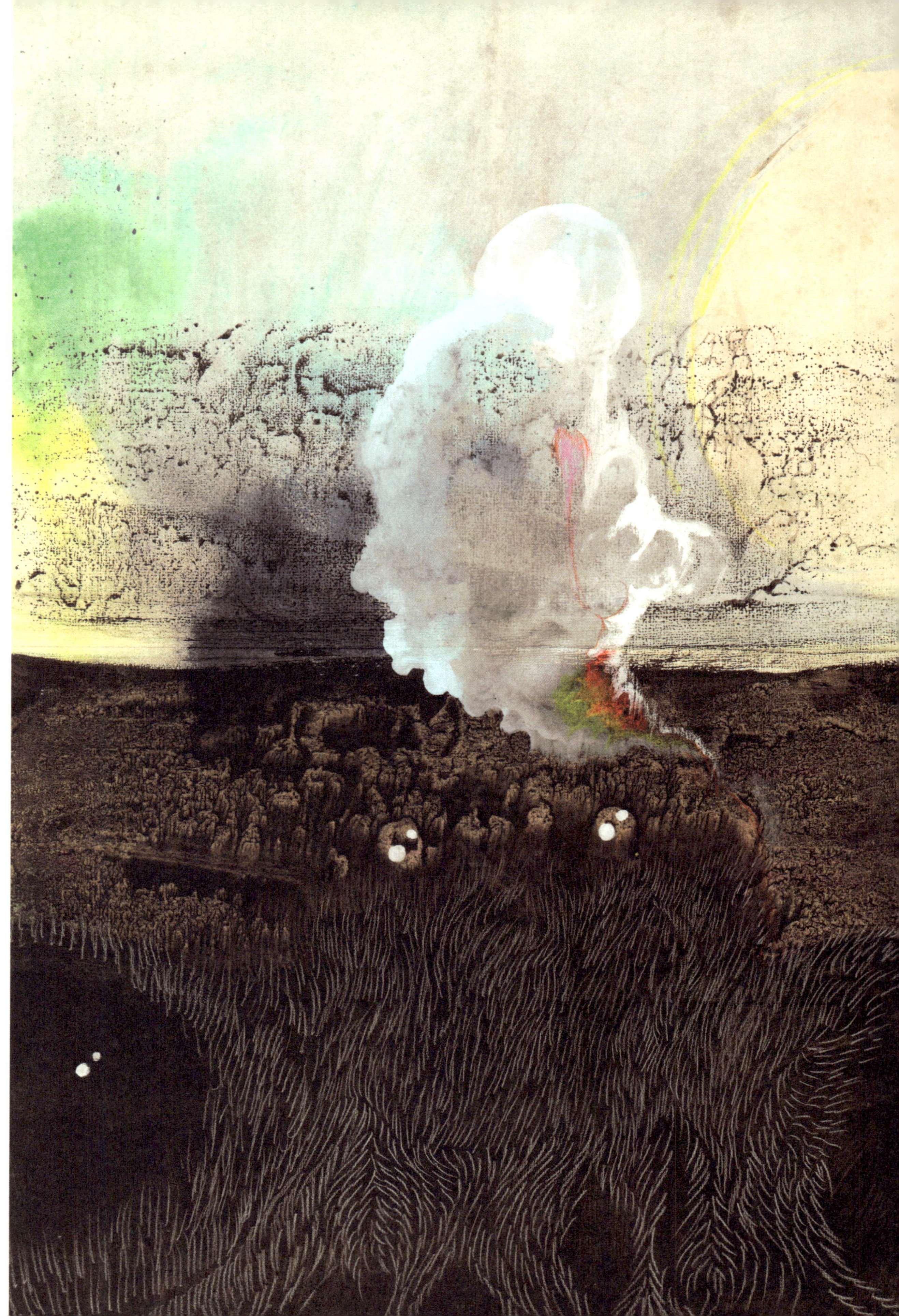

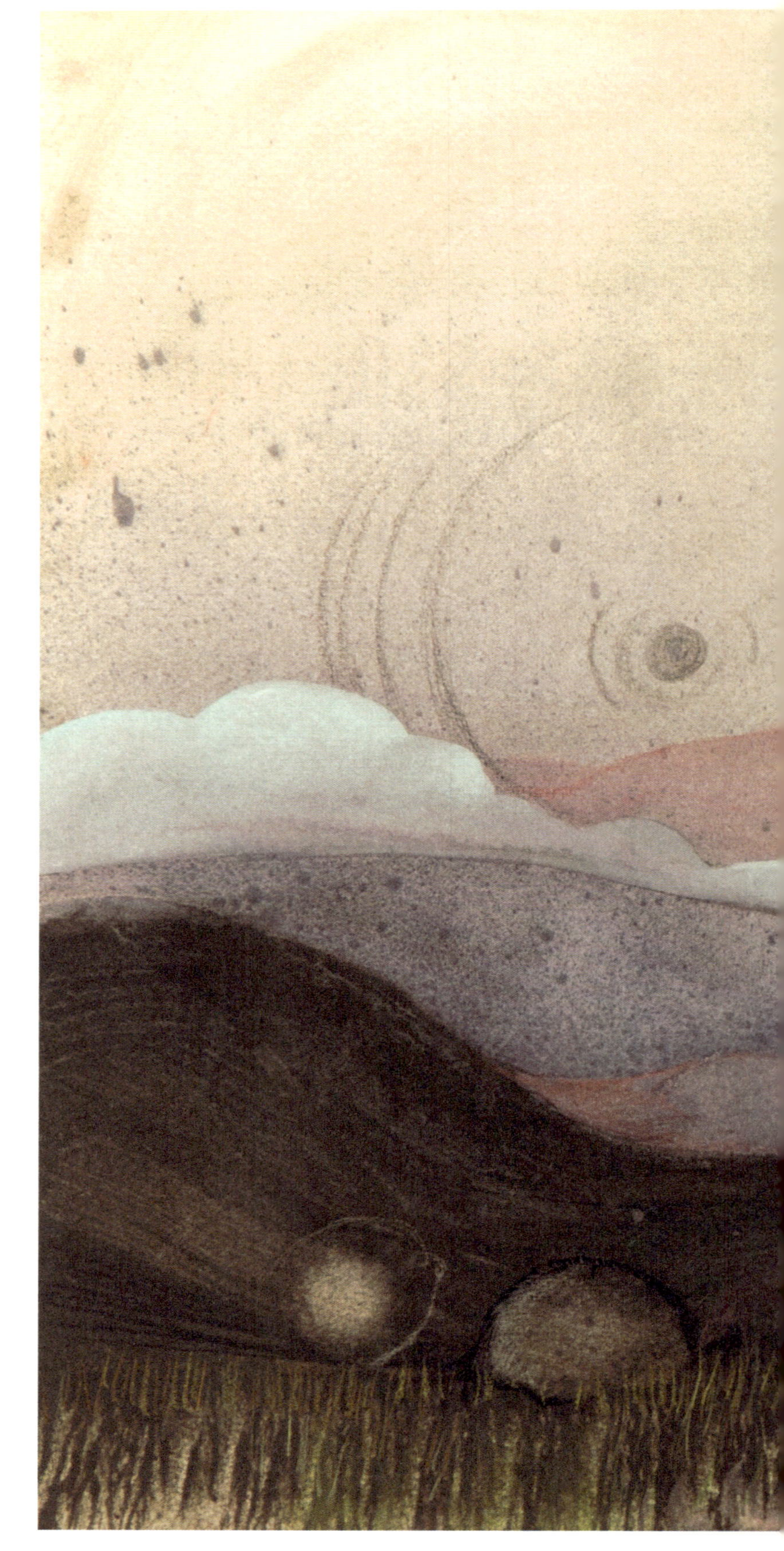

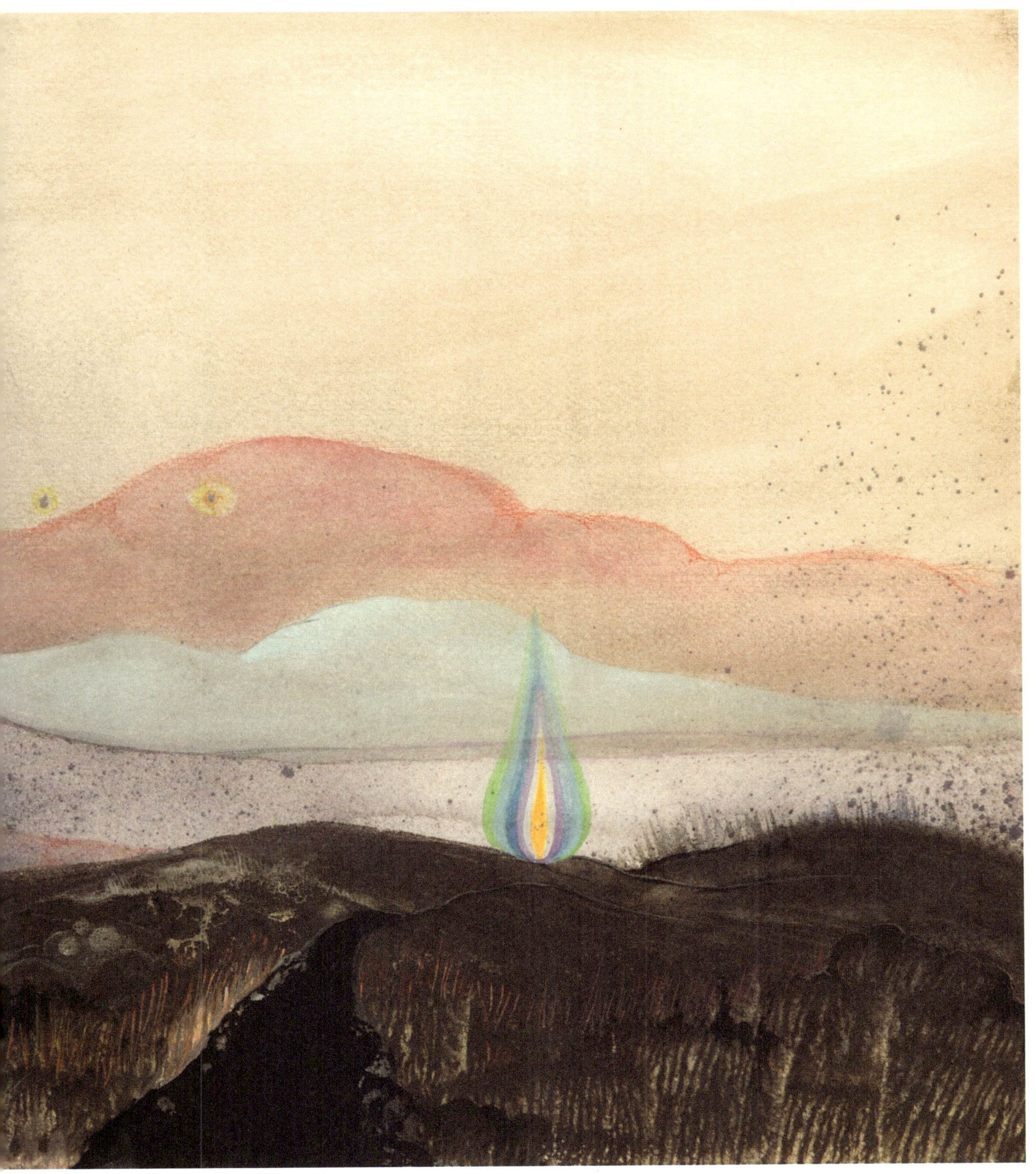

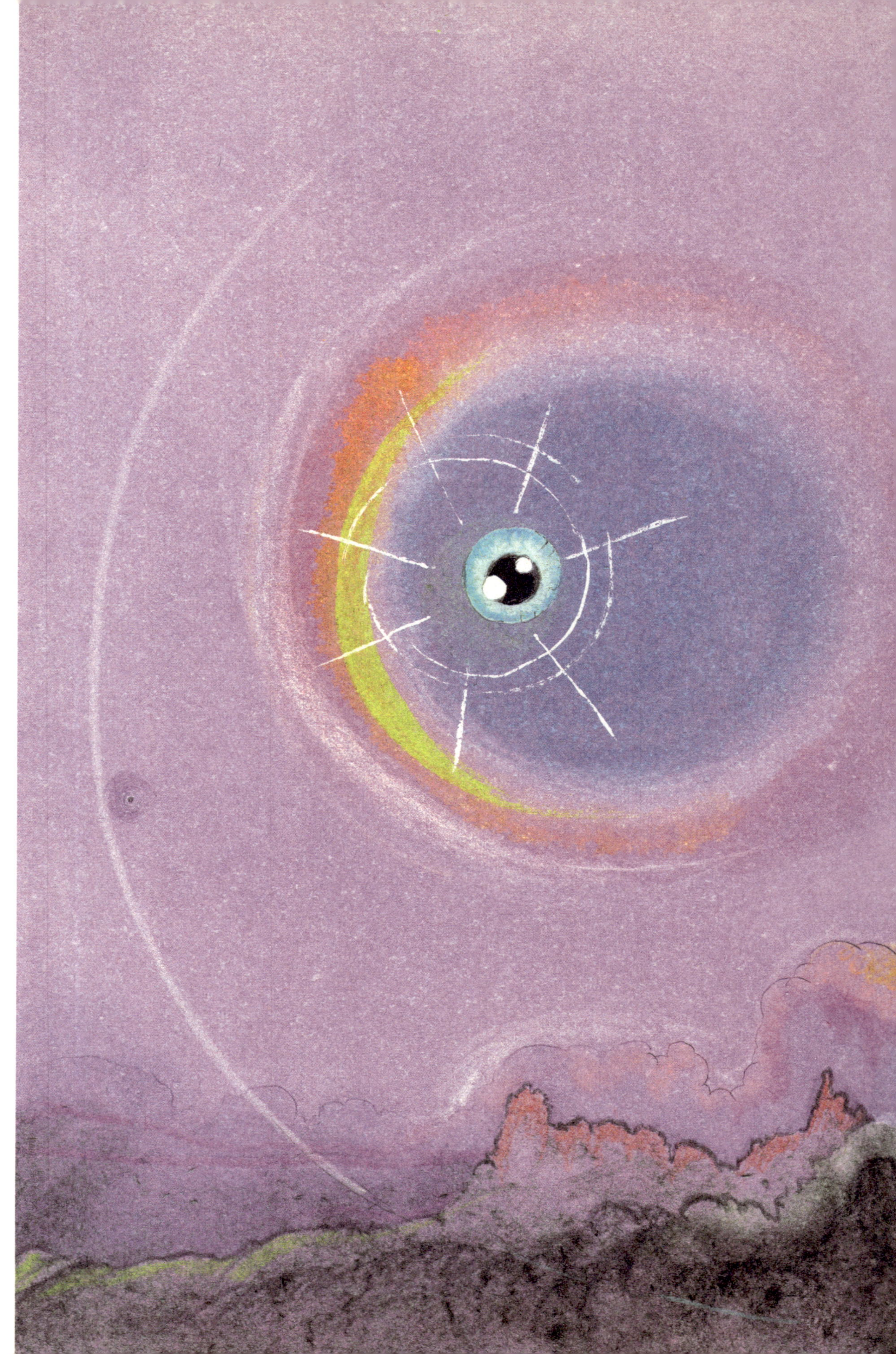

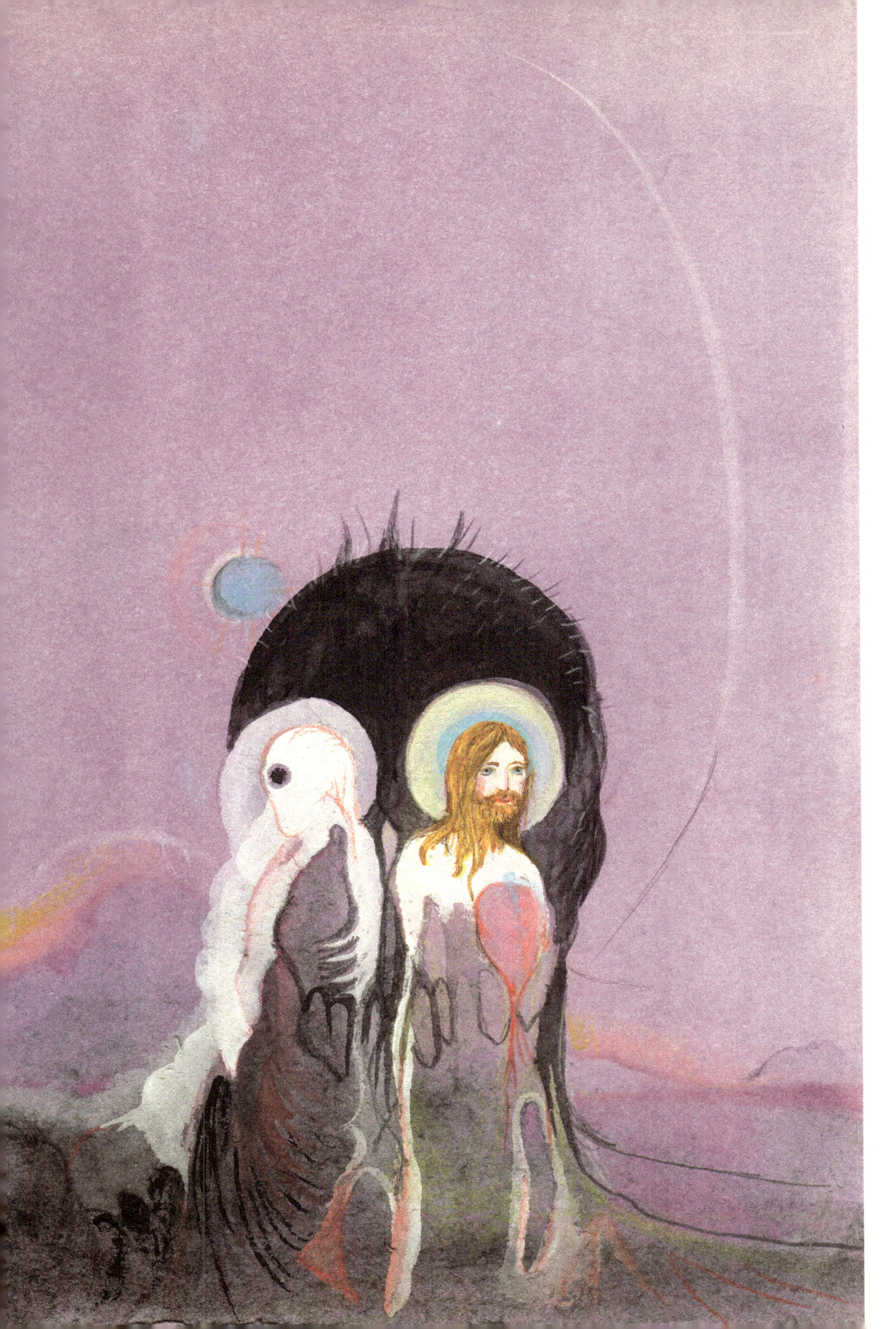

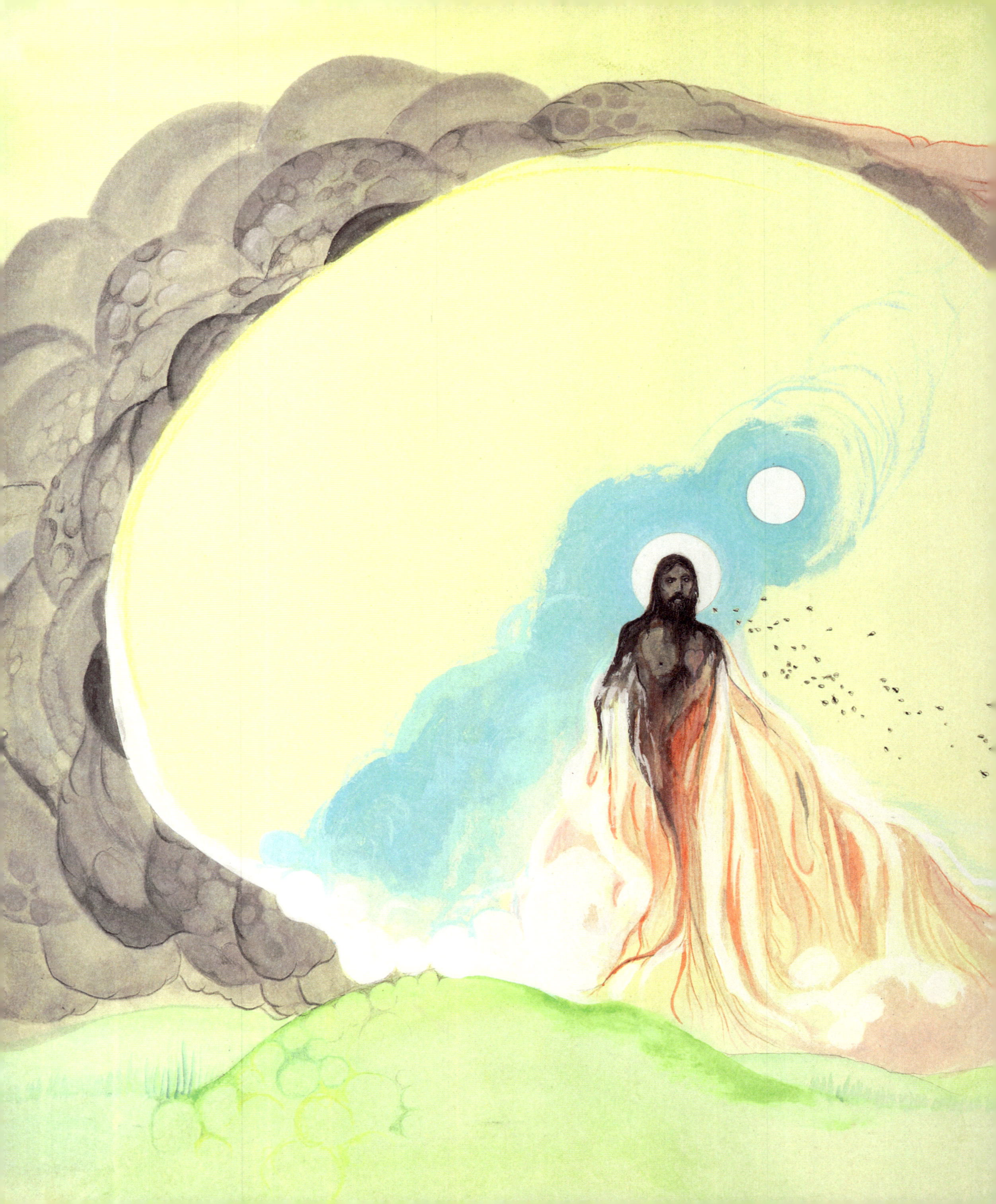

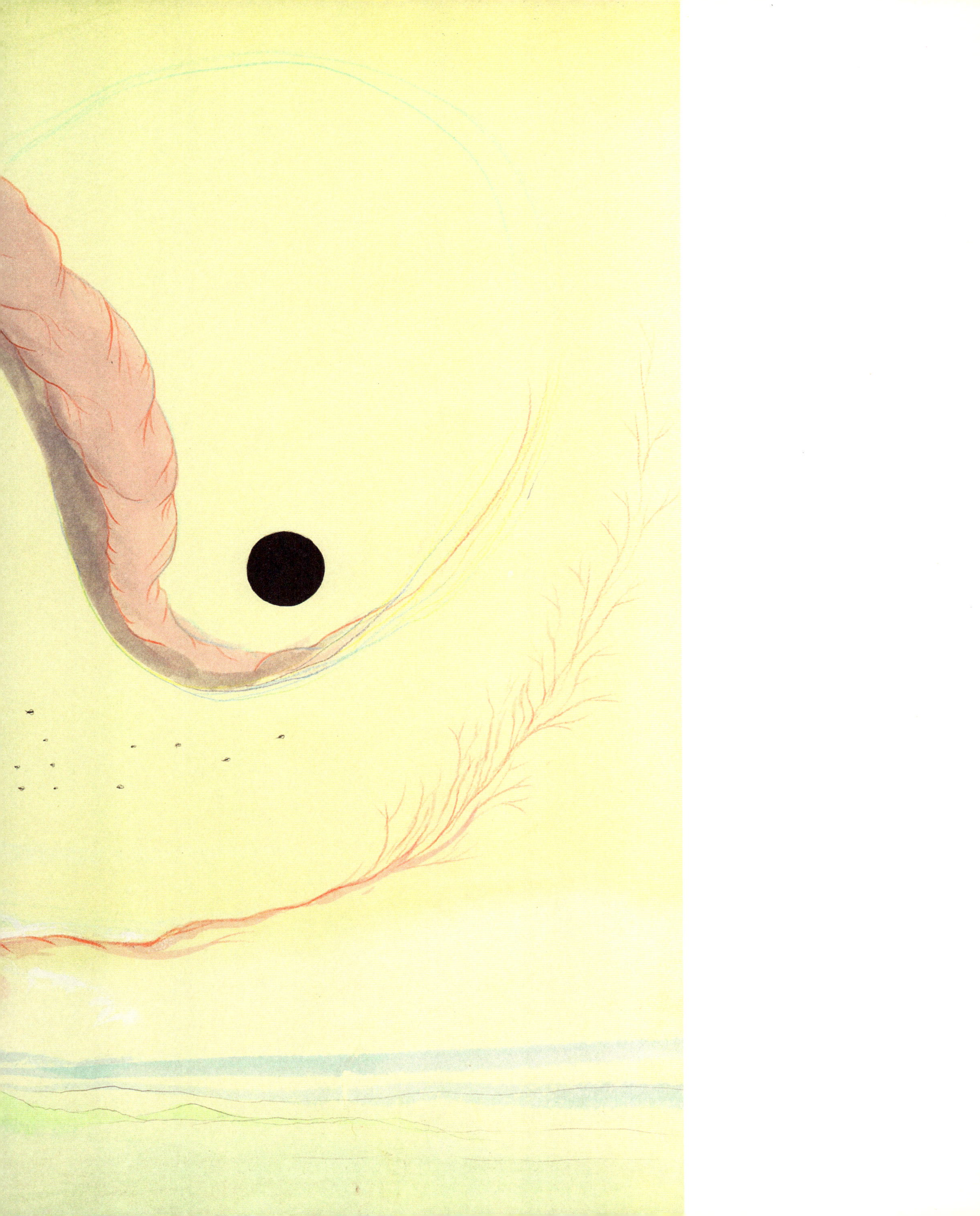

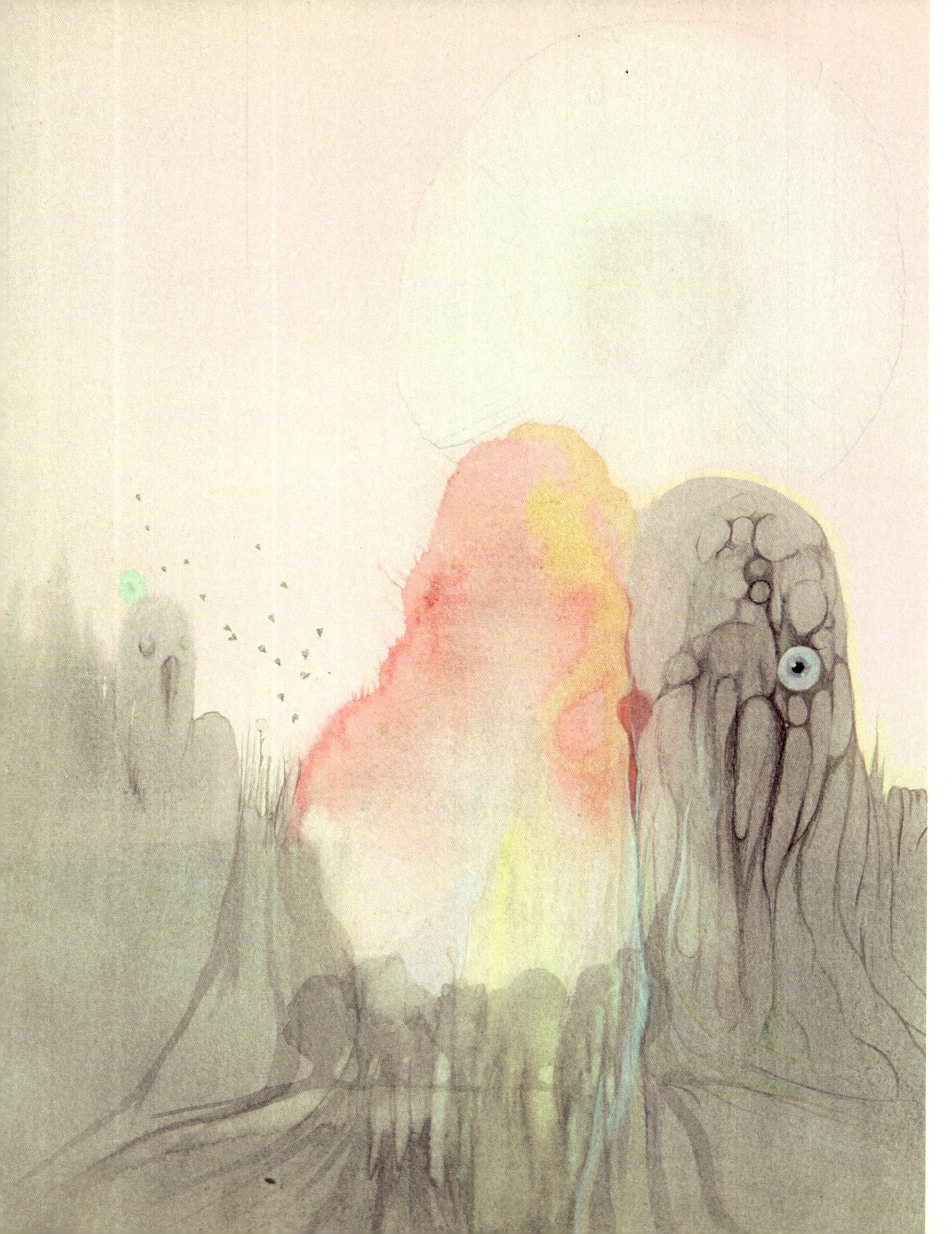

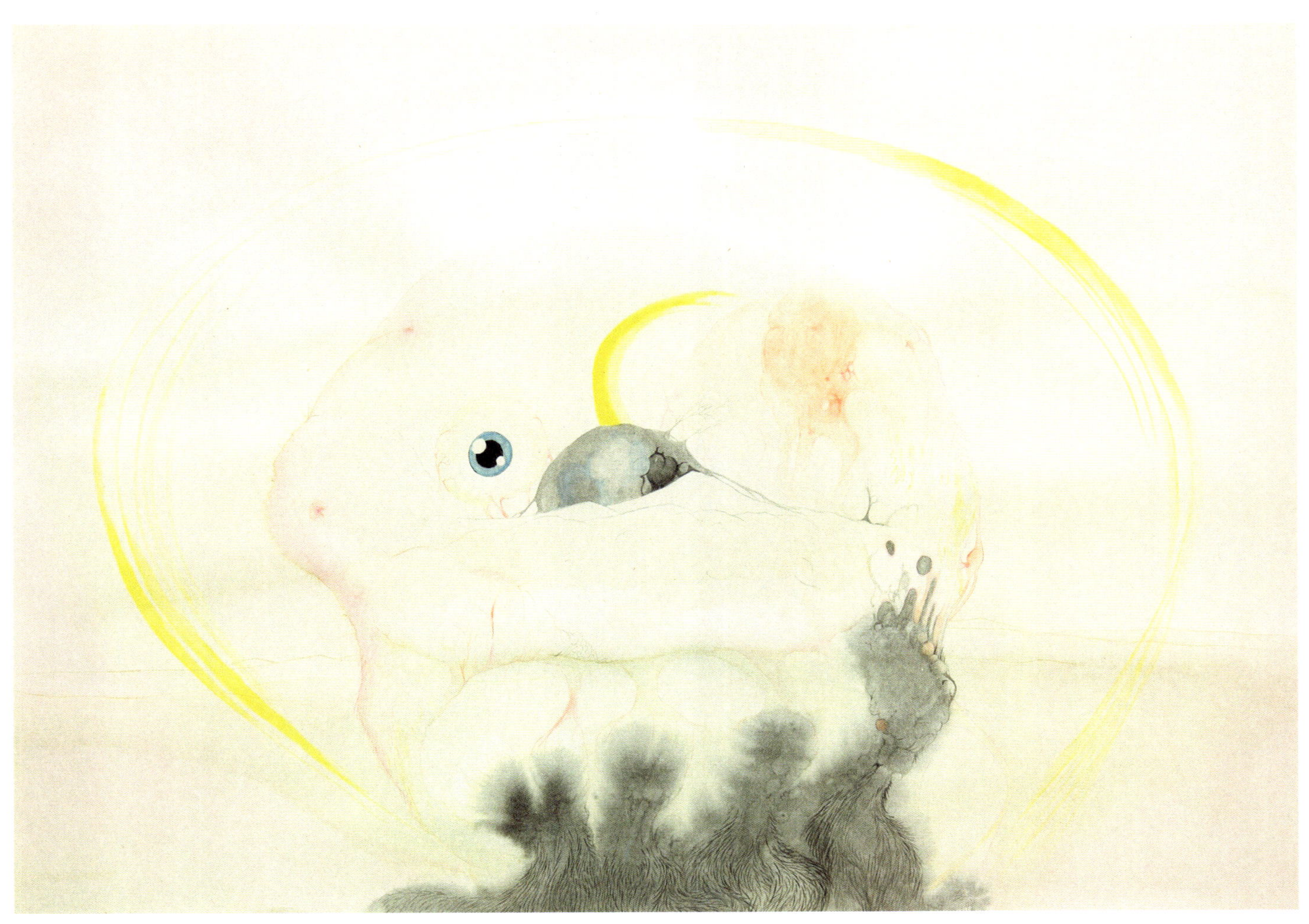

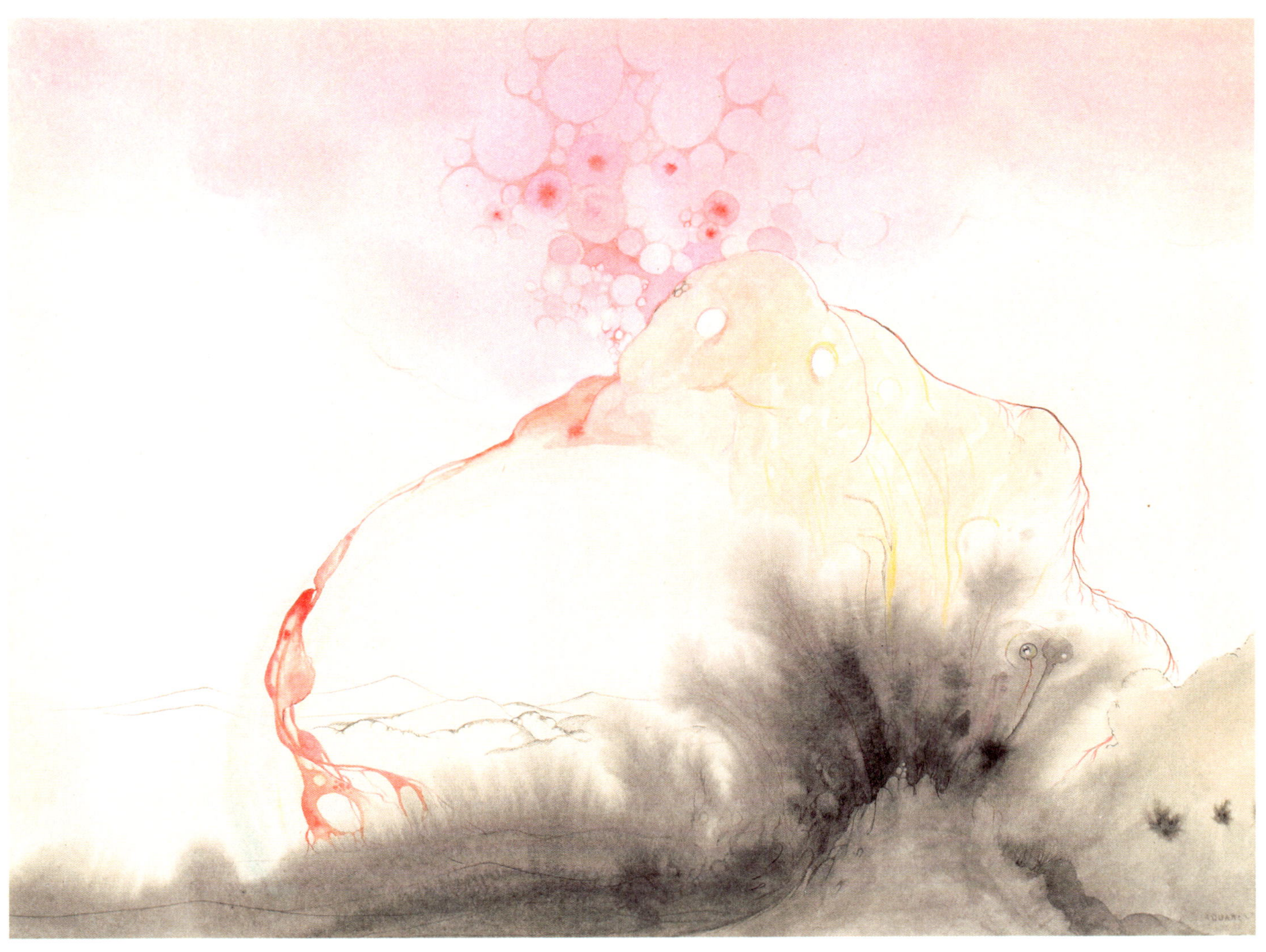

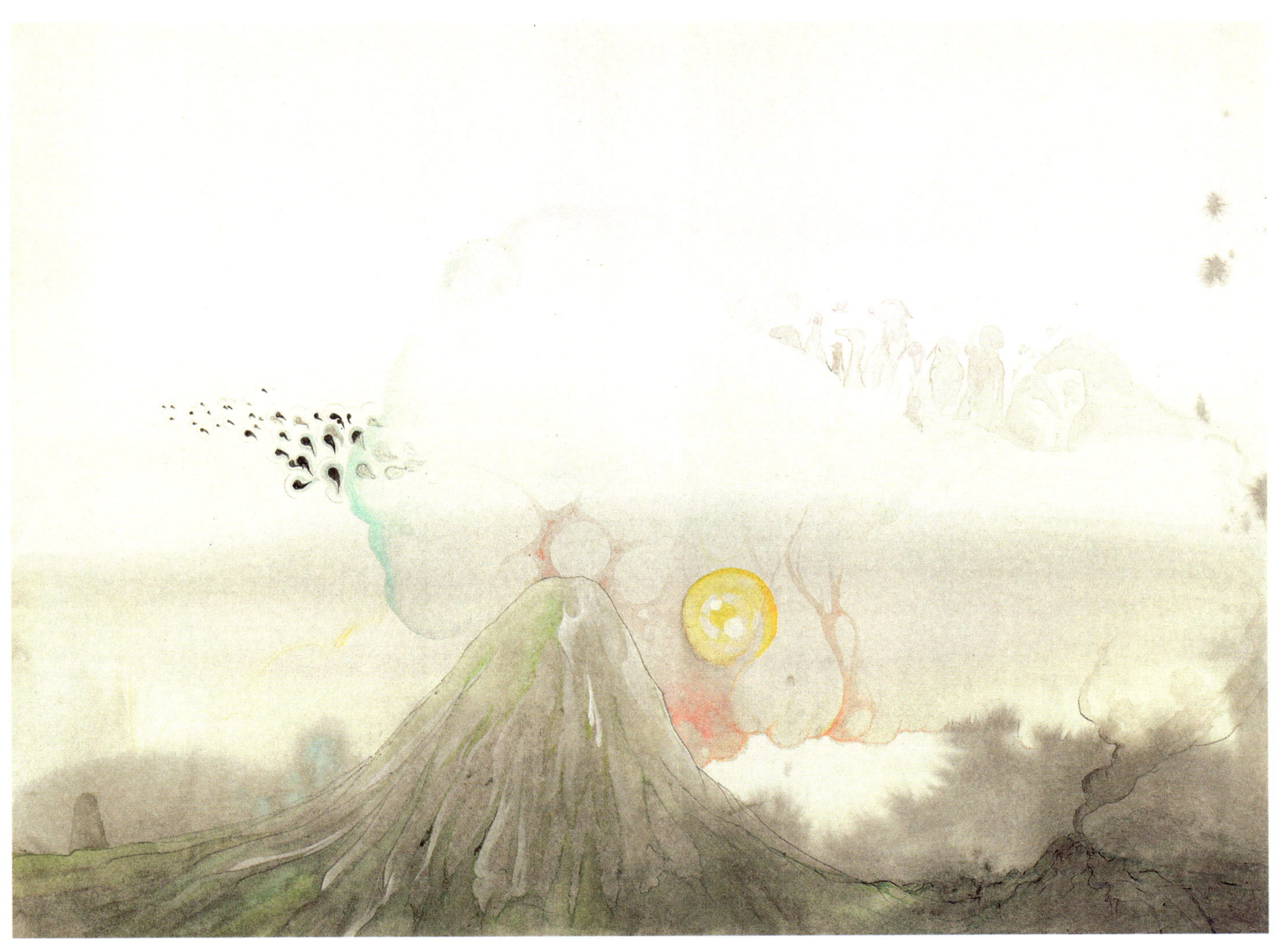

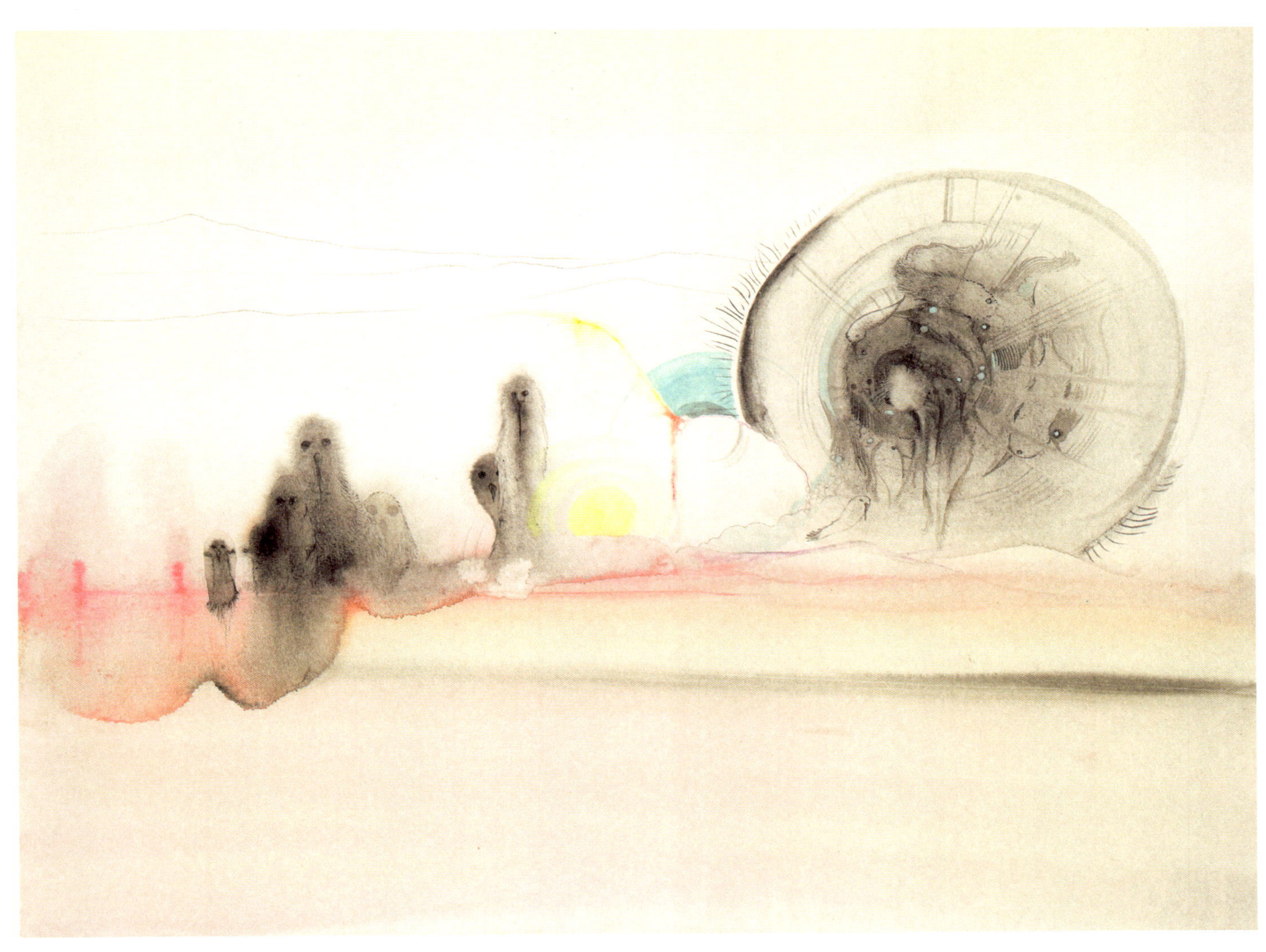

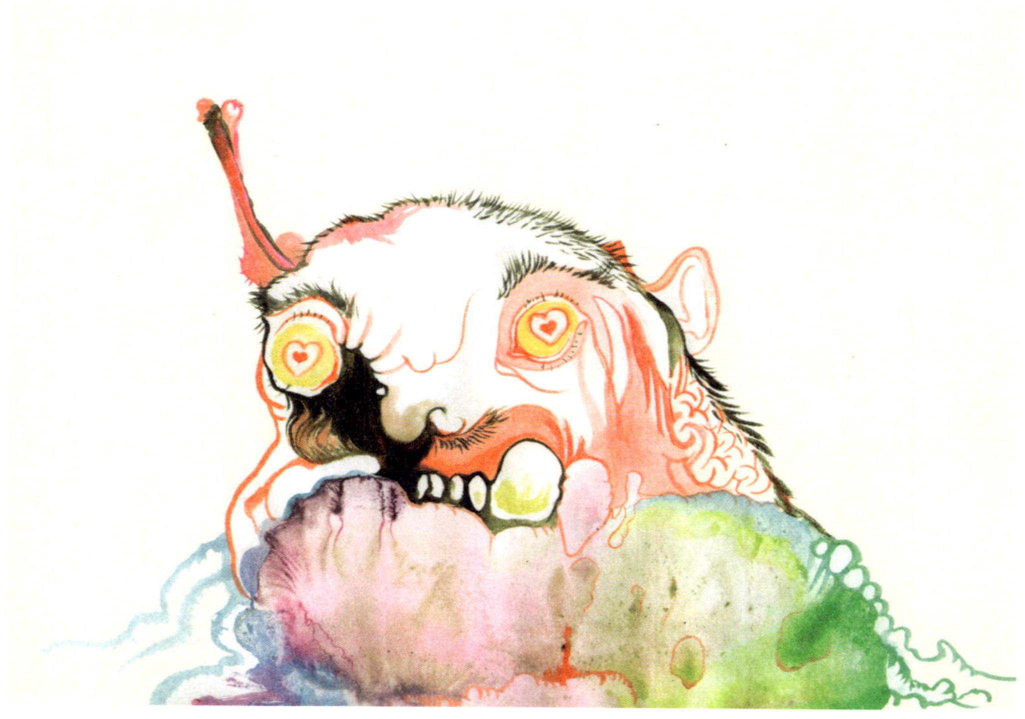

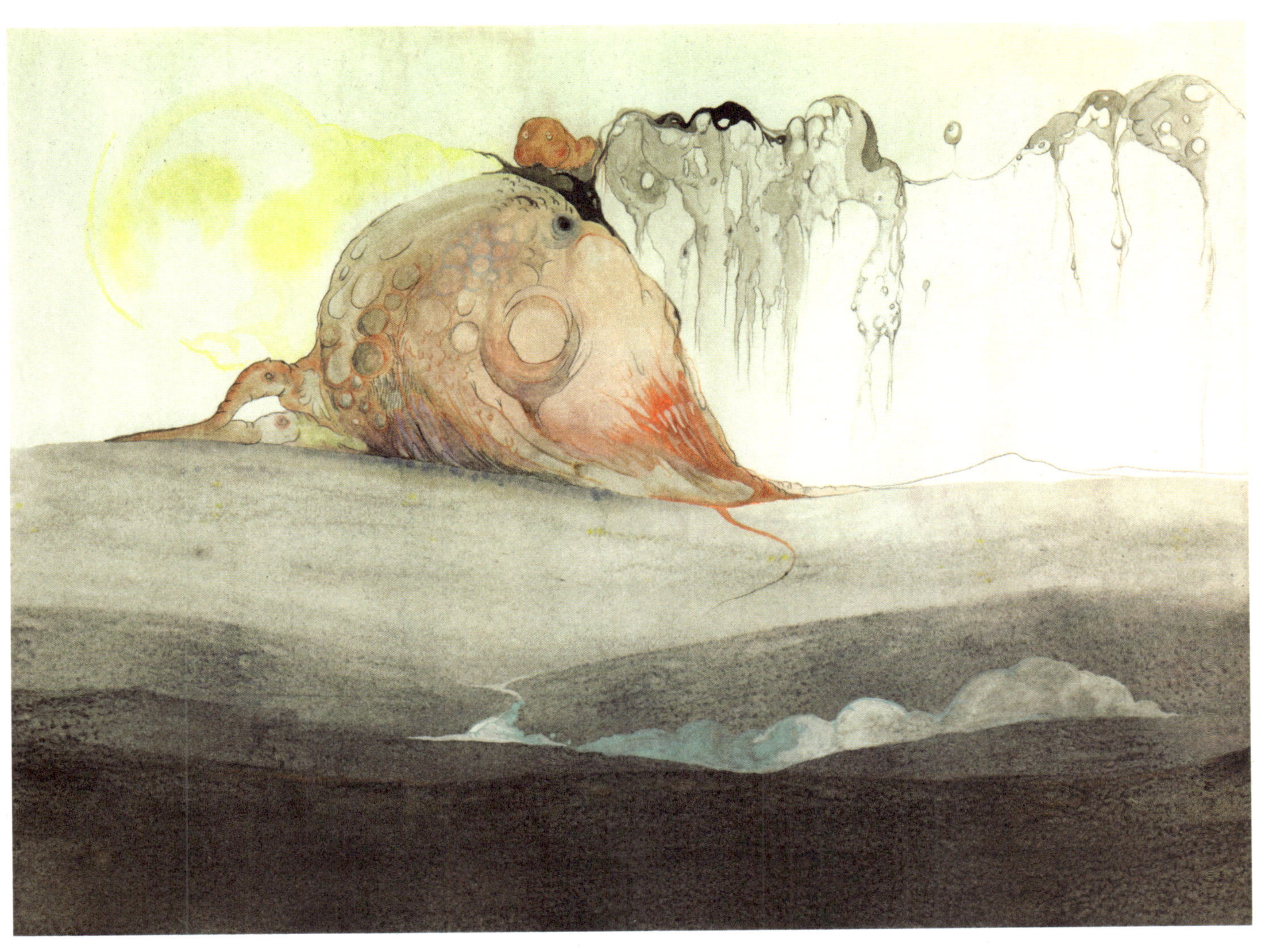

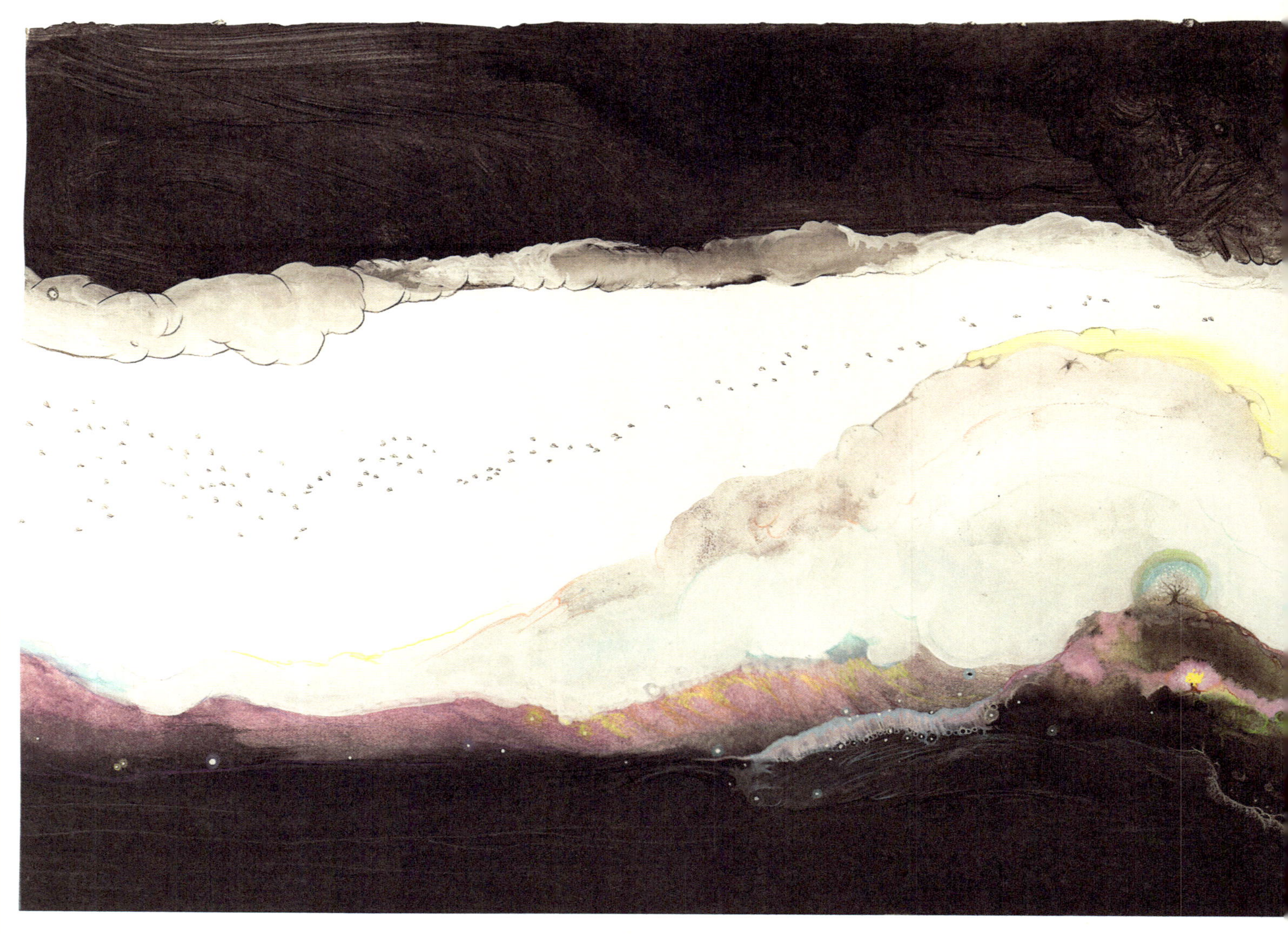

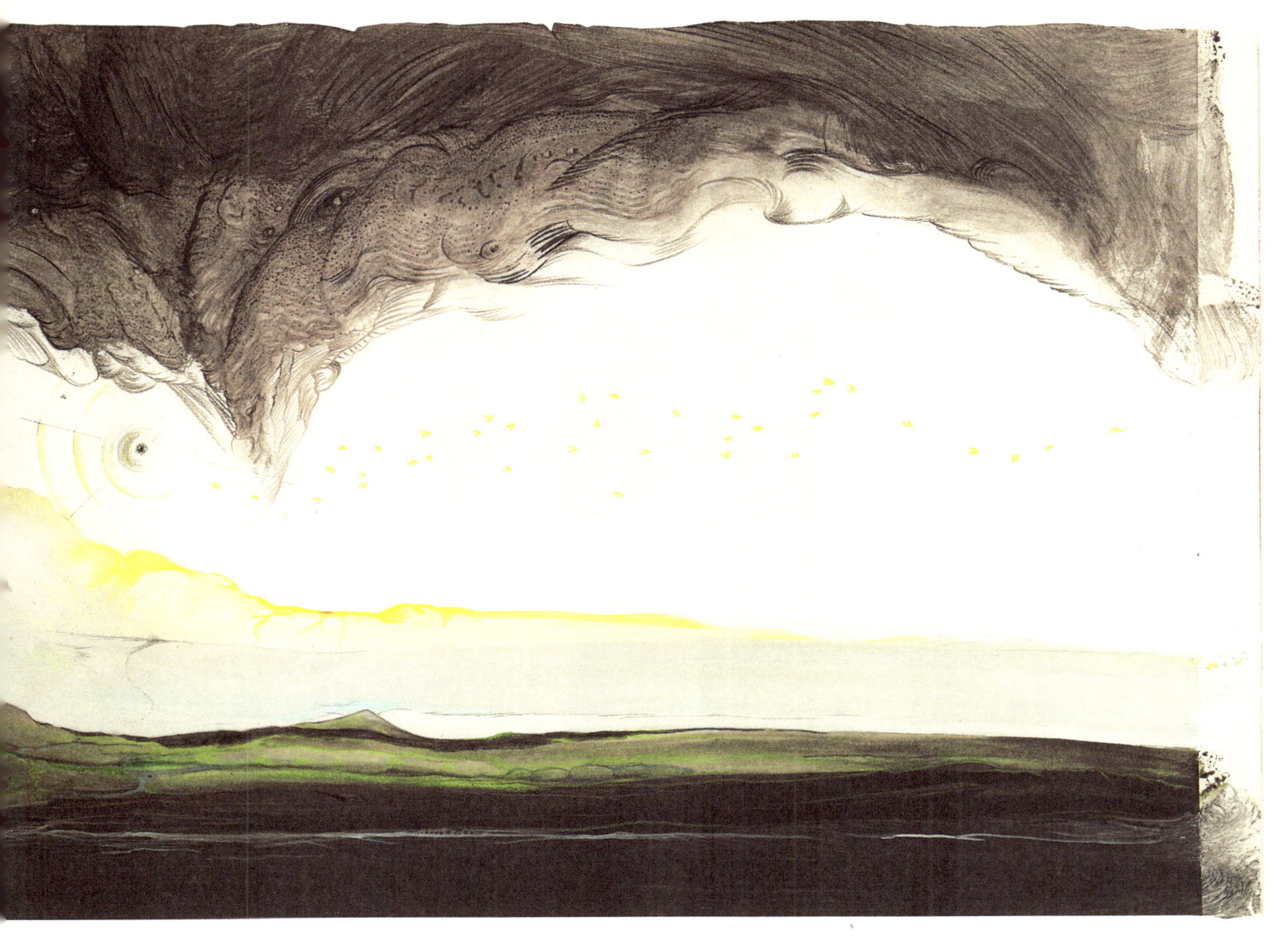

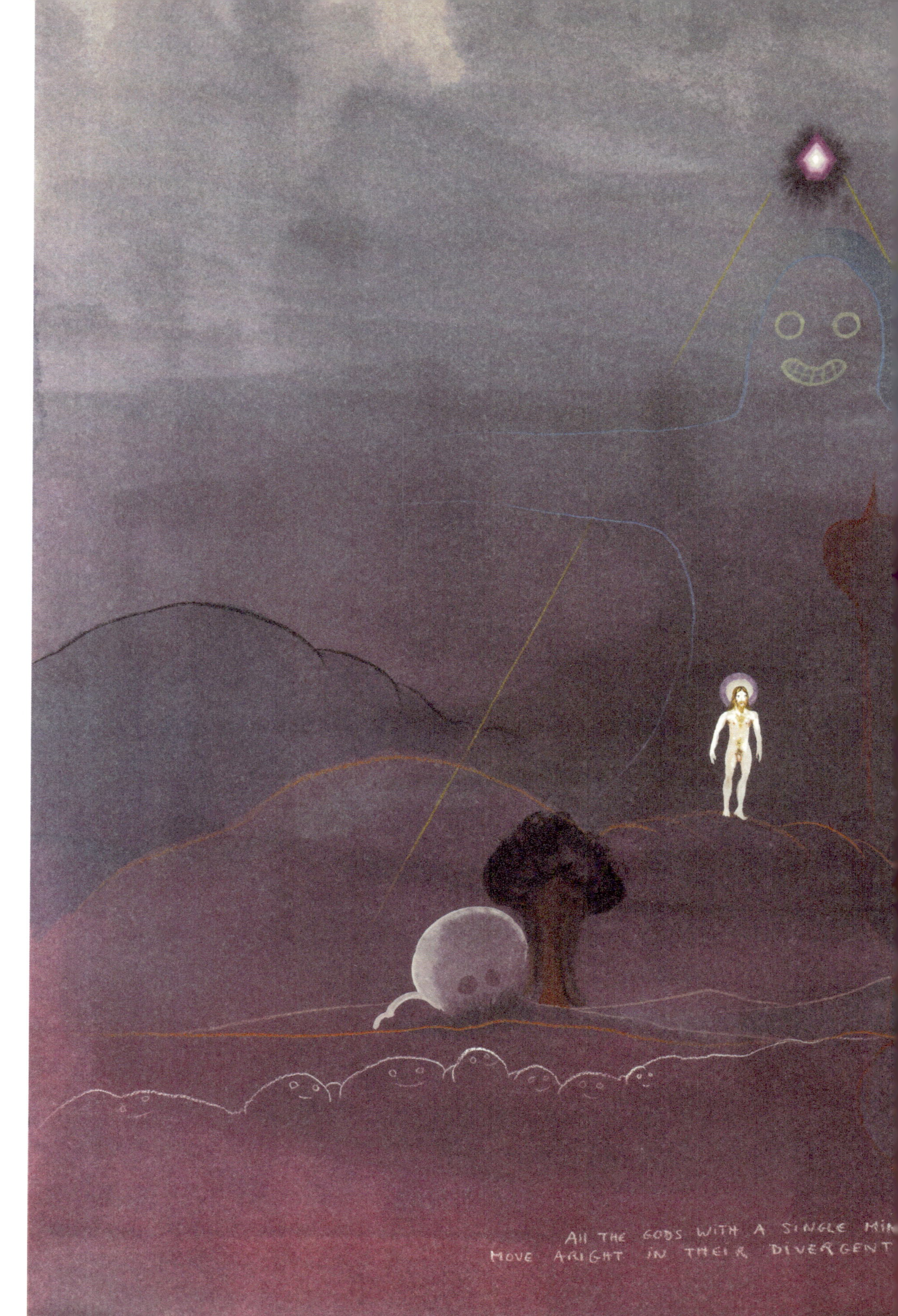
All the gods with a single min
move aright in their divergent

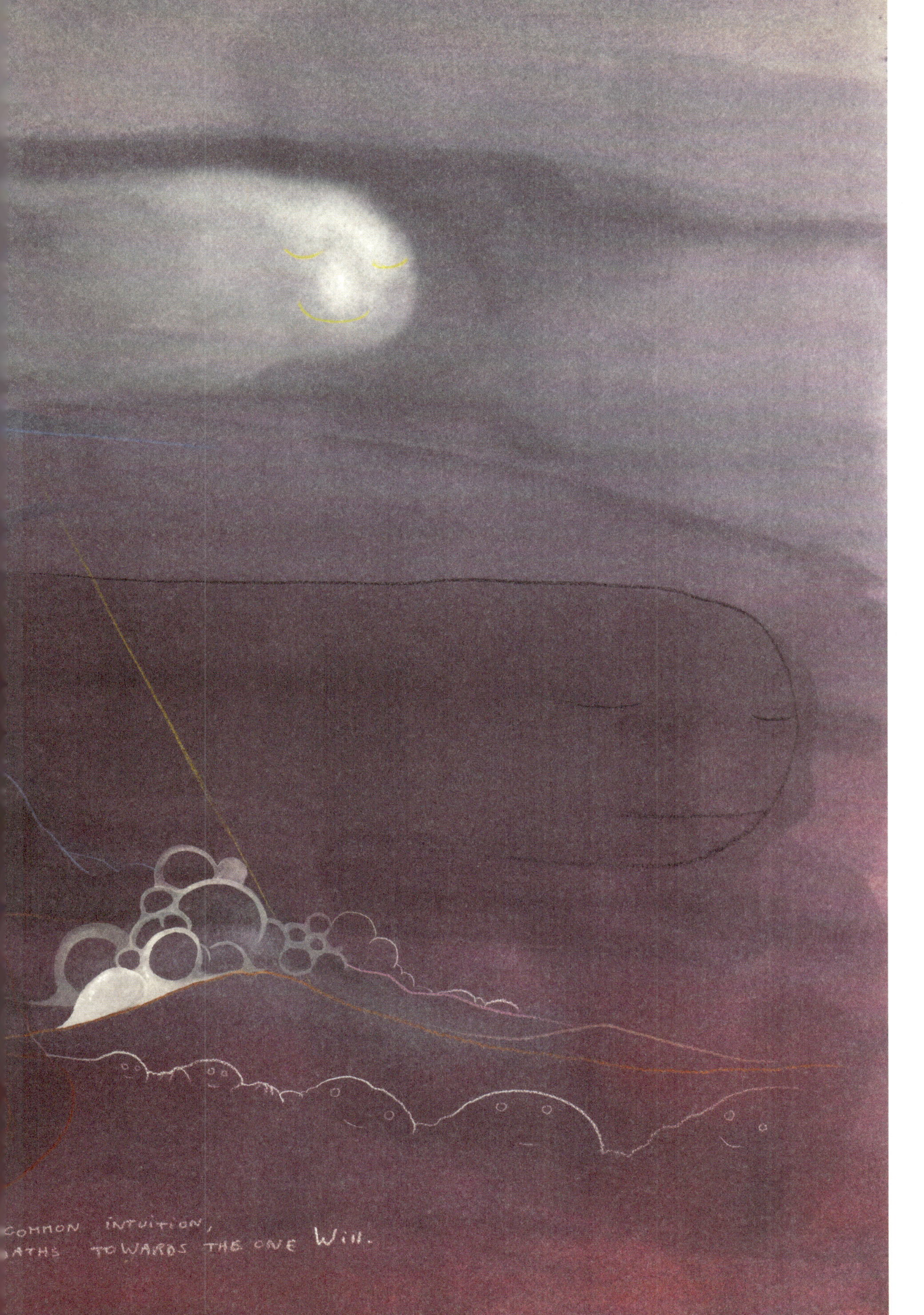
COMMON INTUITION,
ATHS TOWARDS THE ONE WILL.

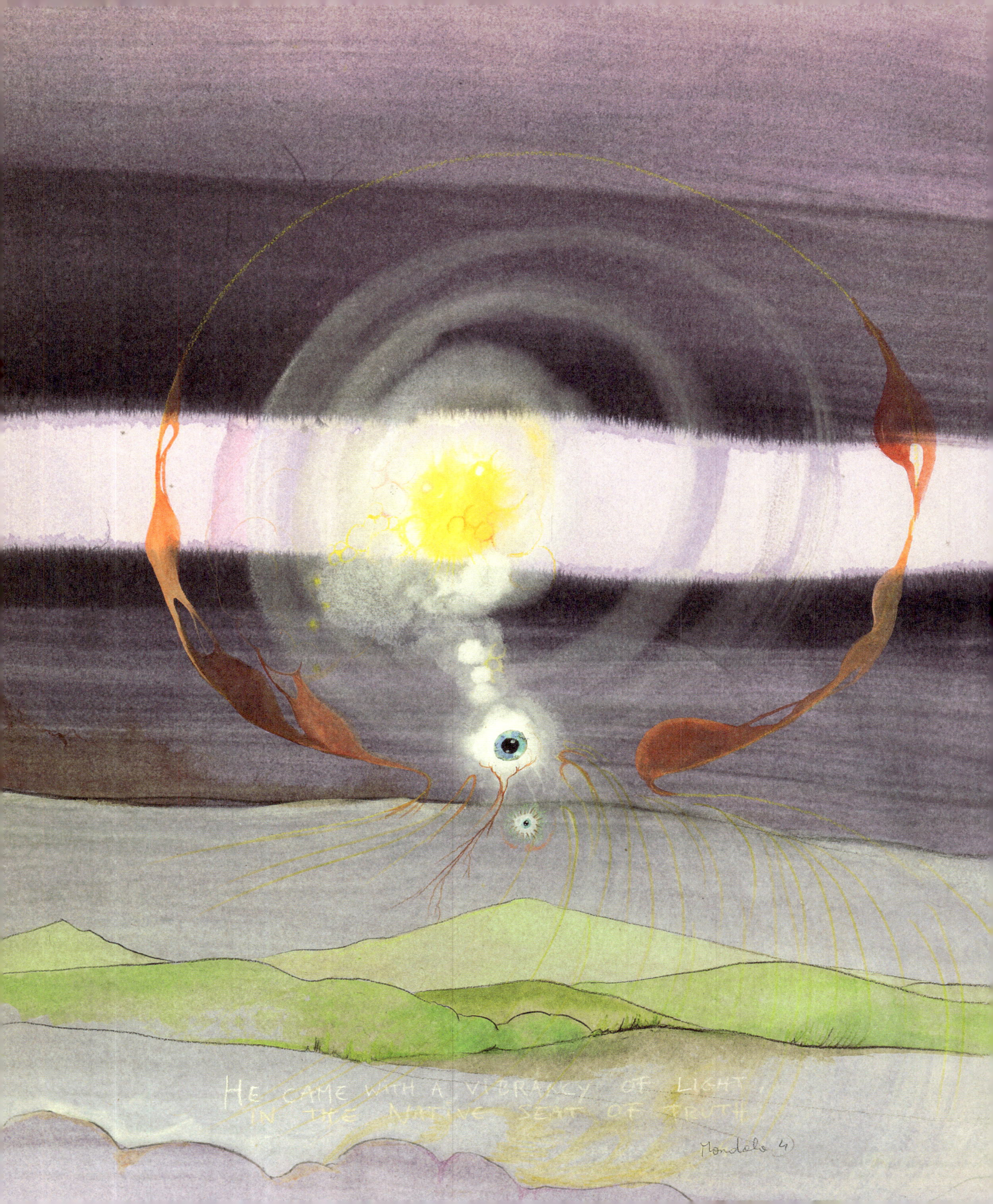

HE CAME WITH A VIBRANCY OF LIGHT
IN THE NATIVE SEAT OF TRUTH
Mandala 4)

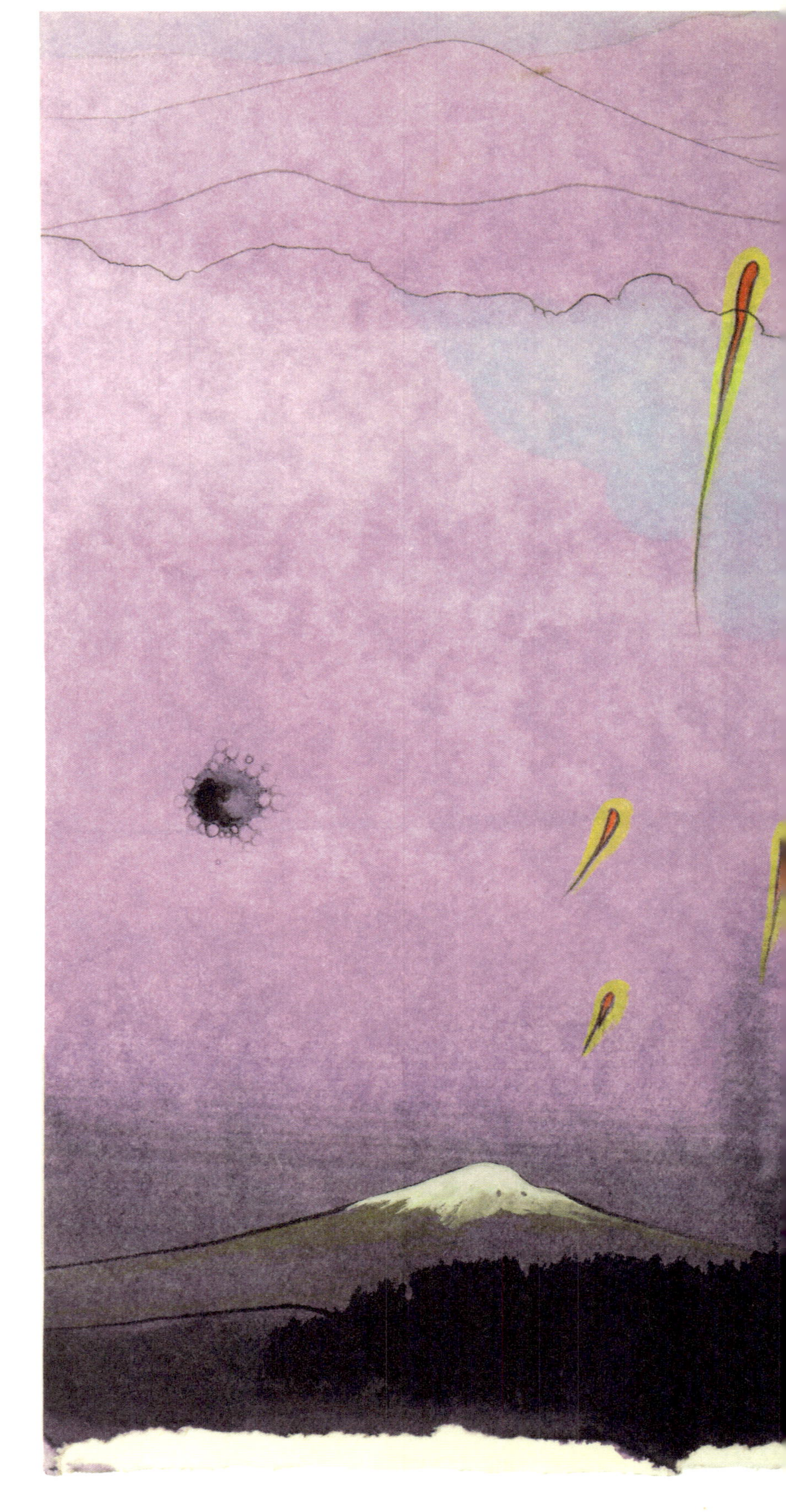

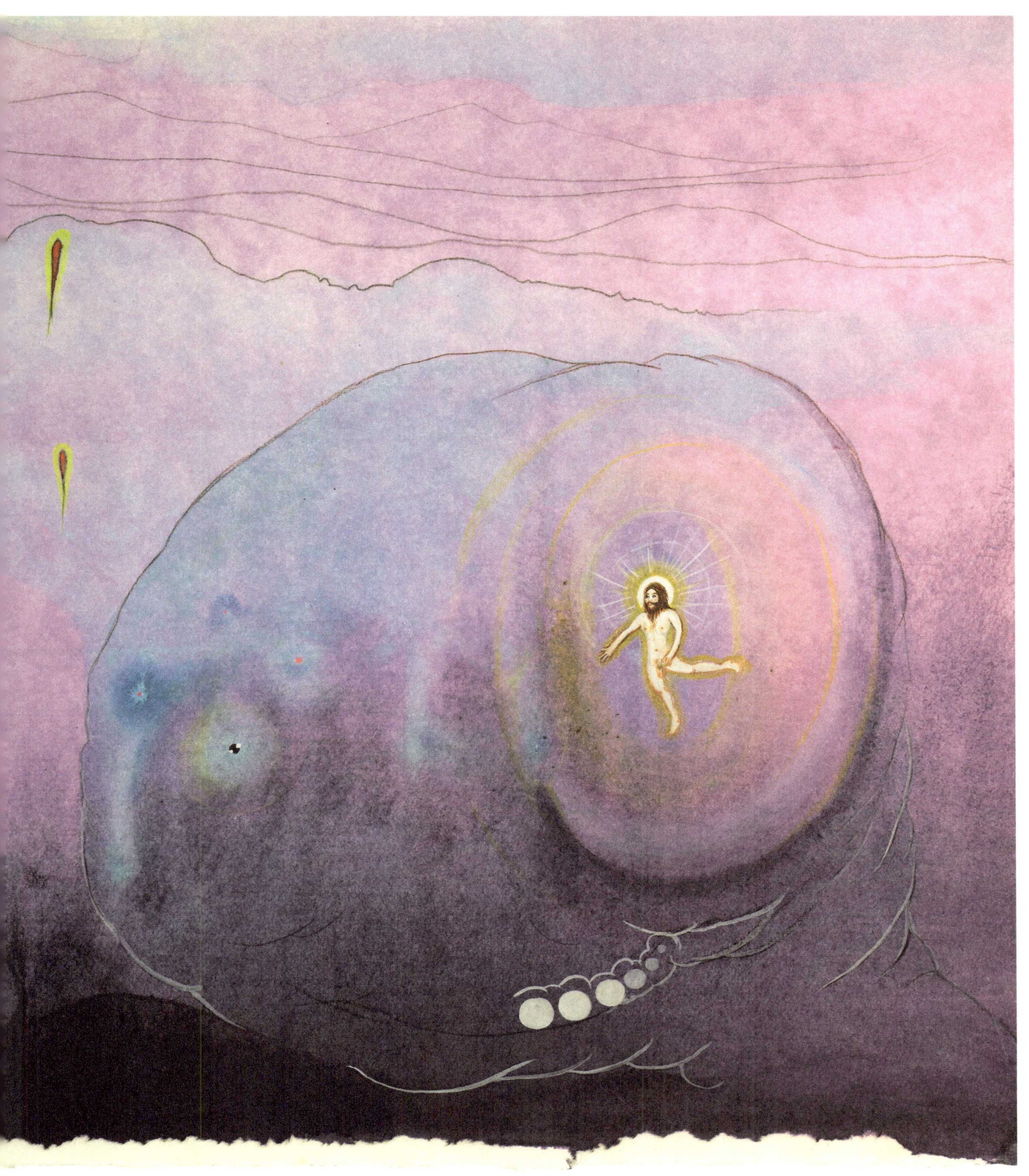

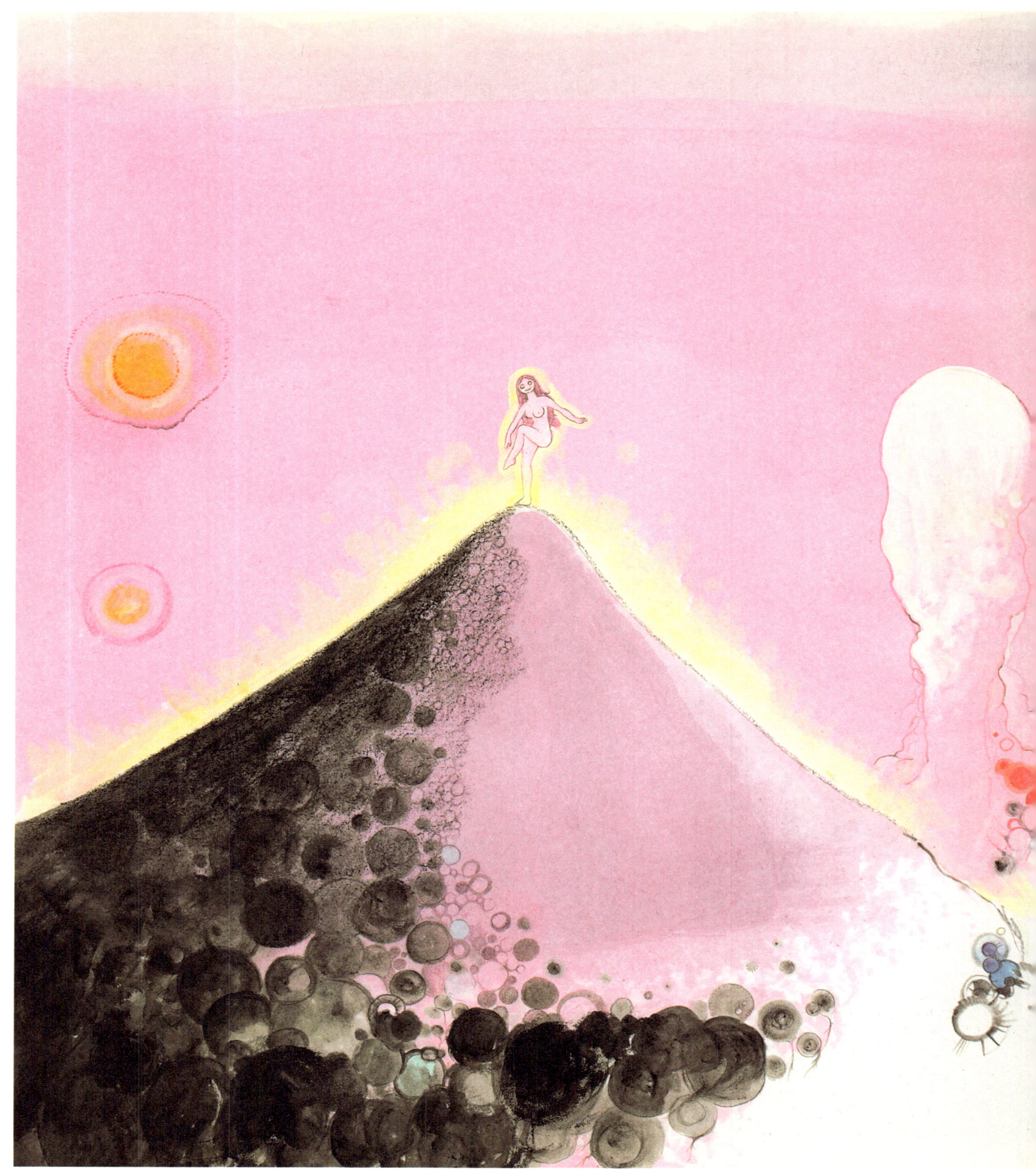

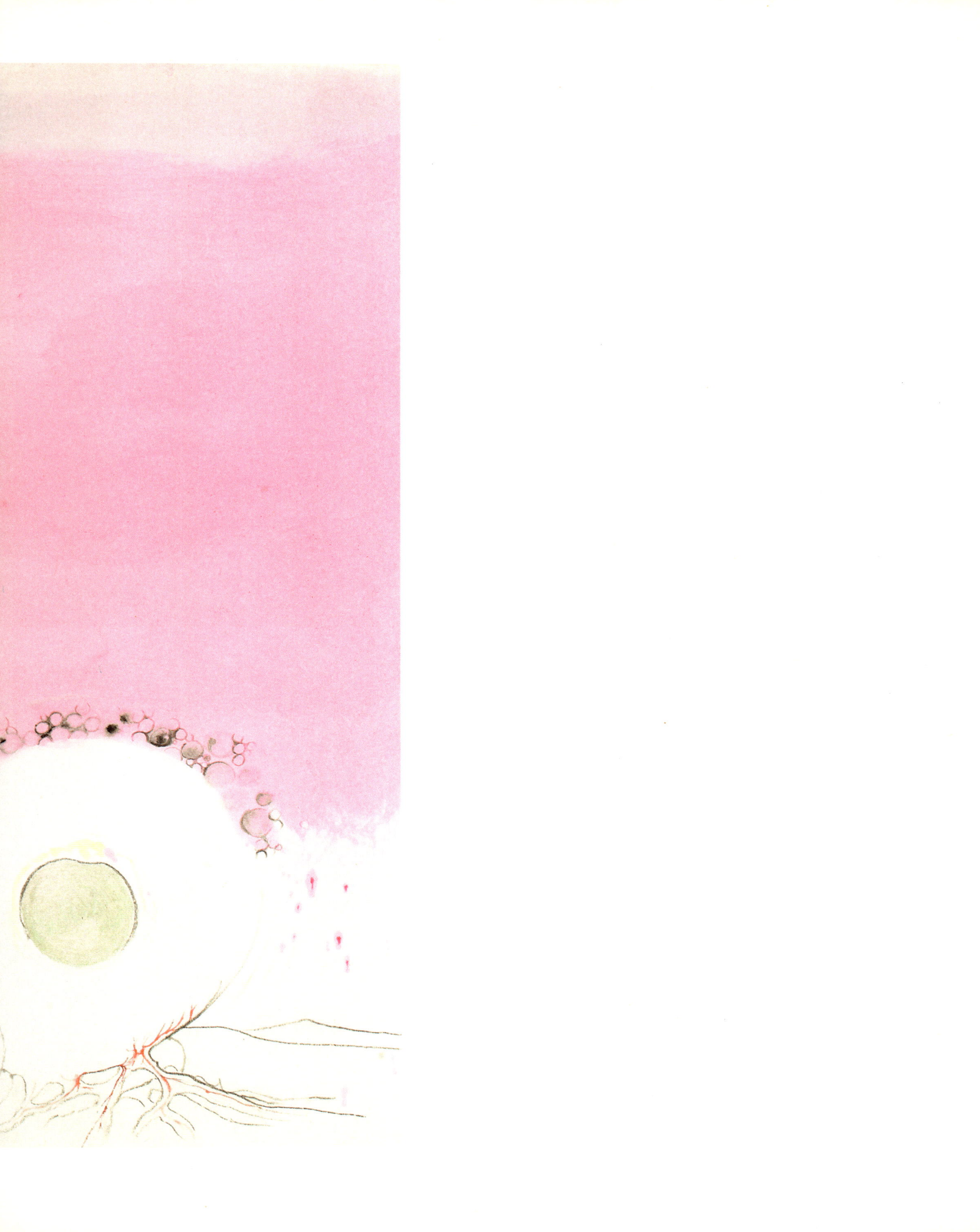

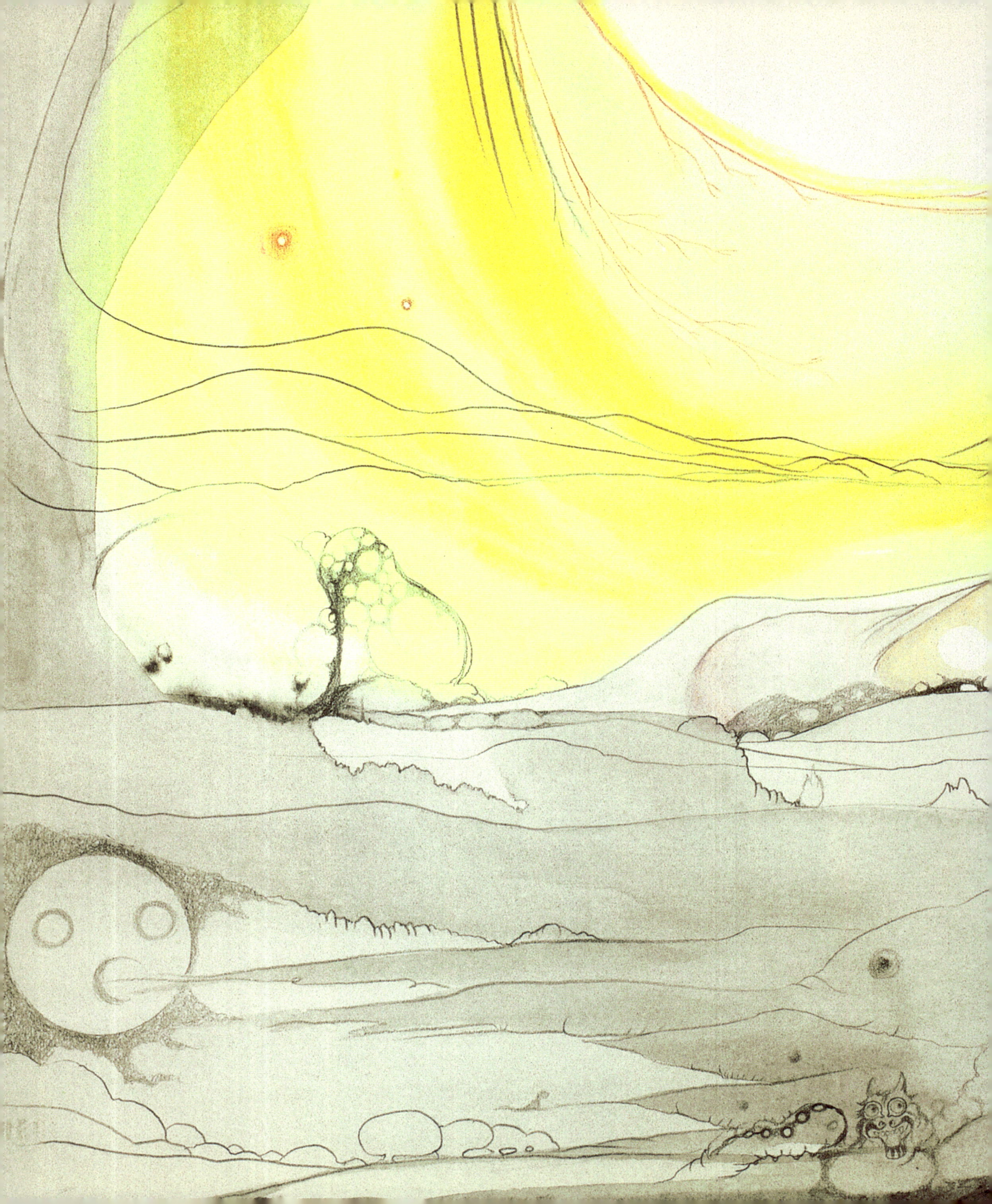

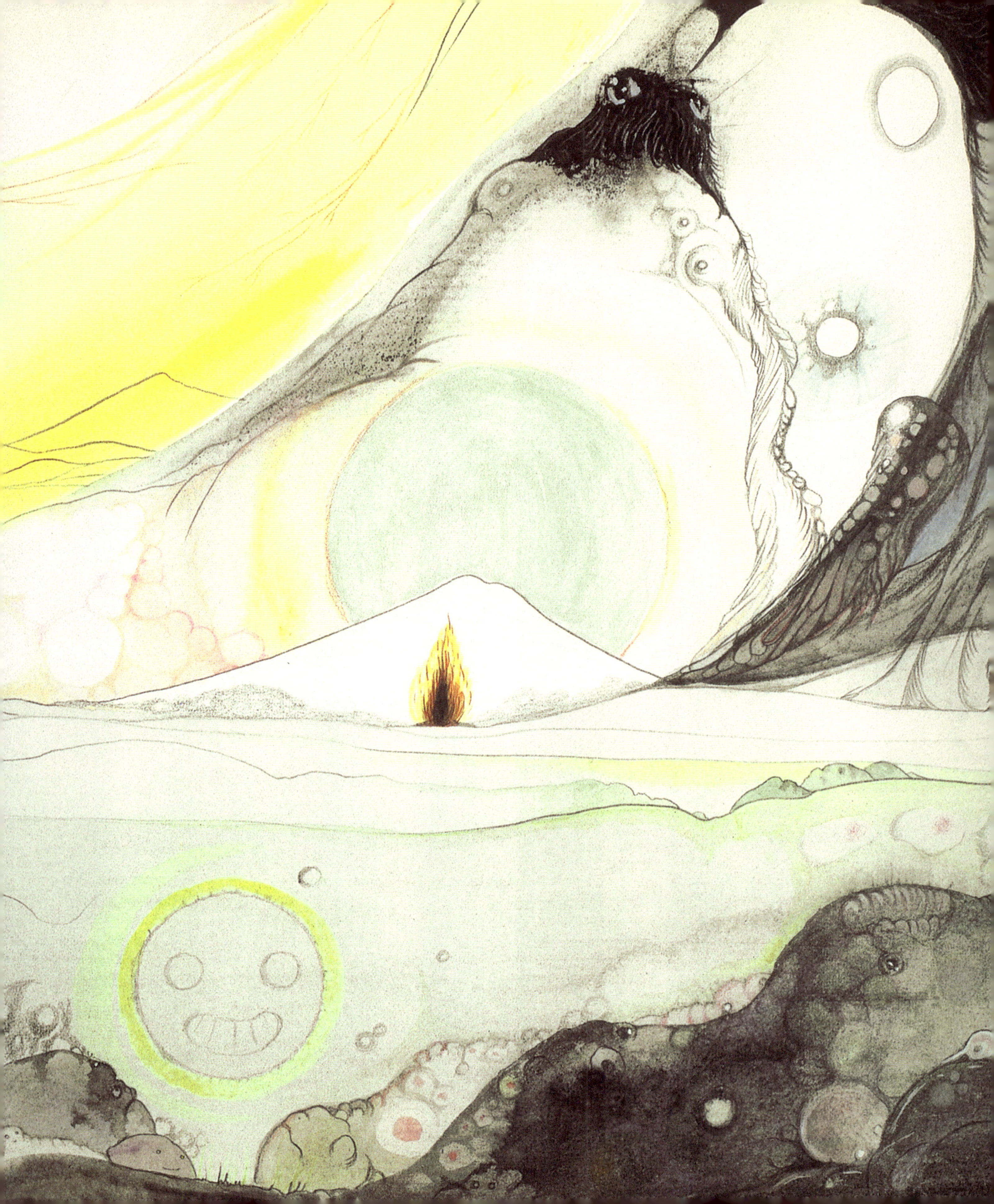

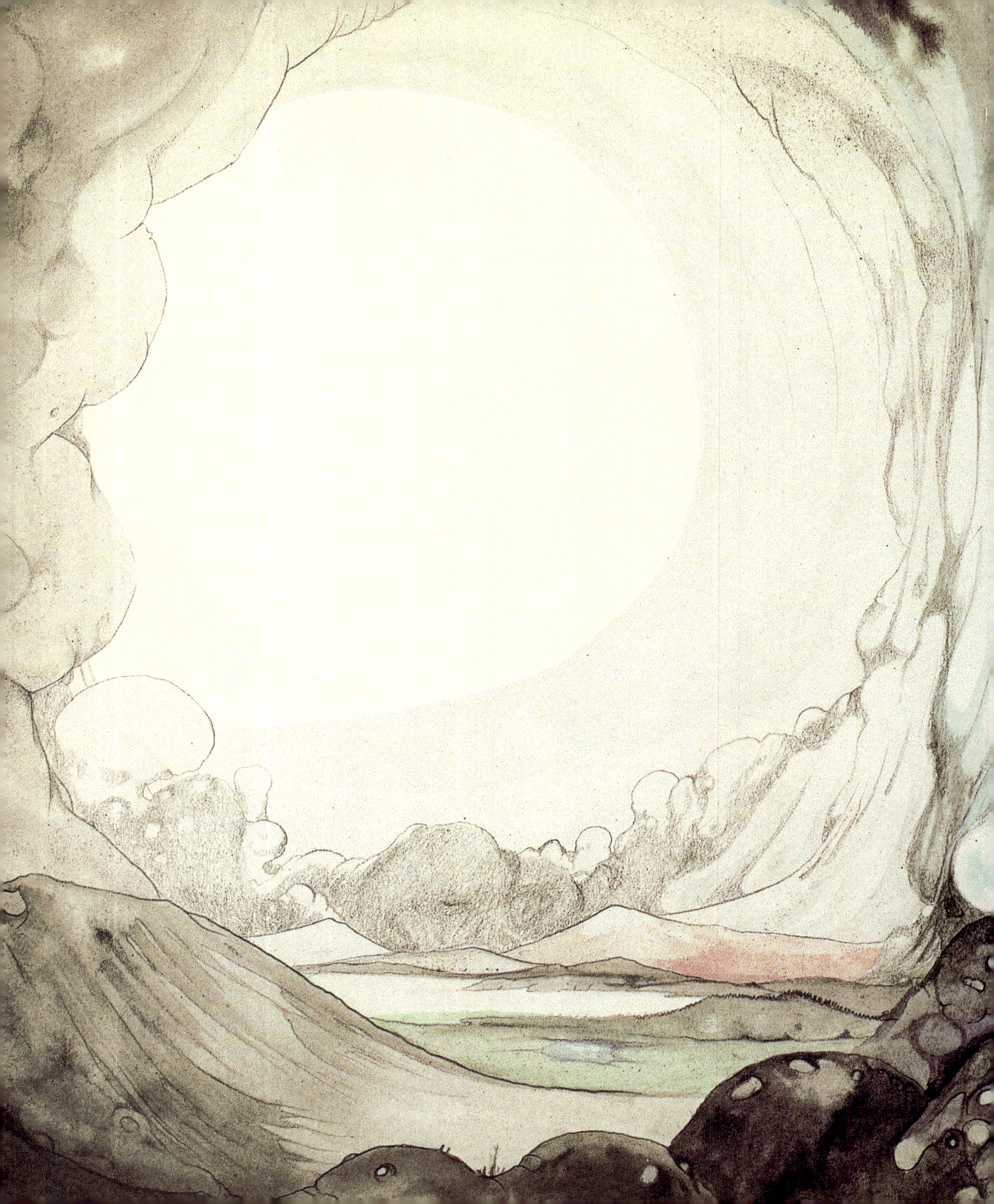

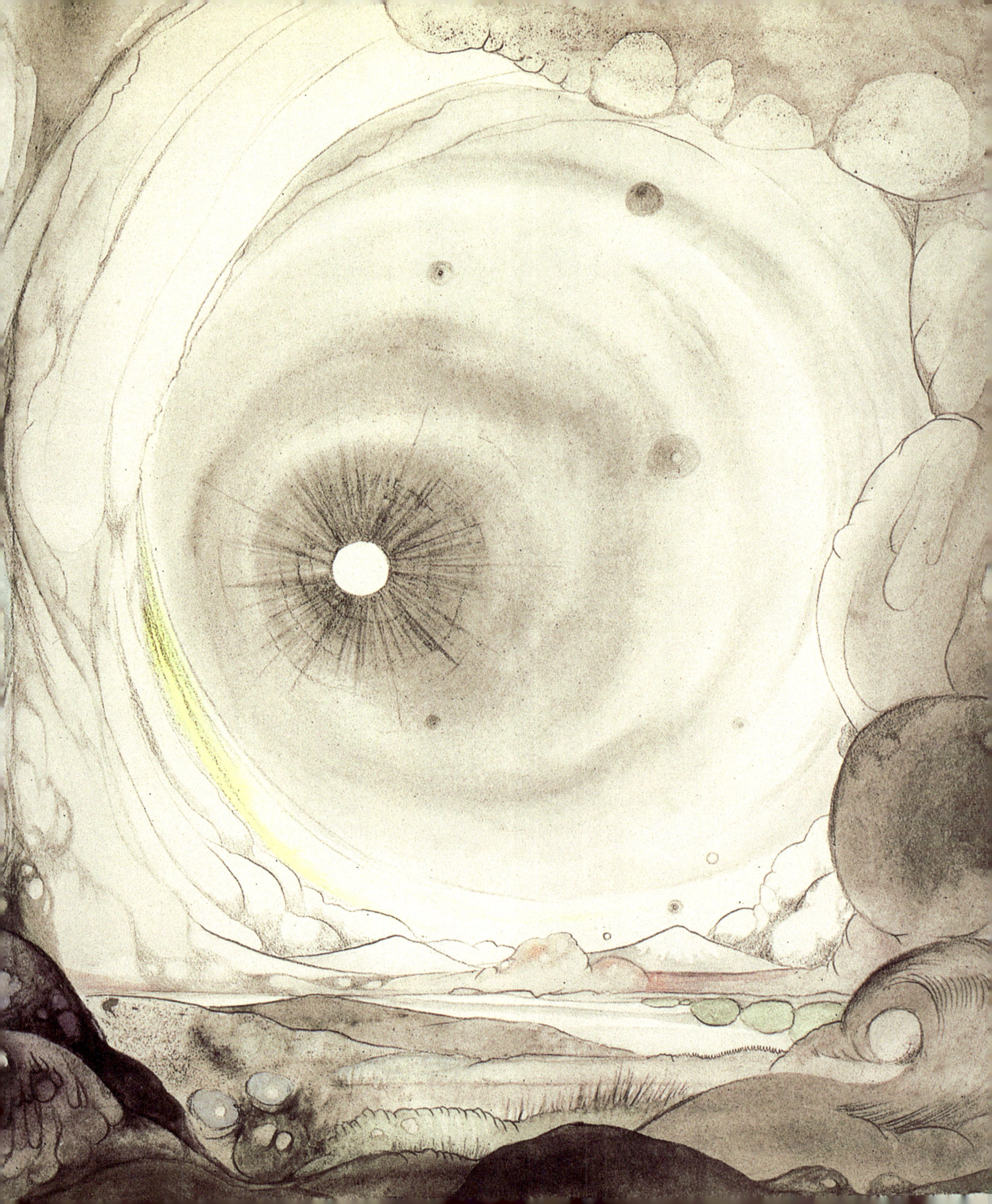

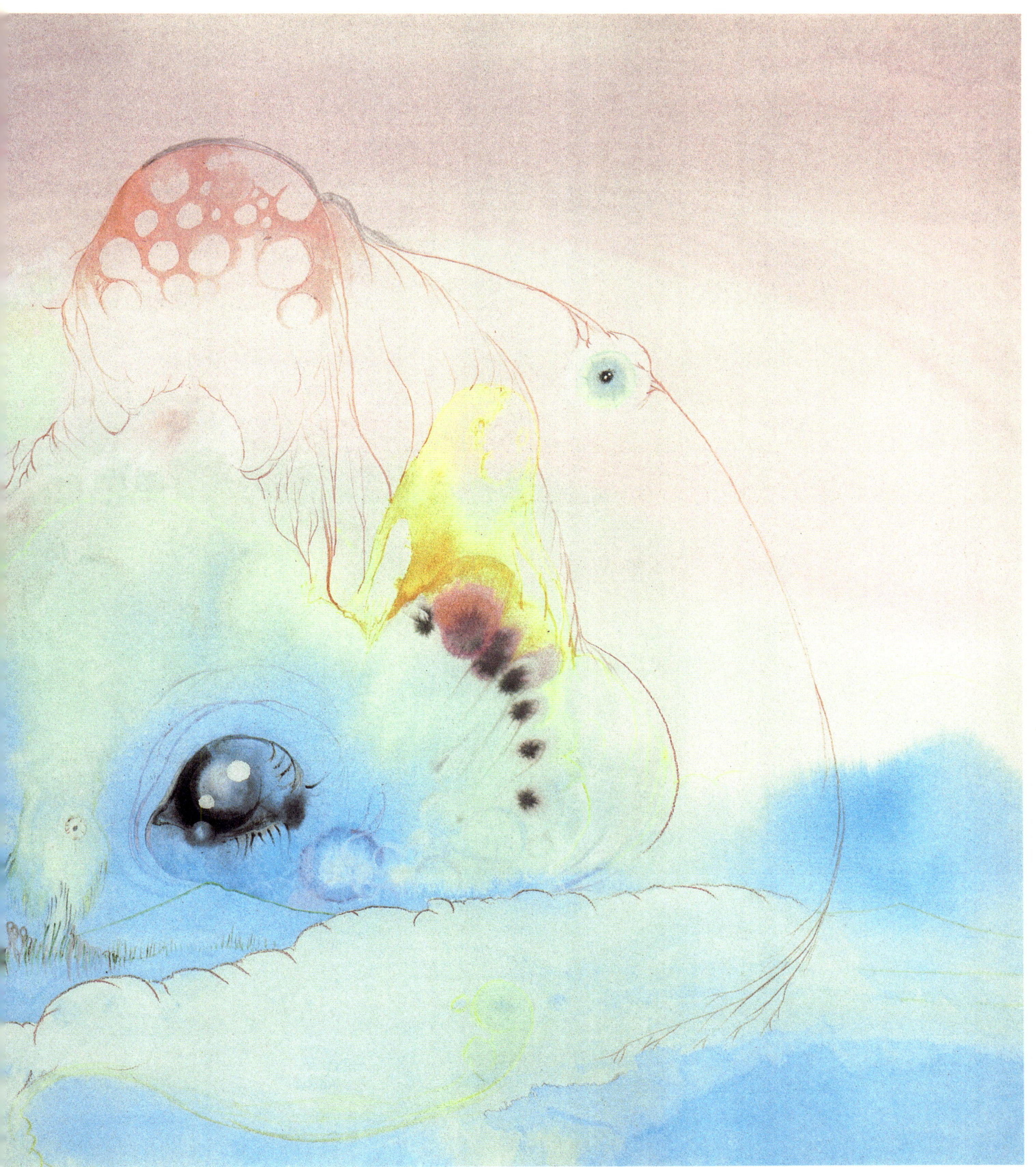

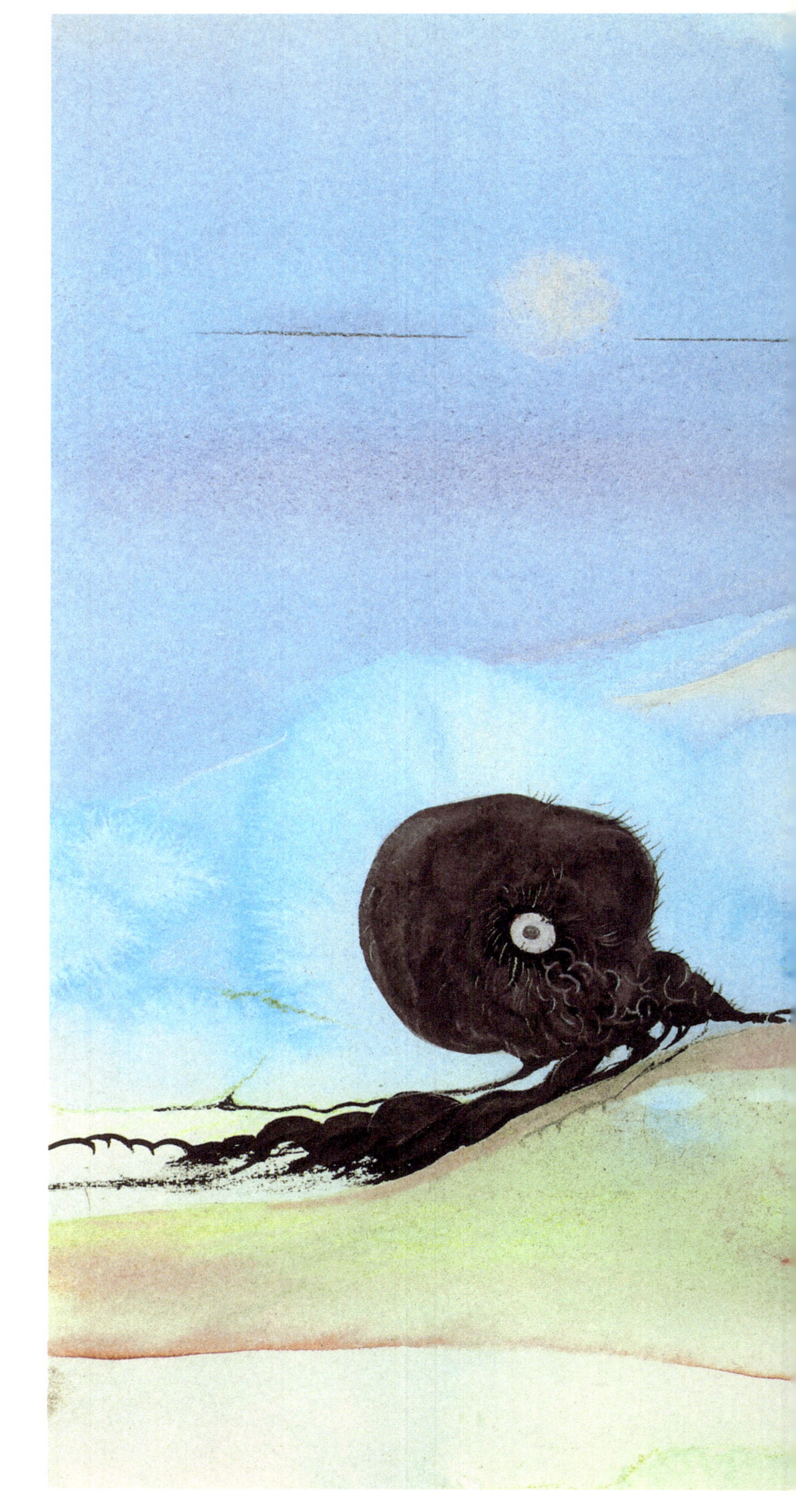

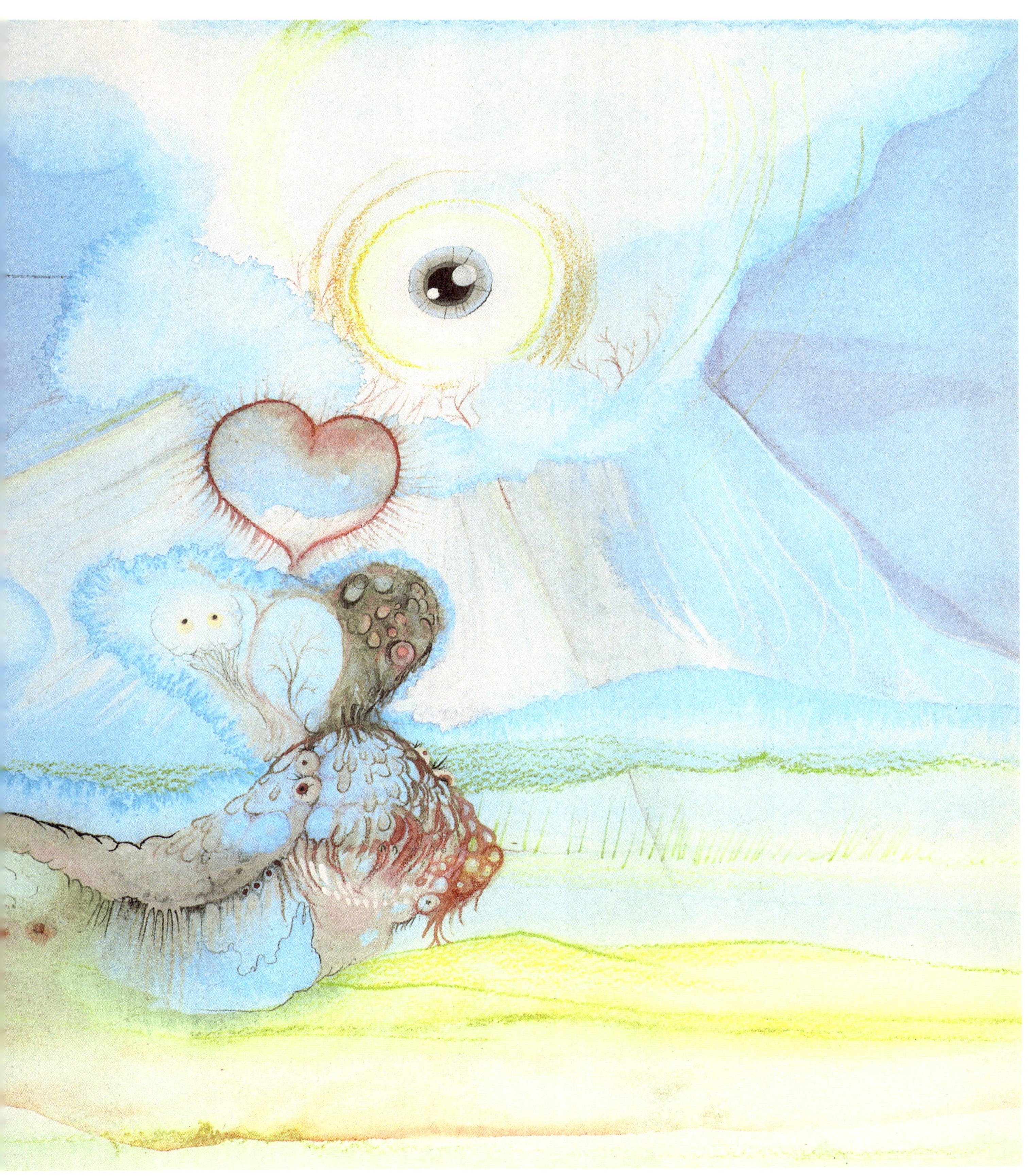

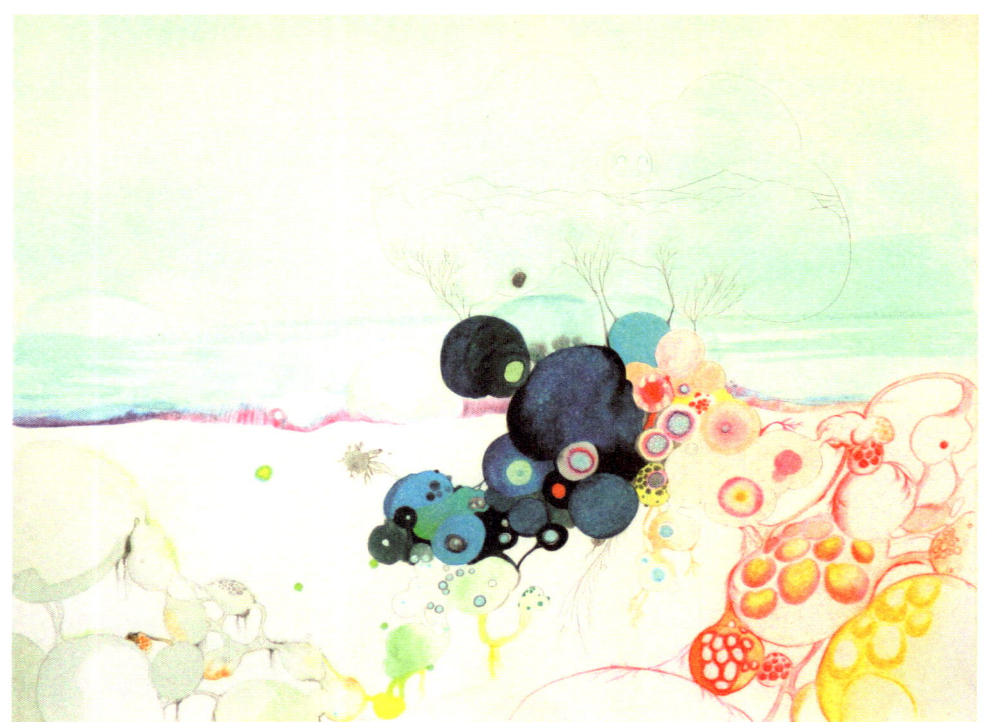

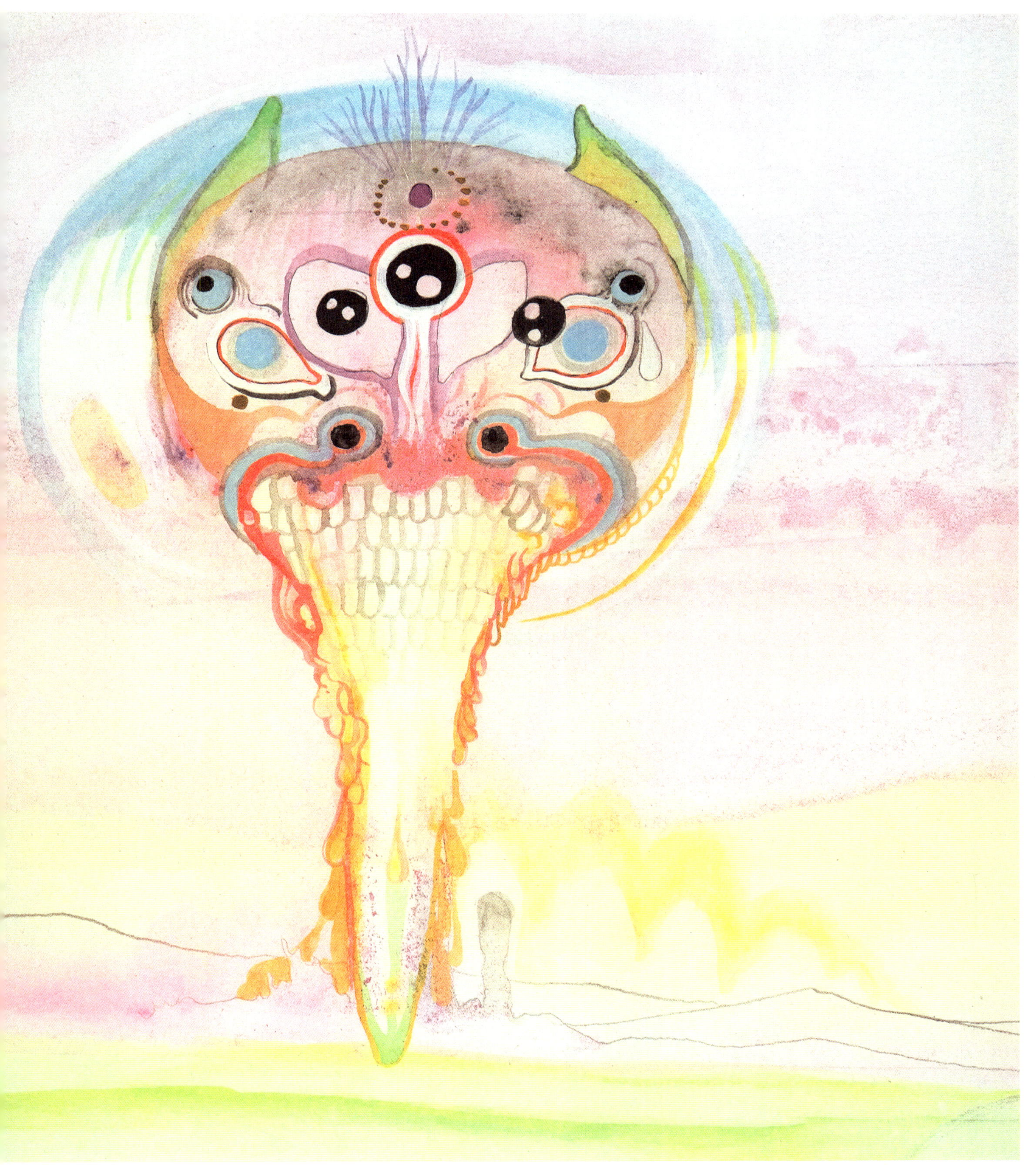

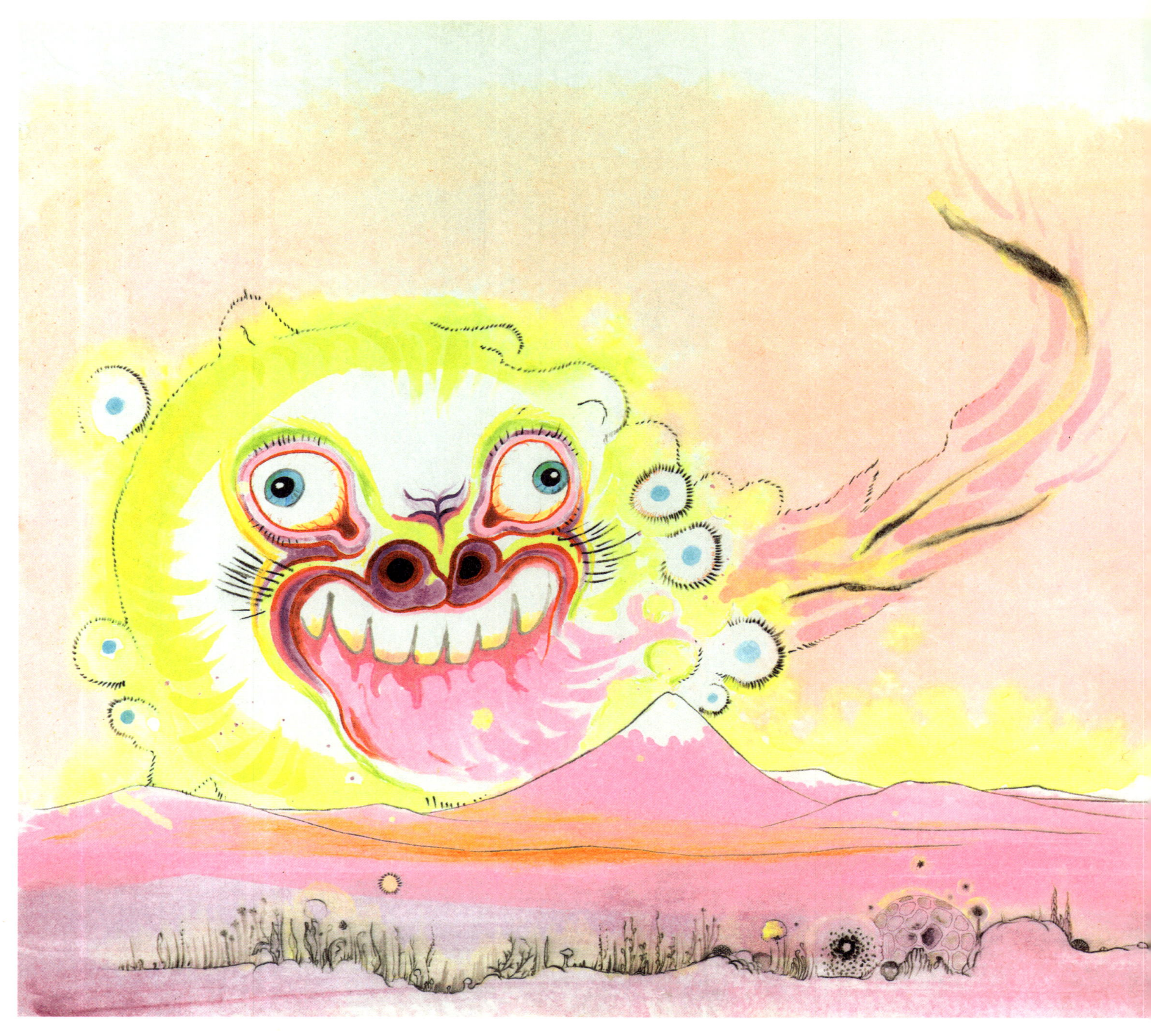

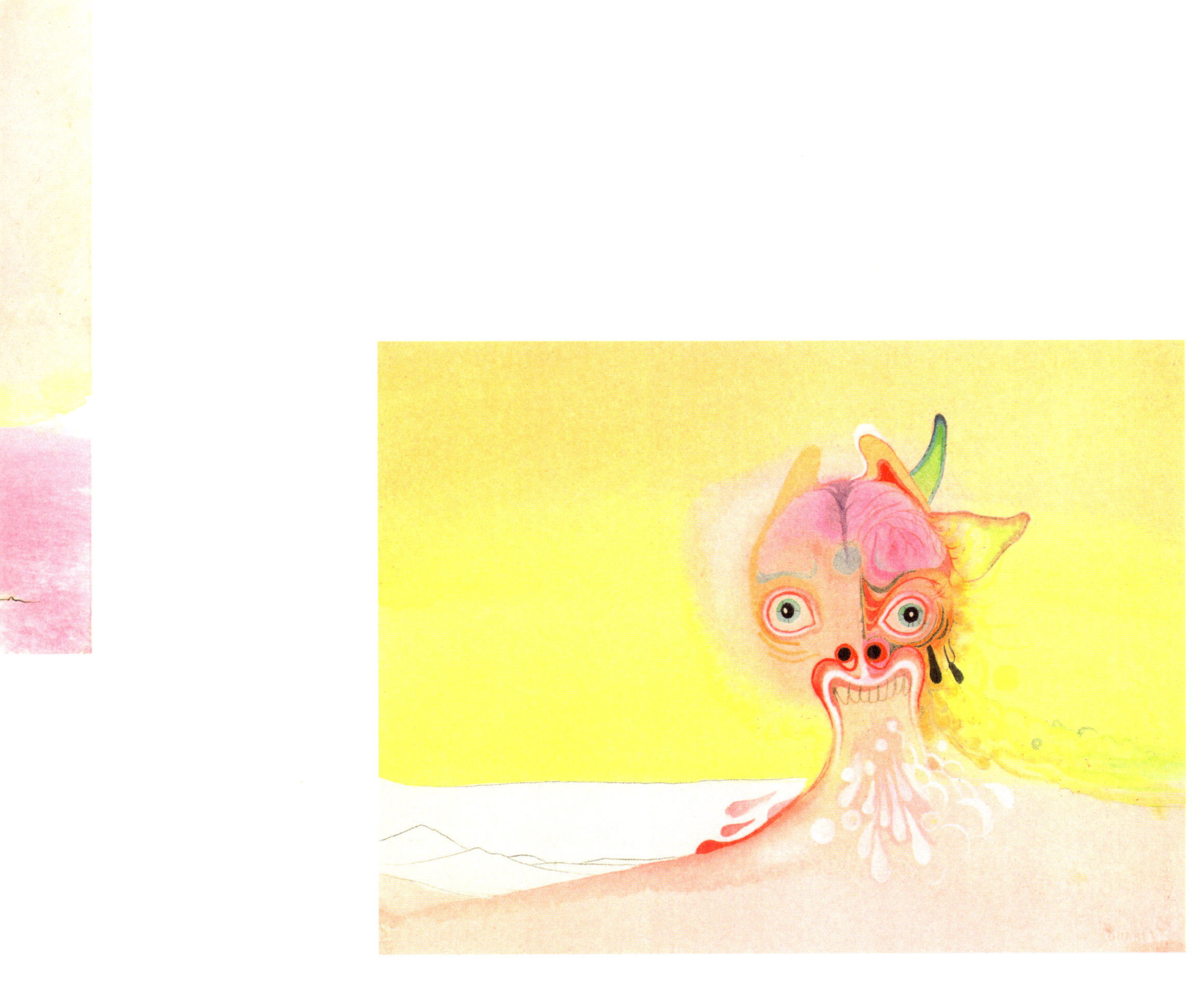

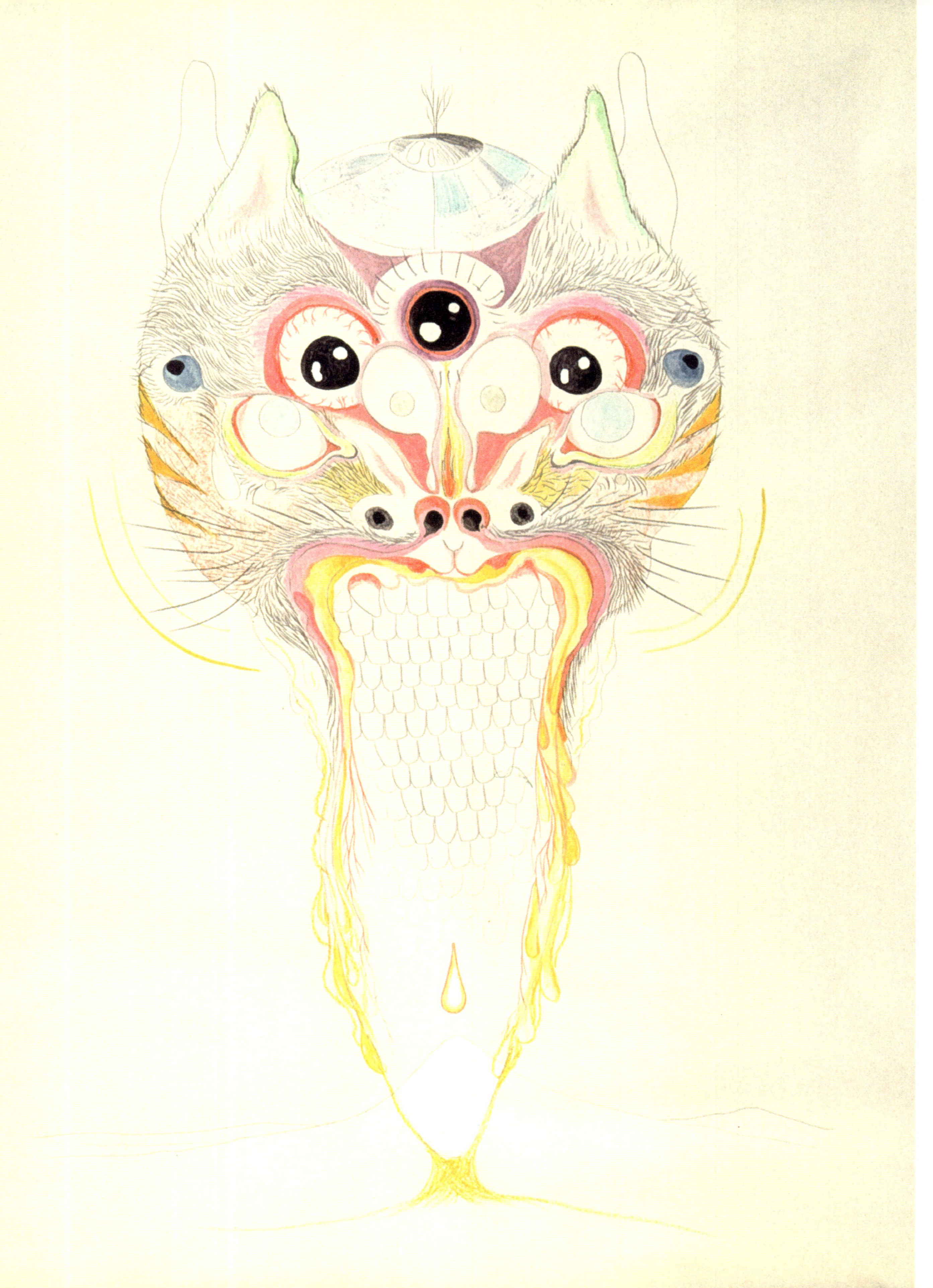

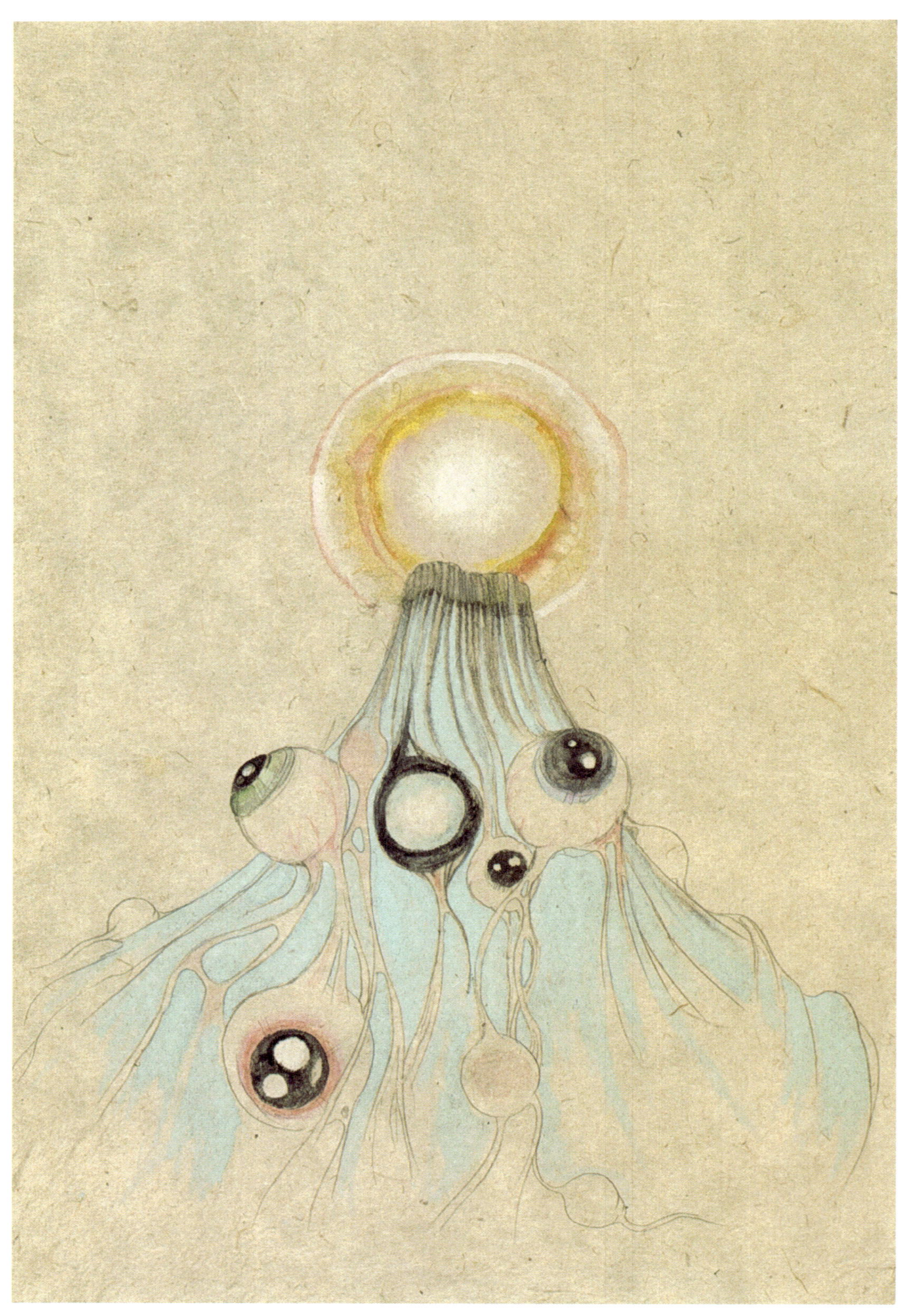

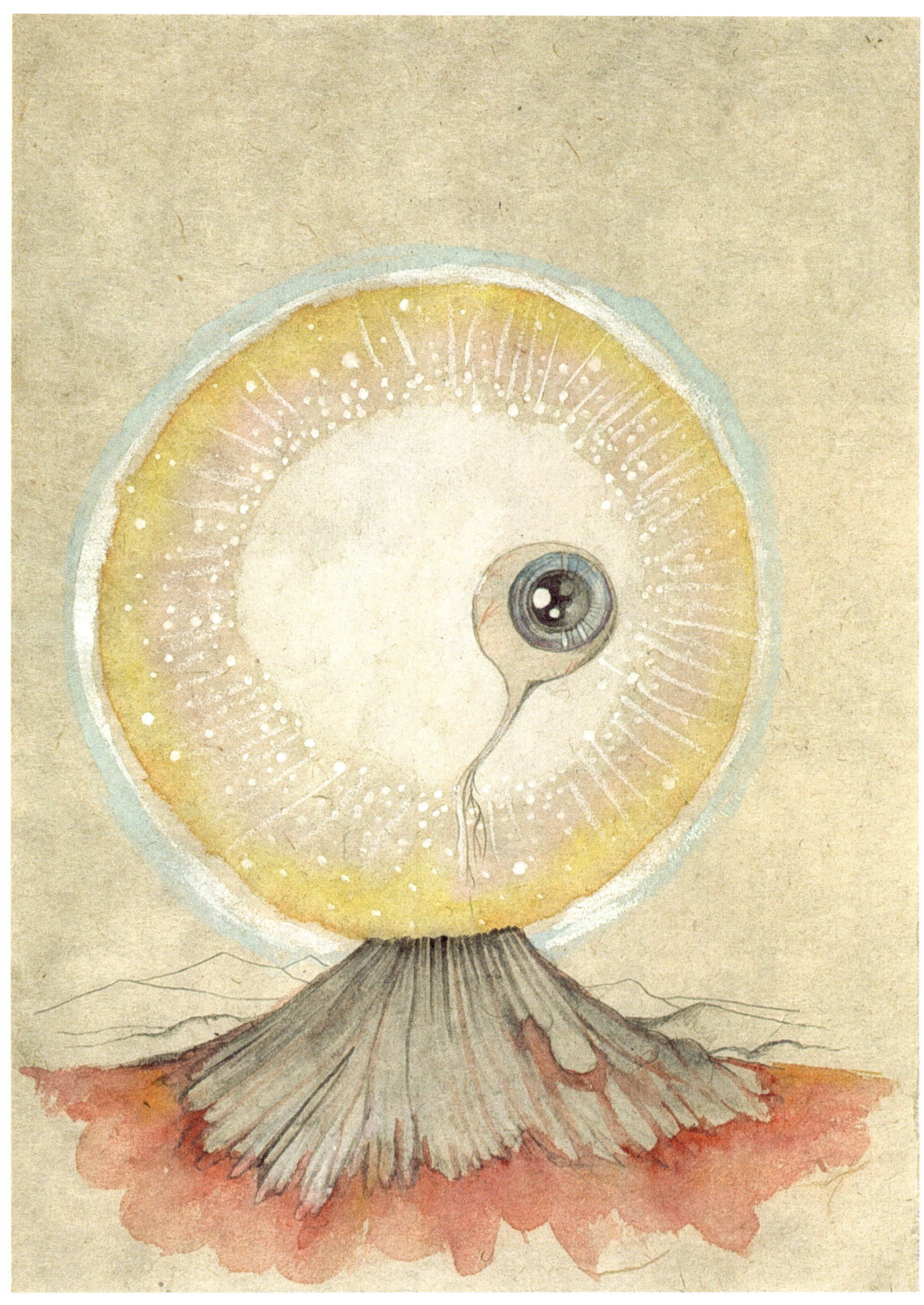

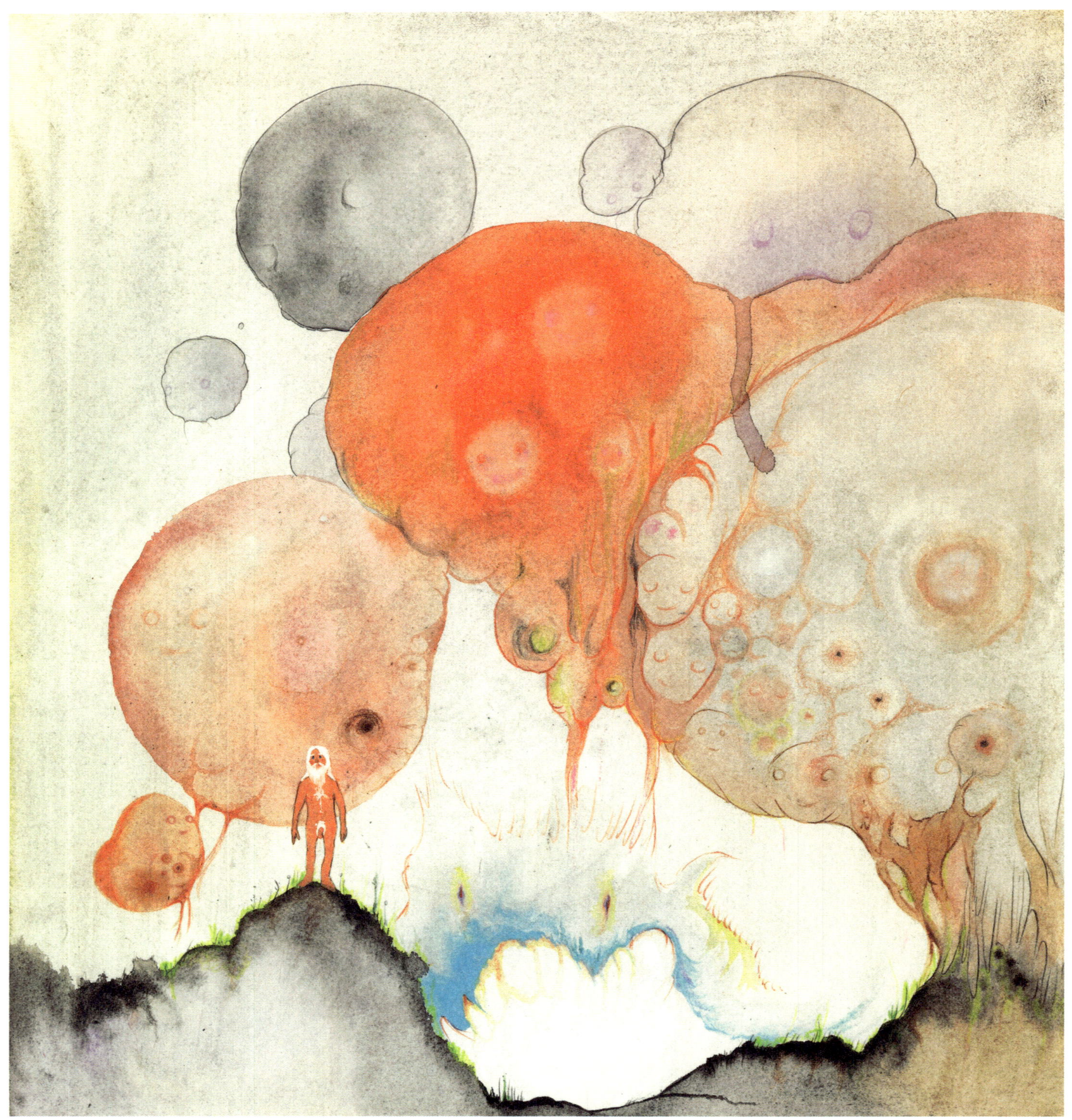

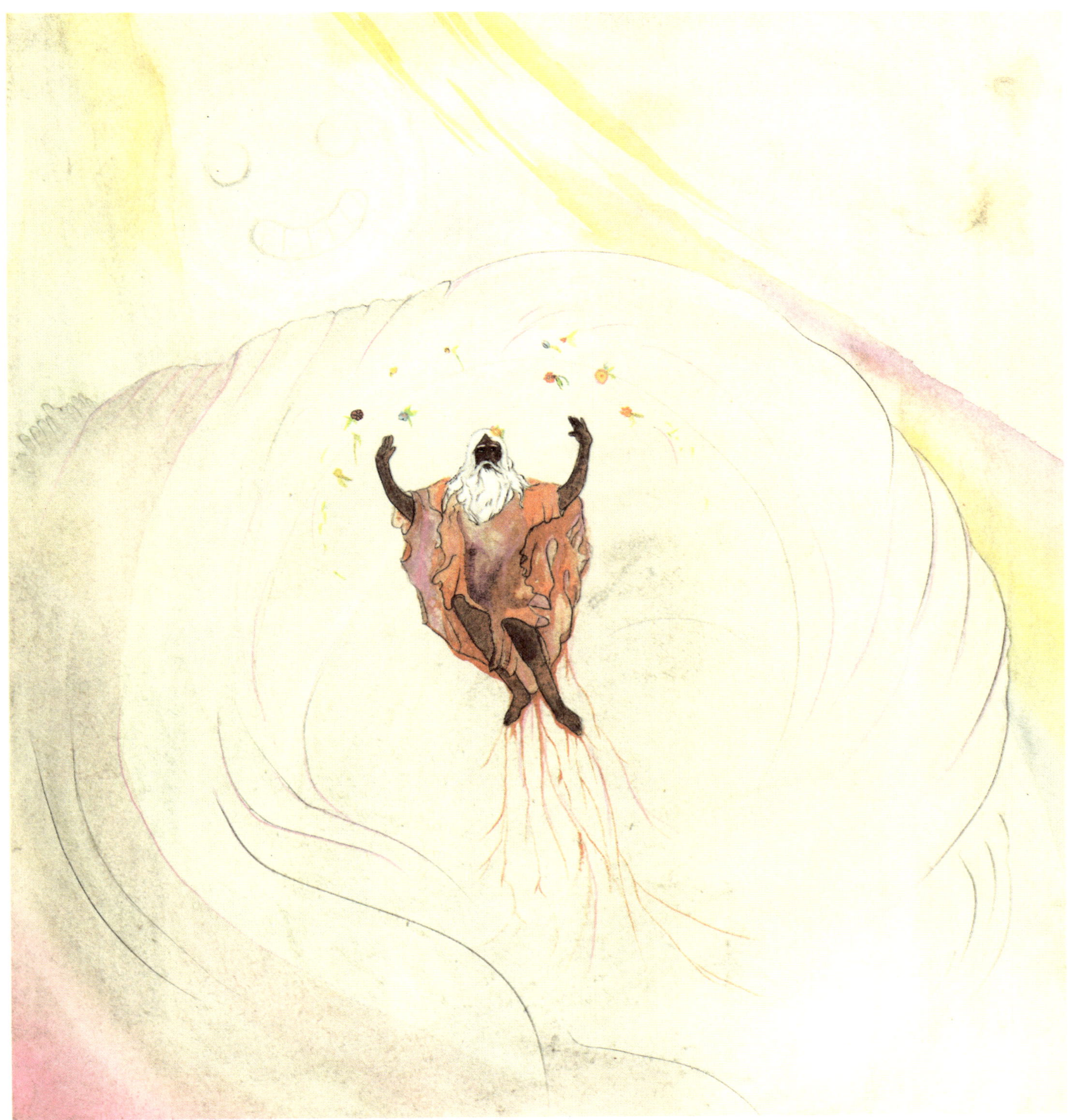

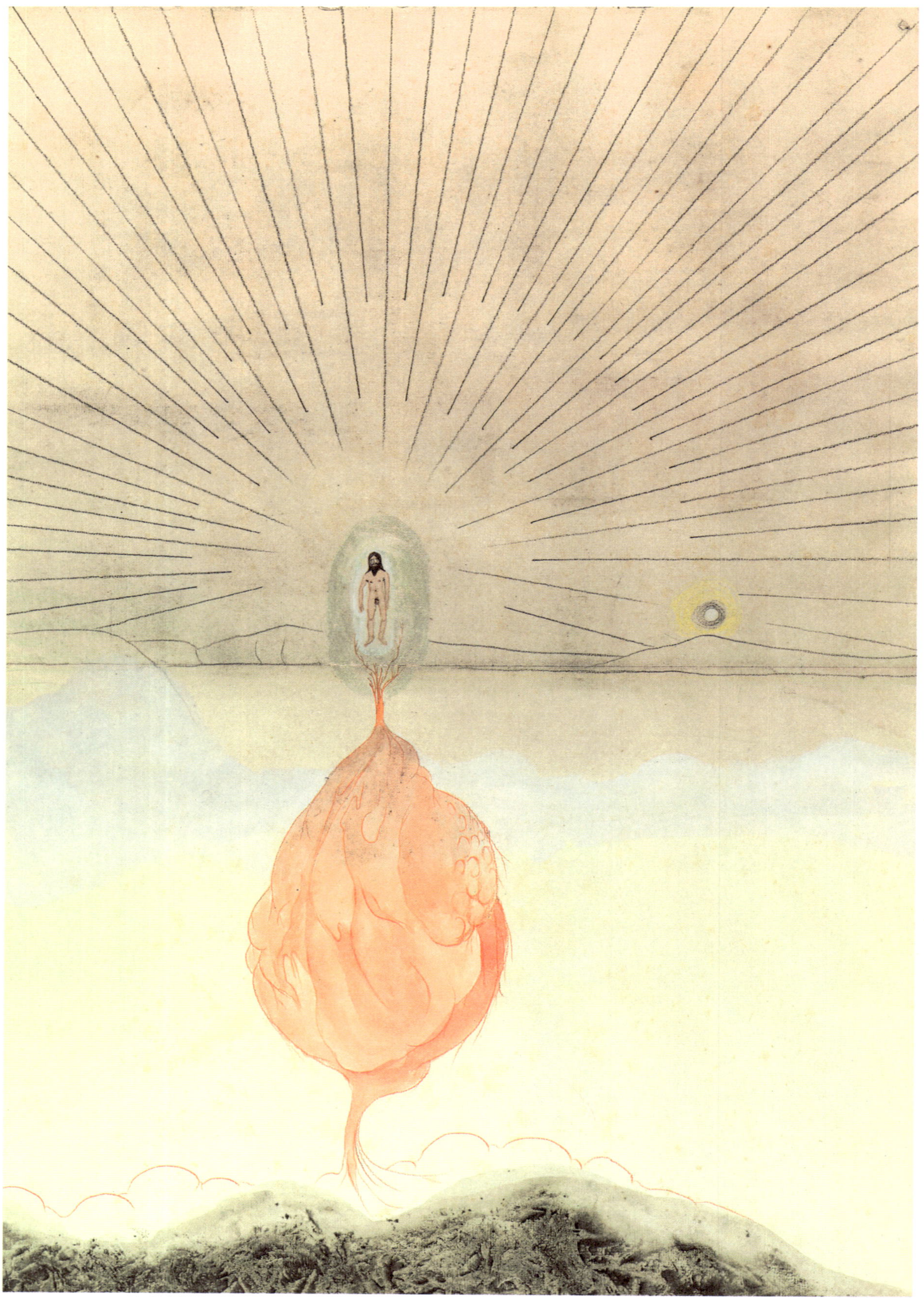

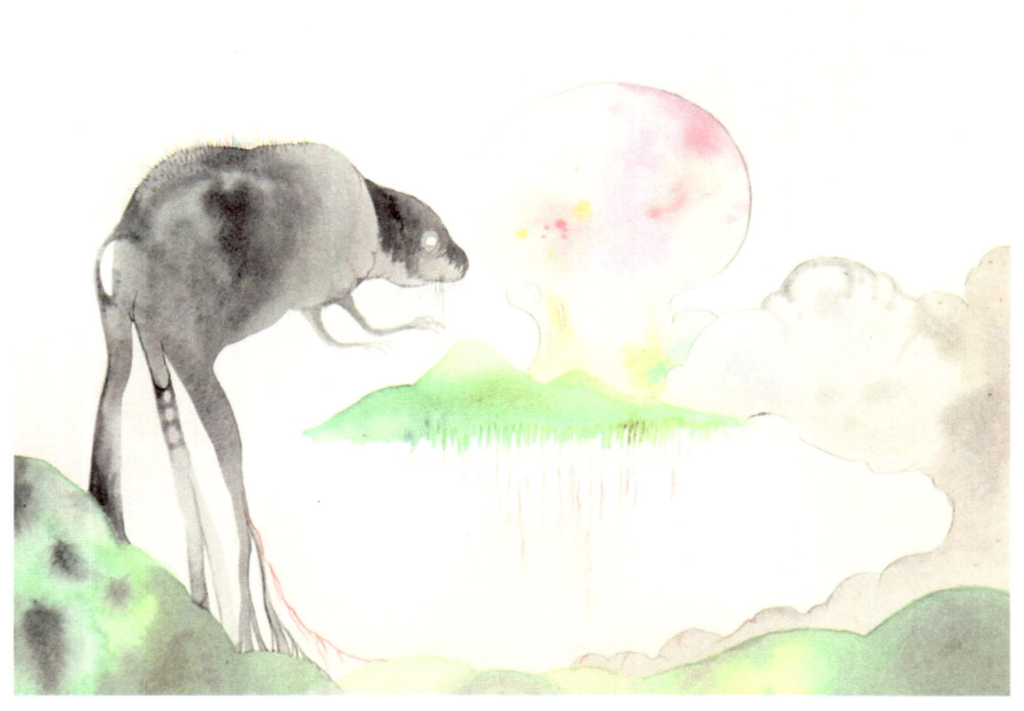

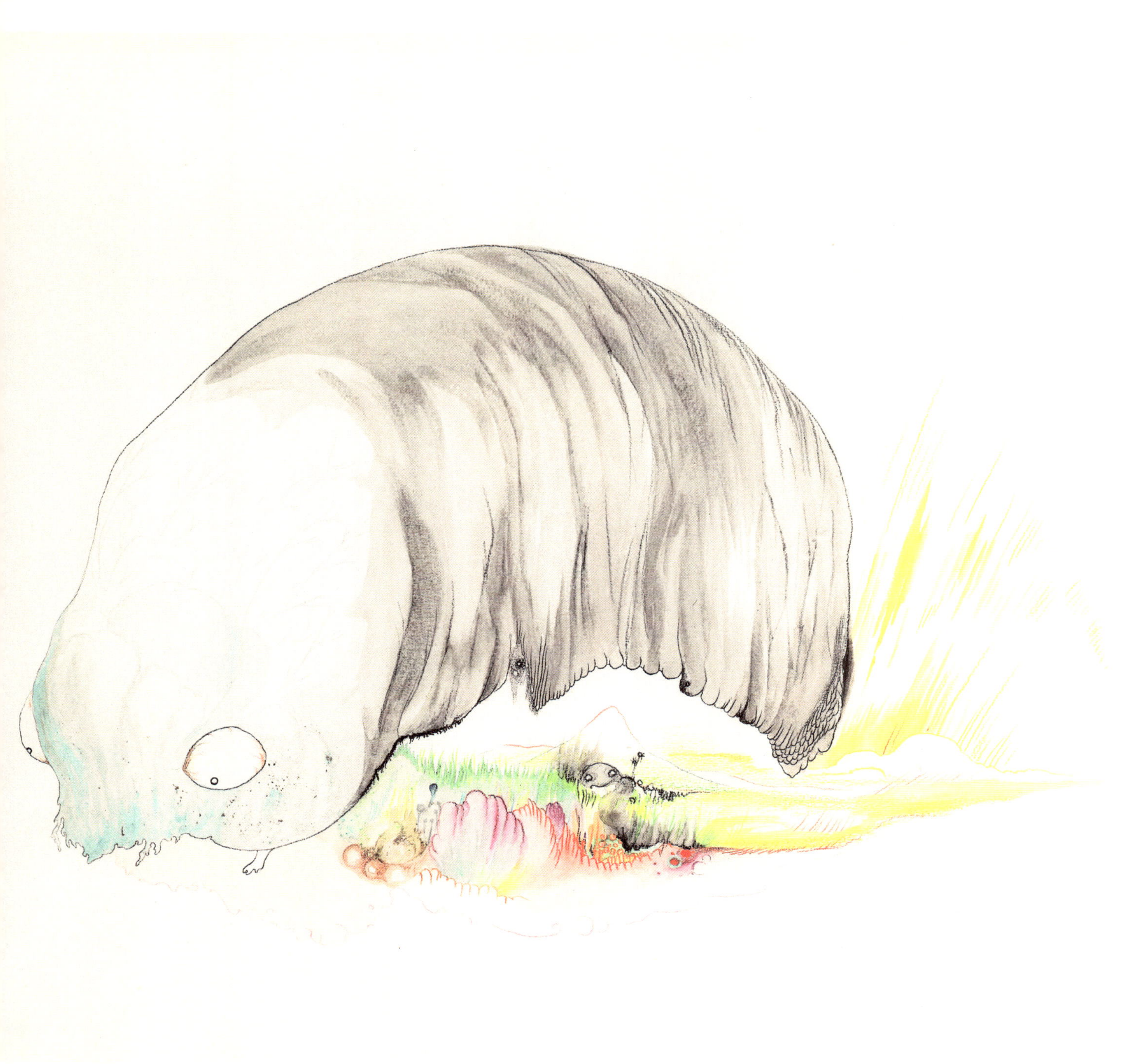

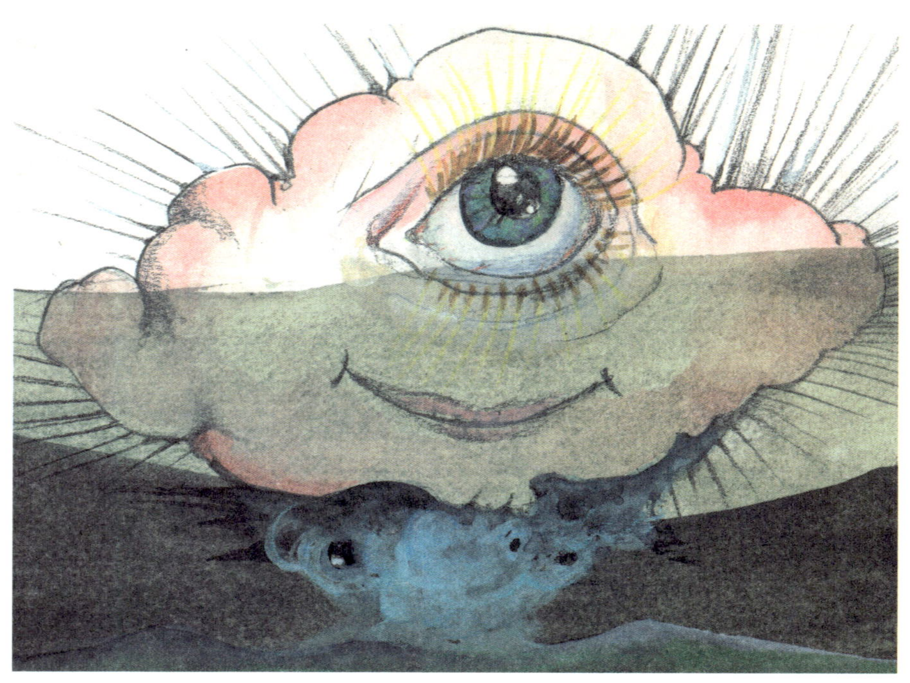

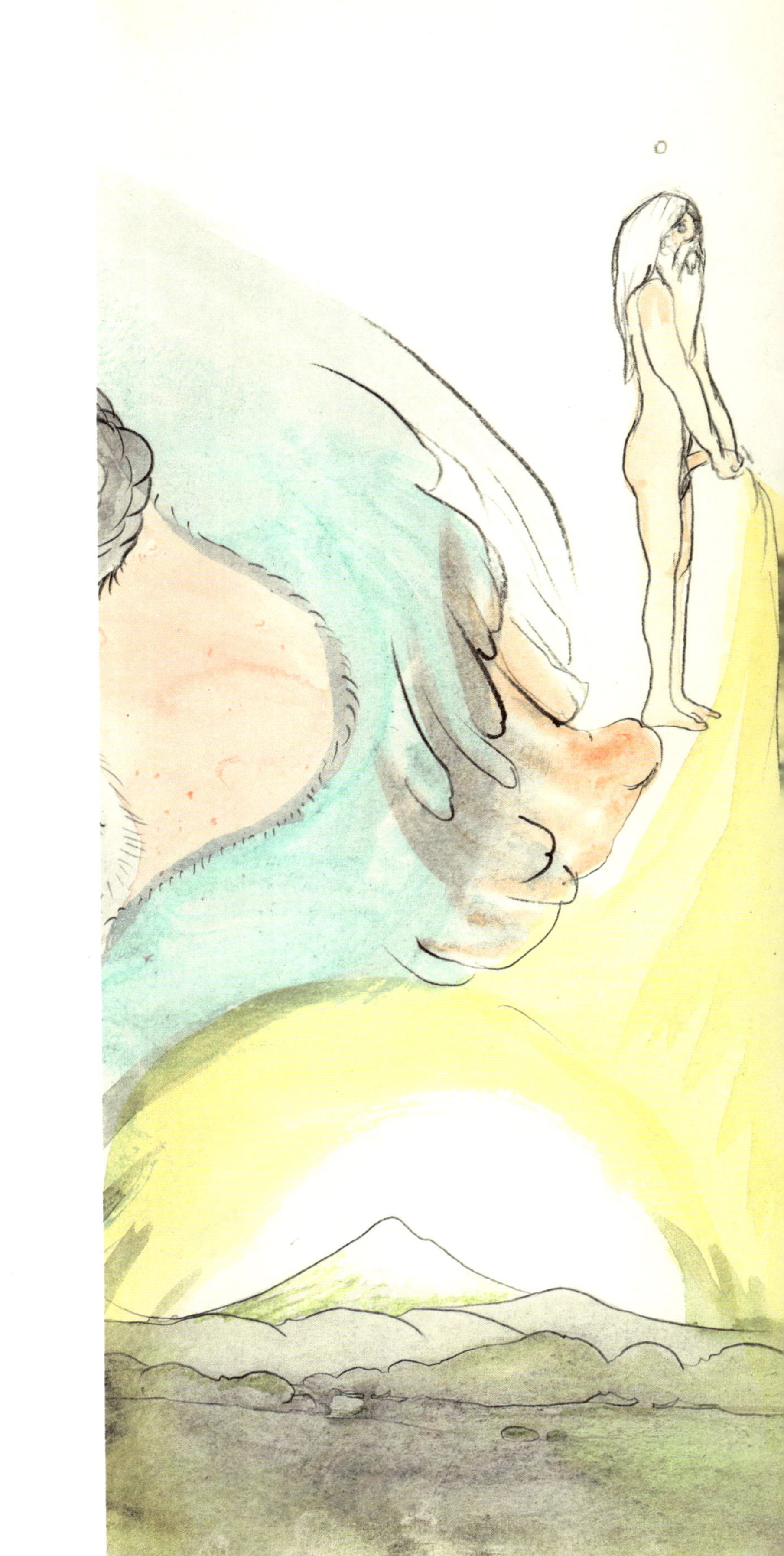

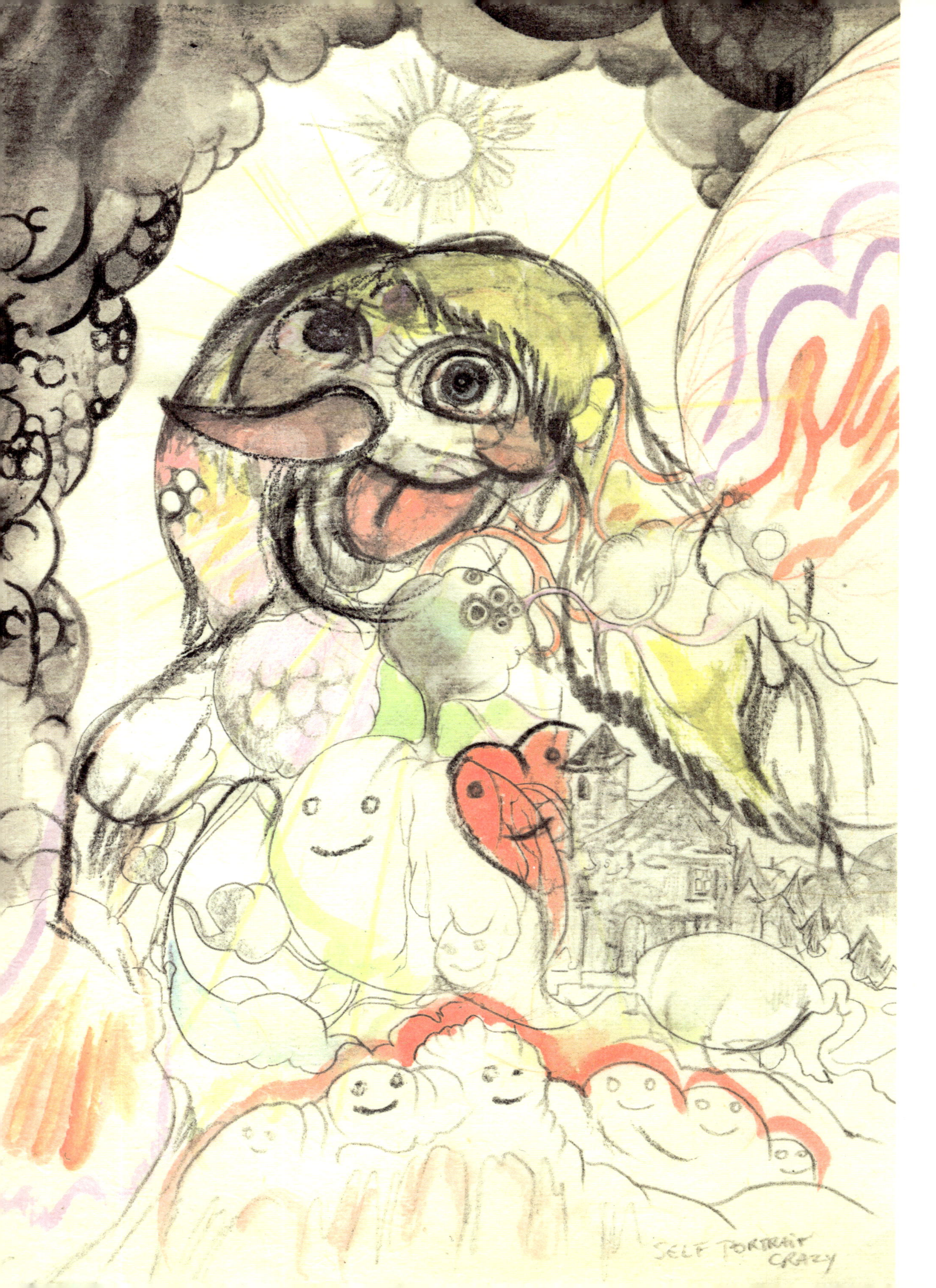
SELF PORTRAIT
CRAZY

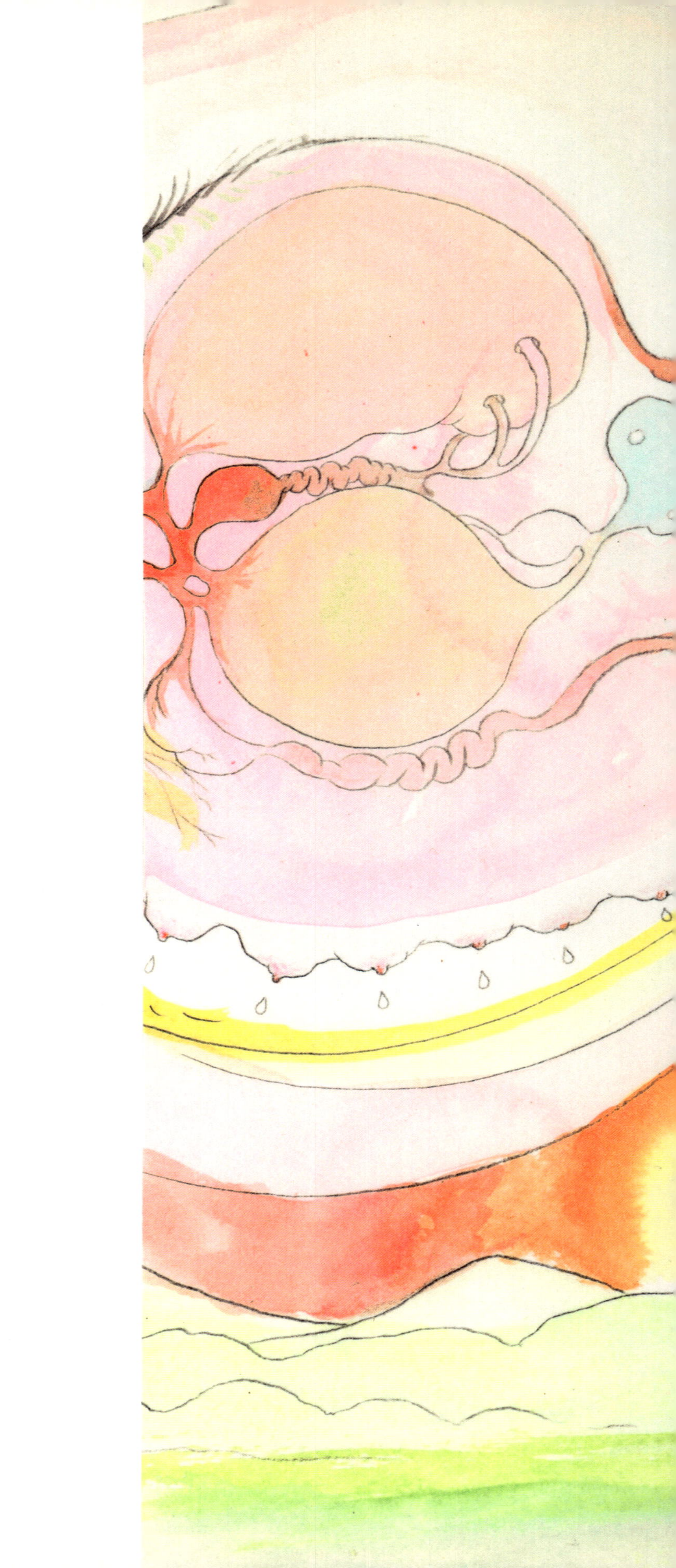

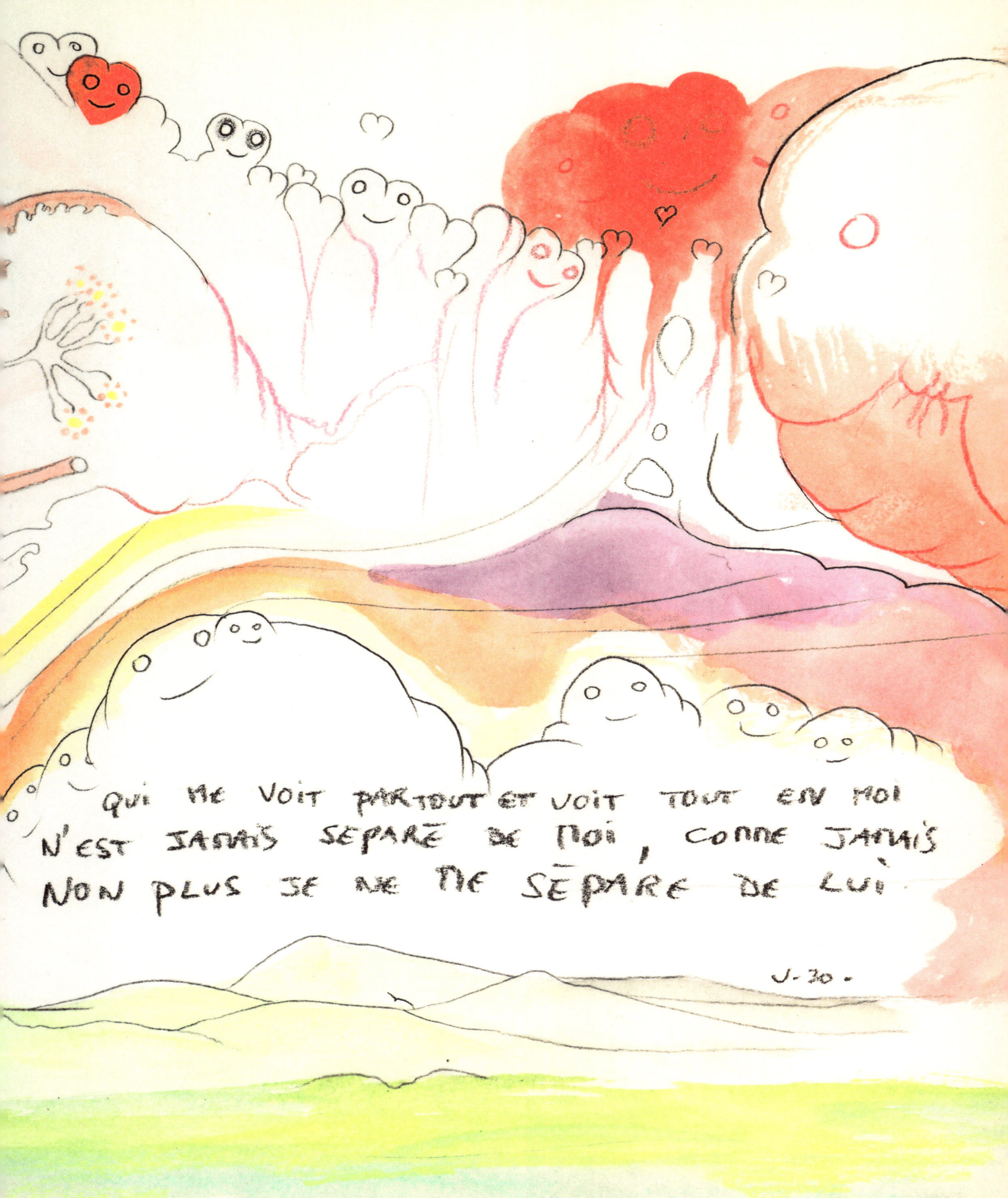

QUI ME VOIT PARTOUT ET VOIT TOUT EN MOI
N'EST JAMAIS SÉPARÉ DE MOI, COMME JAMAIS
NON PLUS JE NE ME SÉPARE DE LUI
J-30.

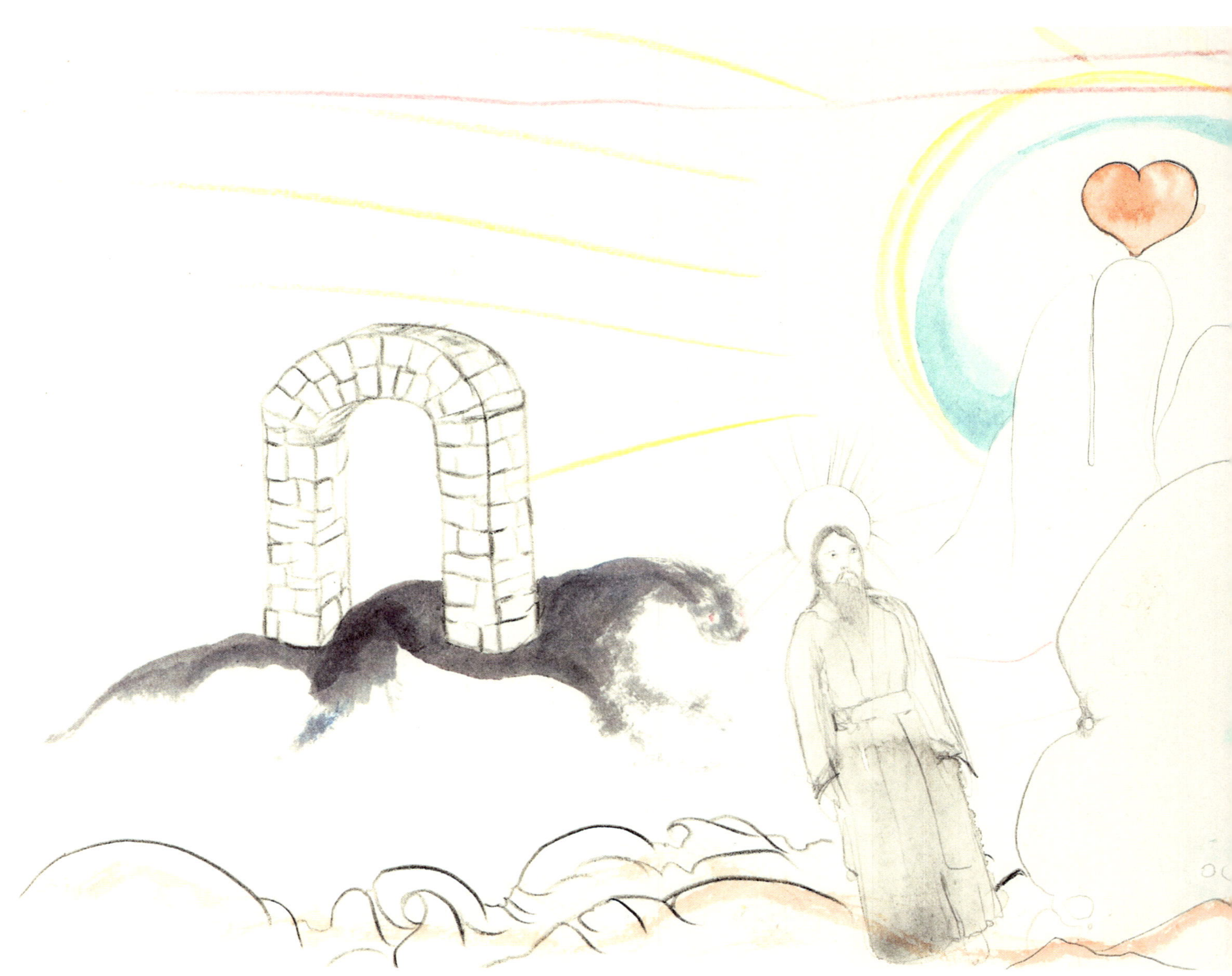

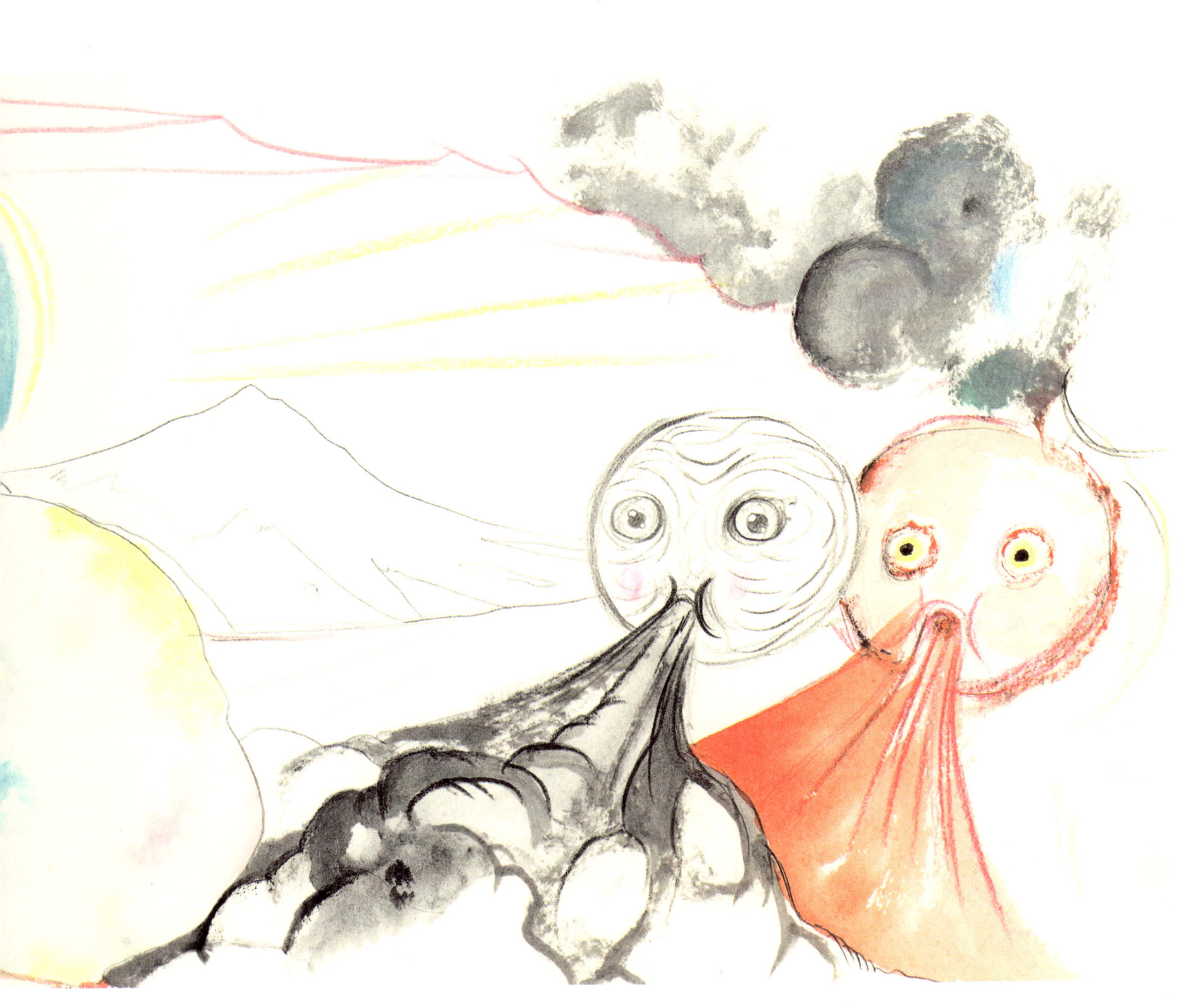

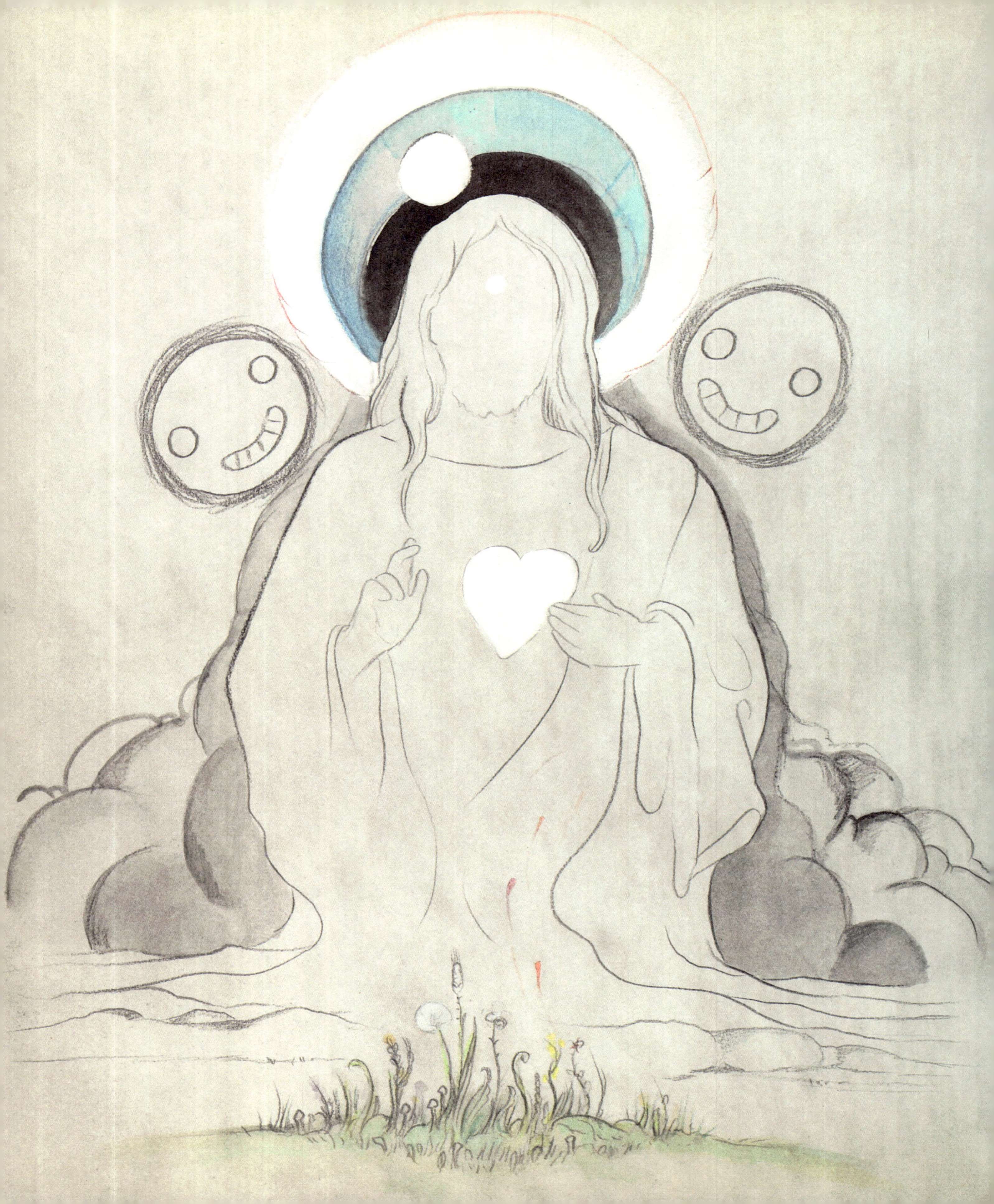

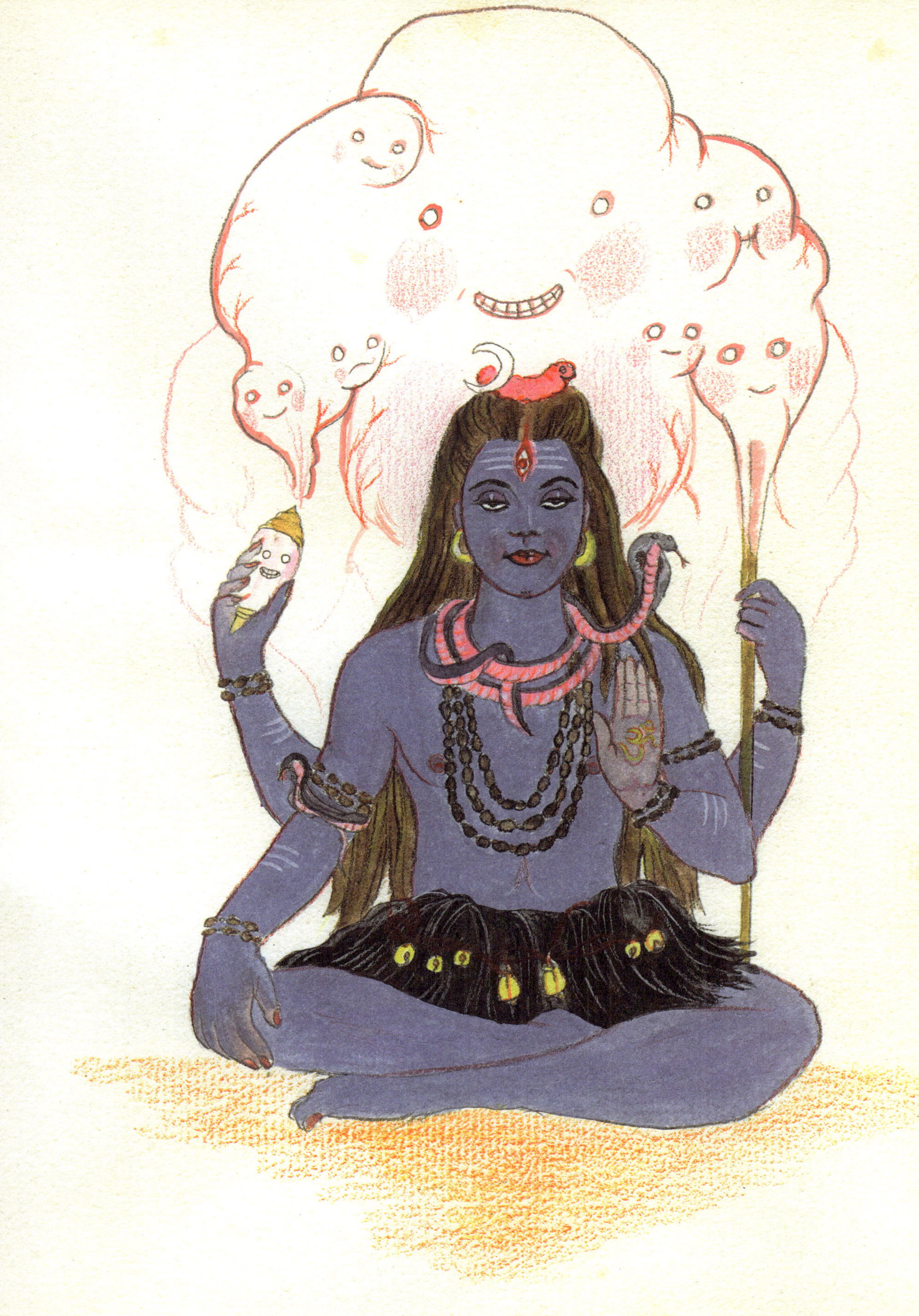

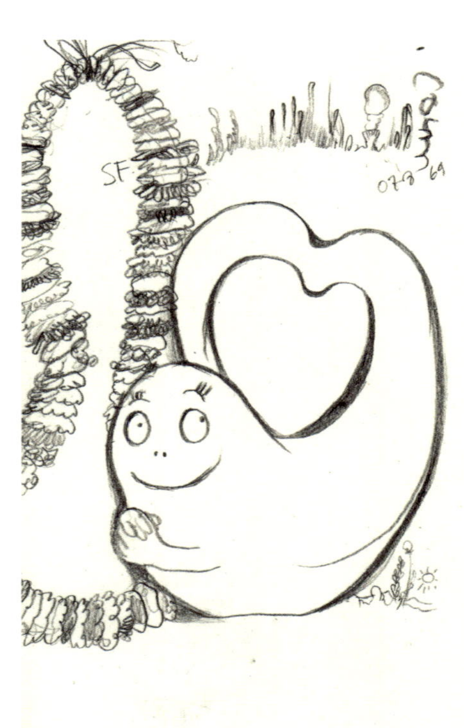

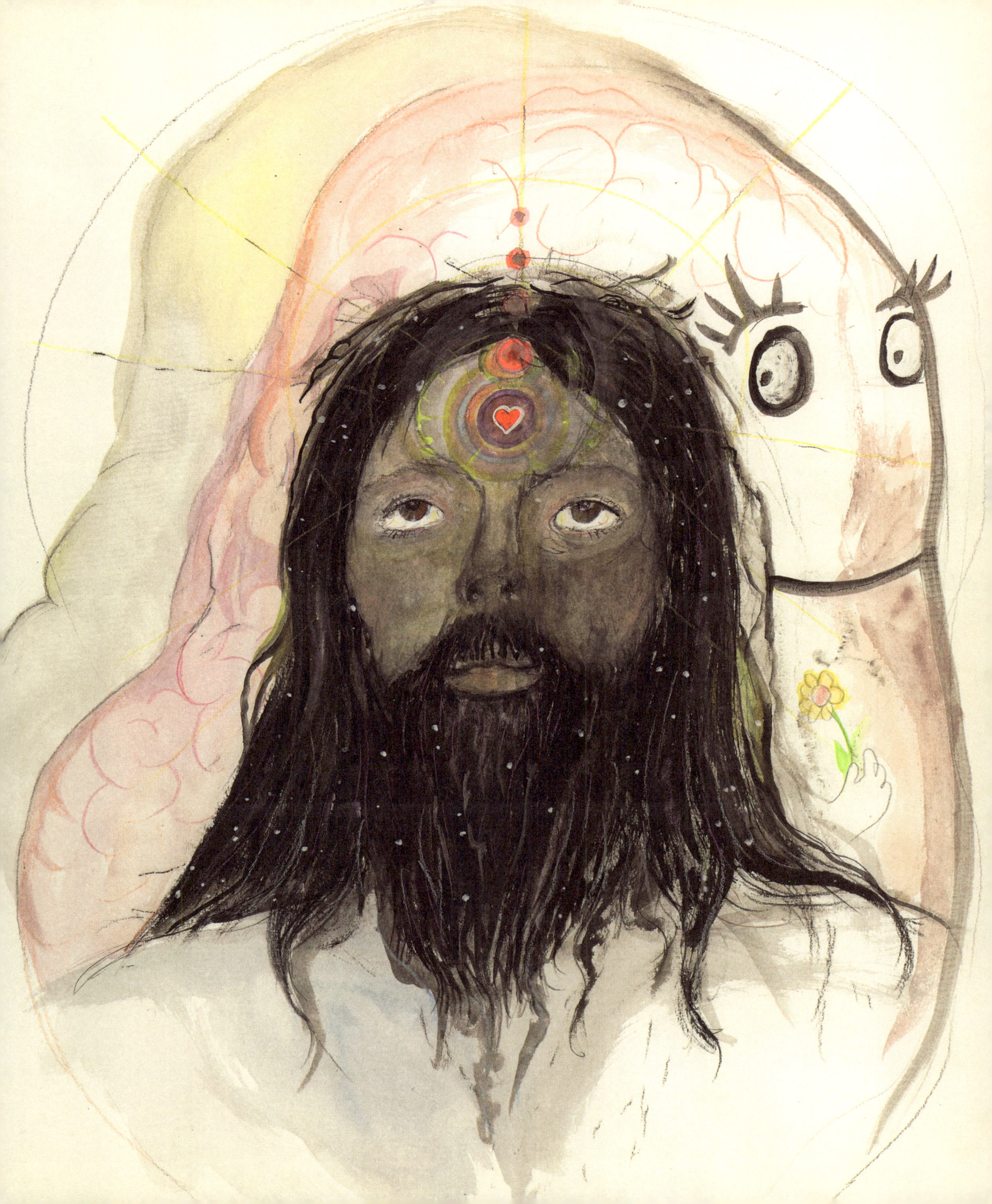

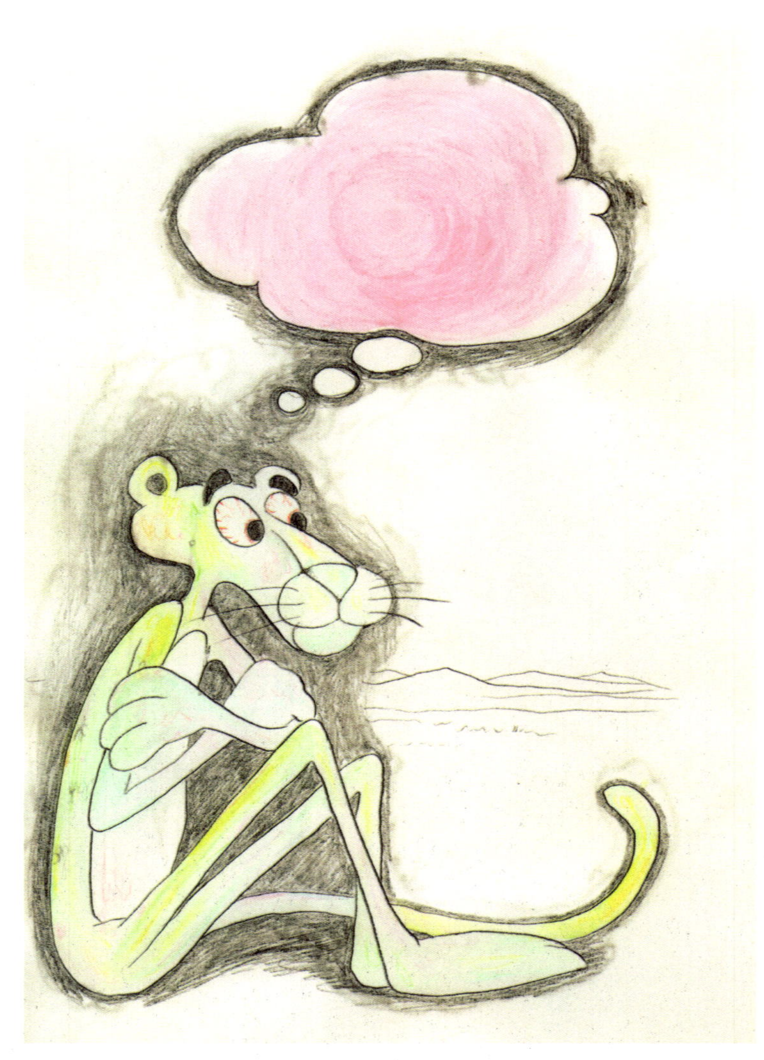

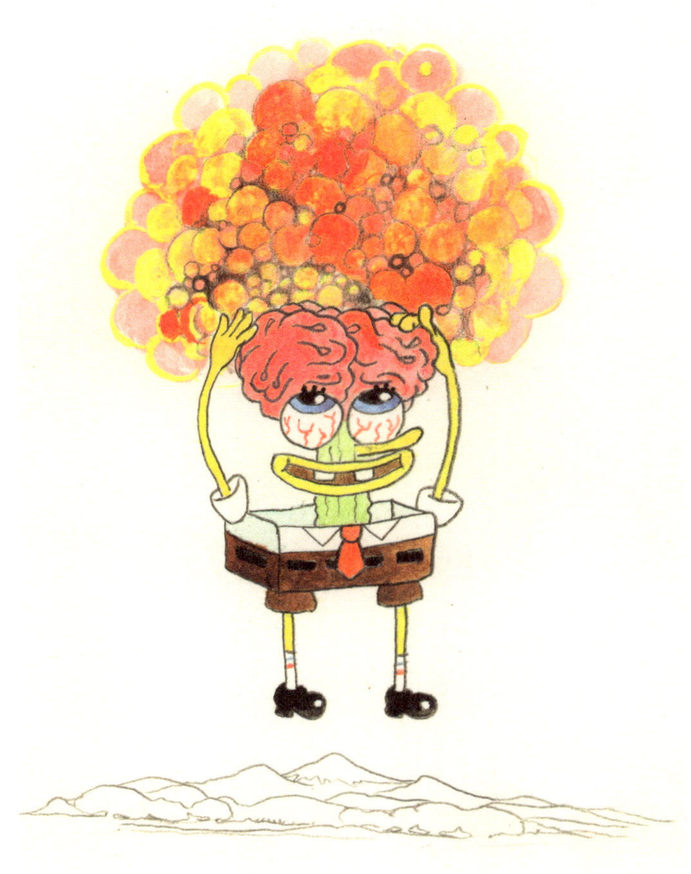

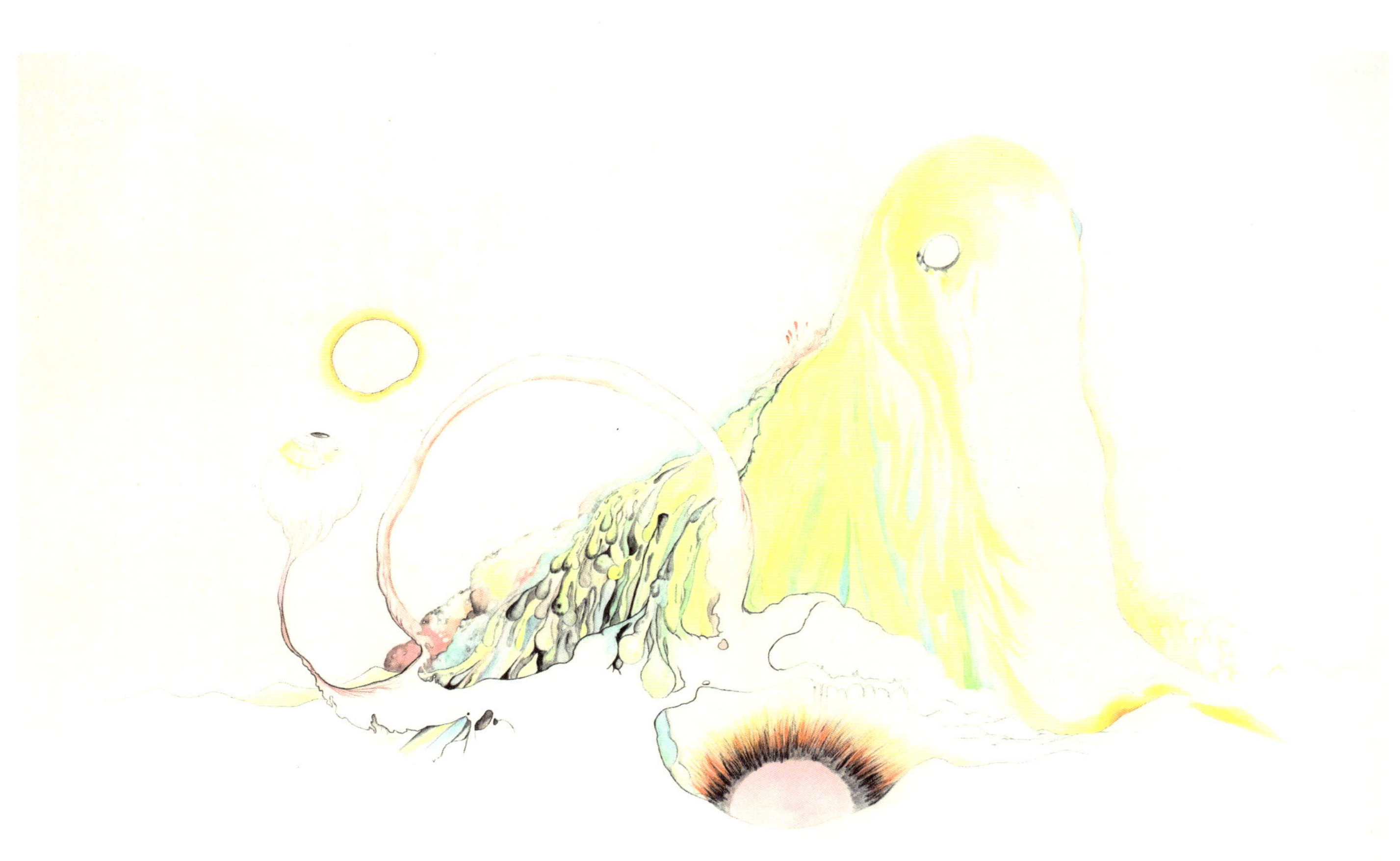

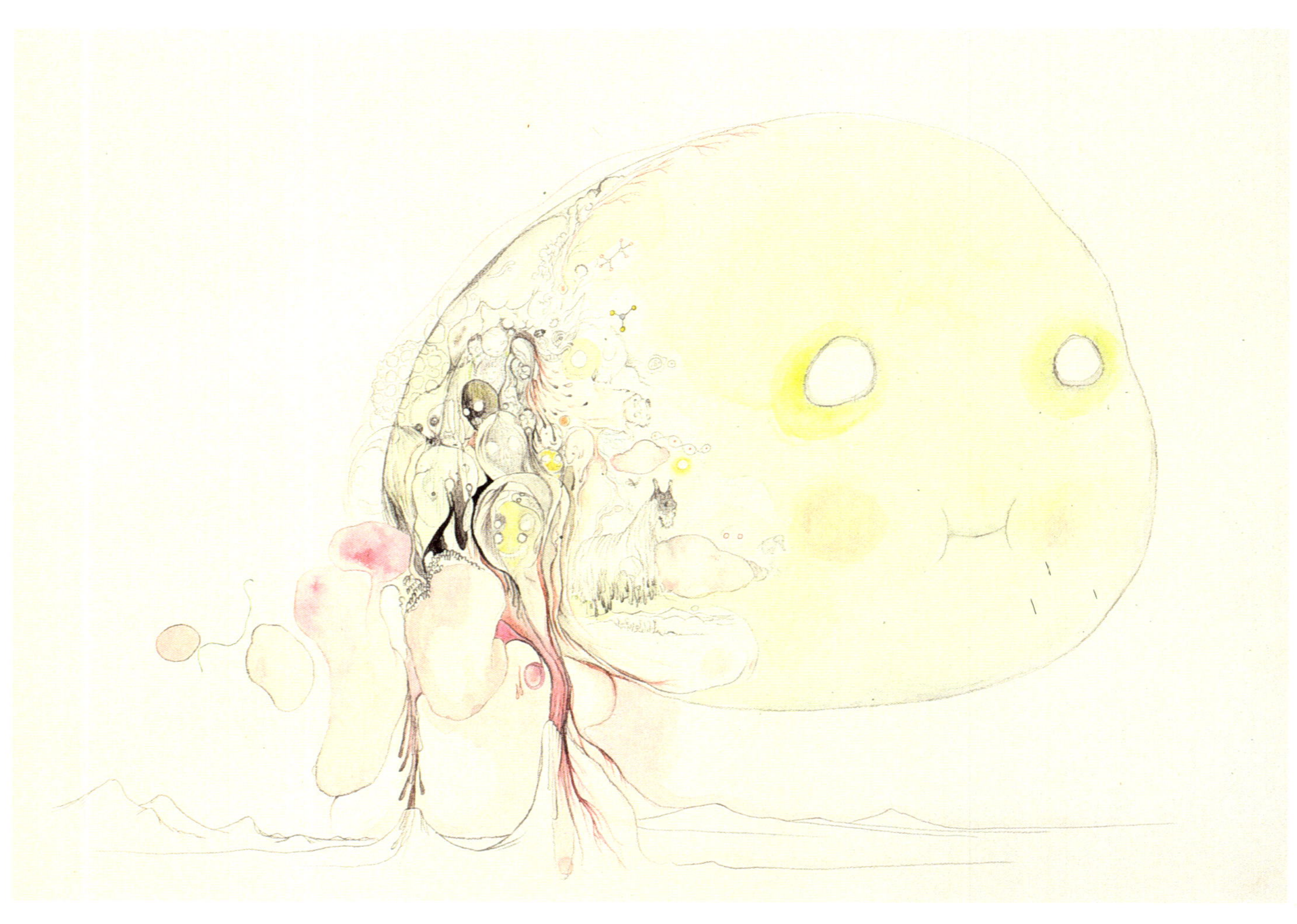

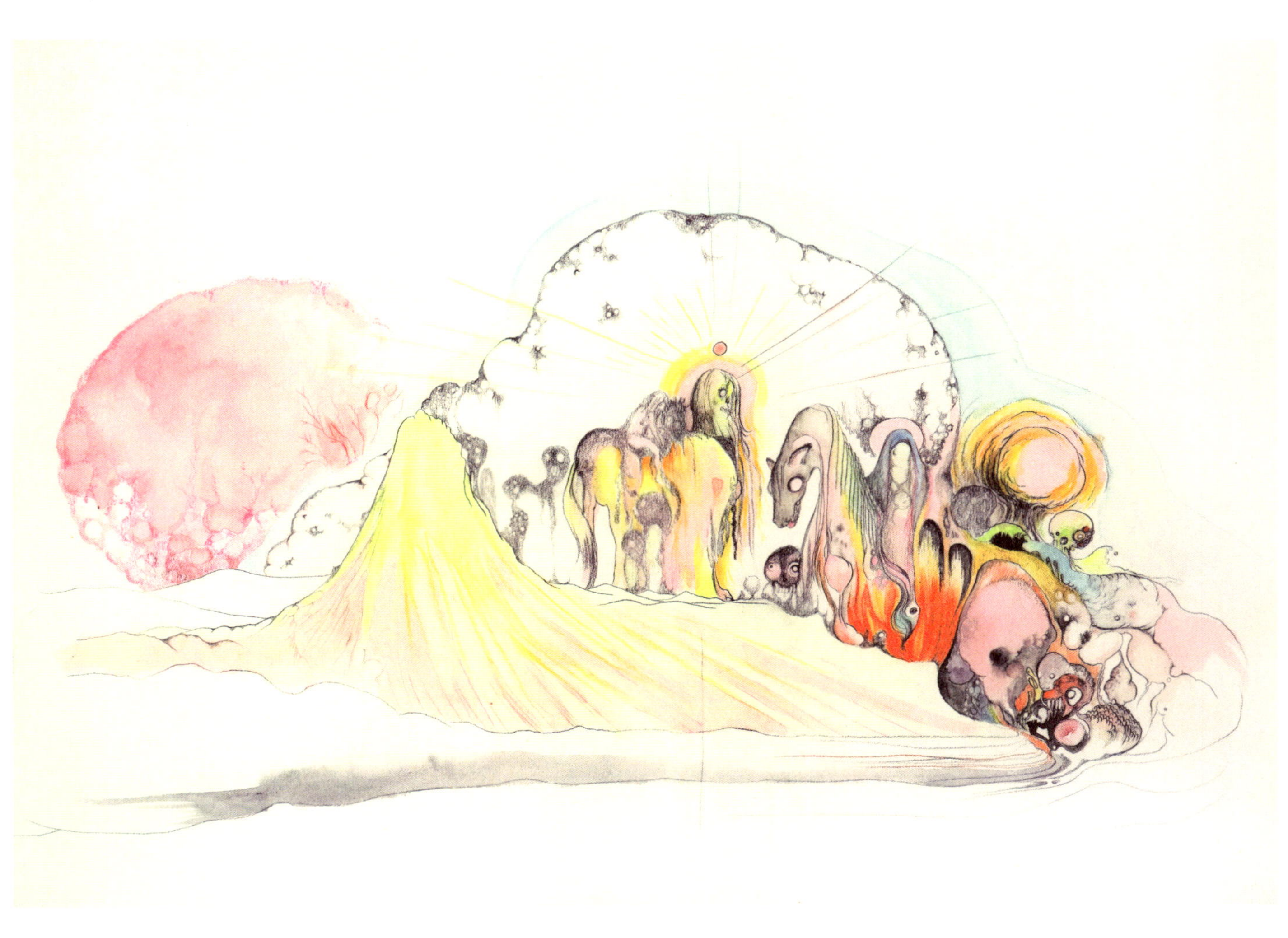

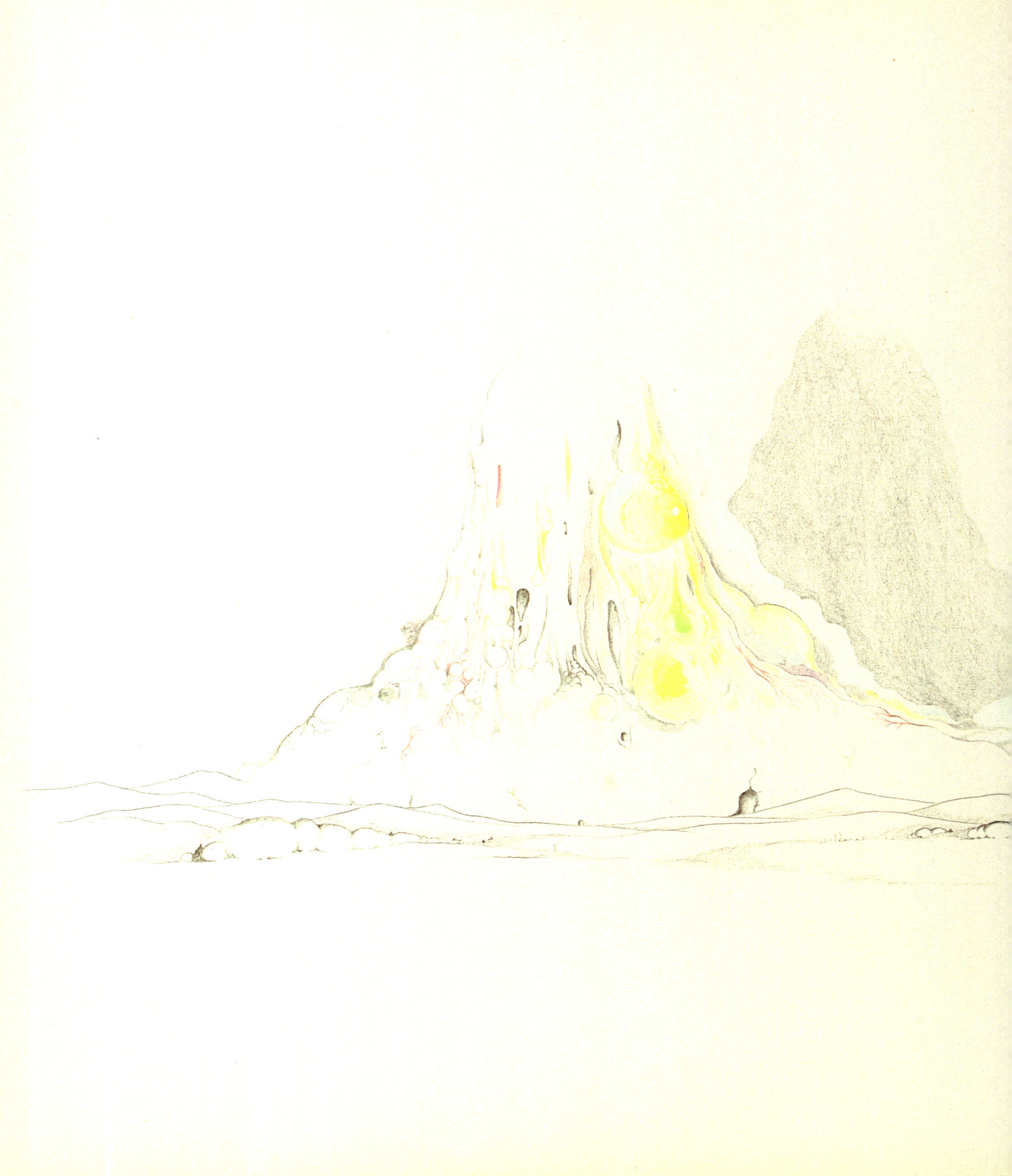

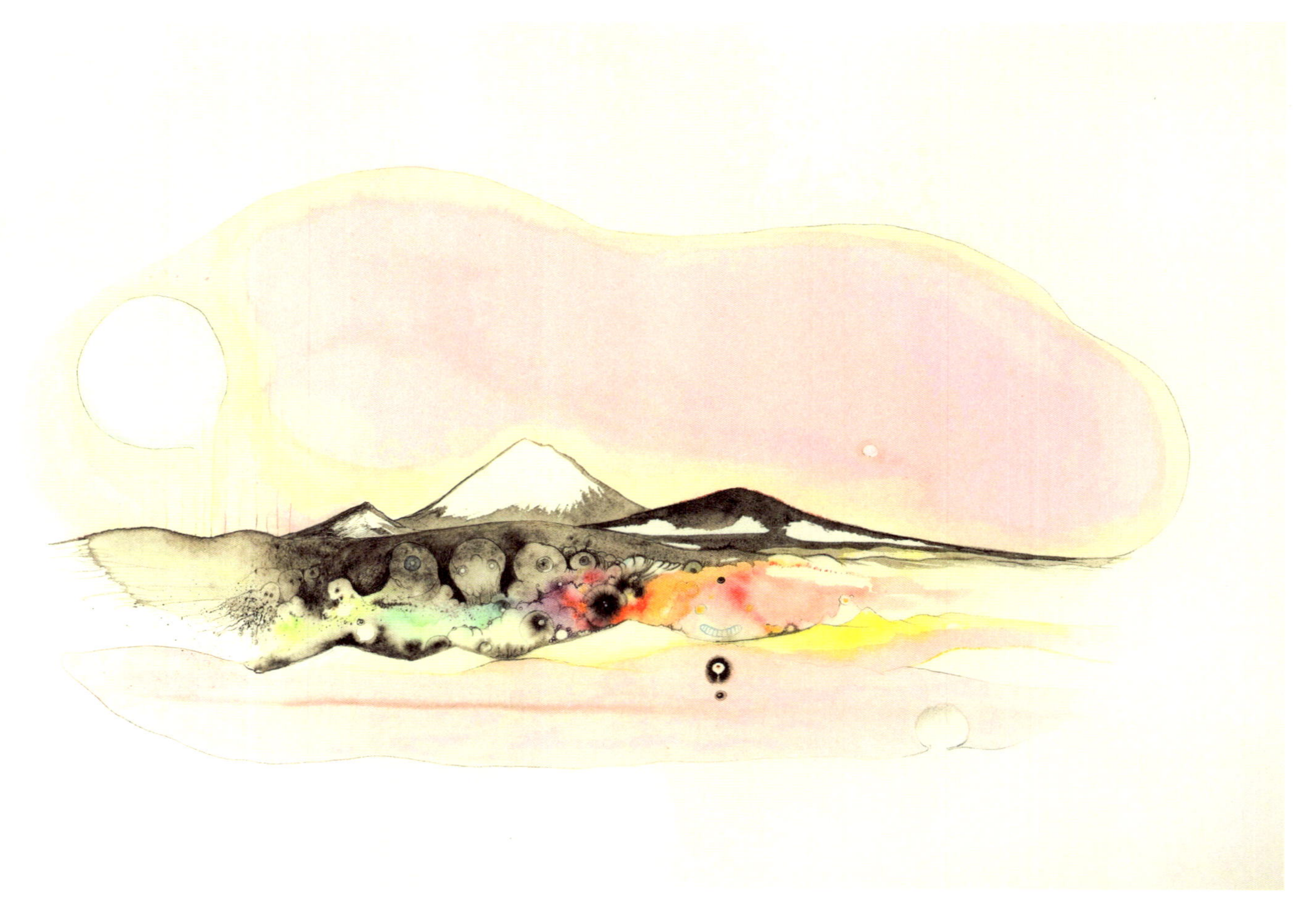

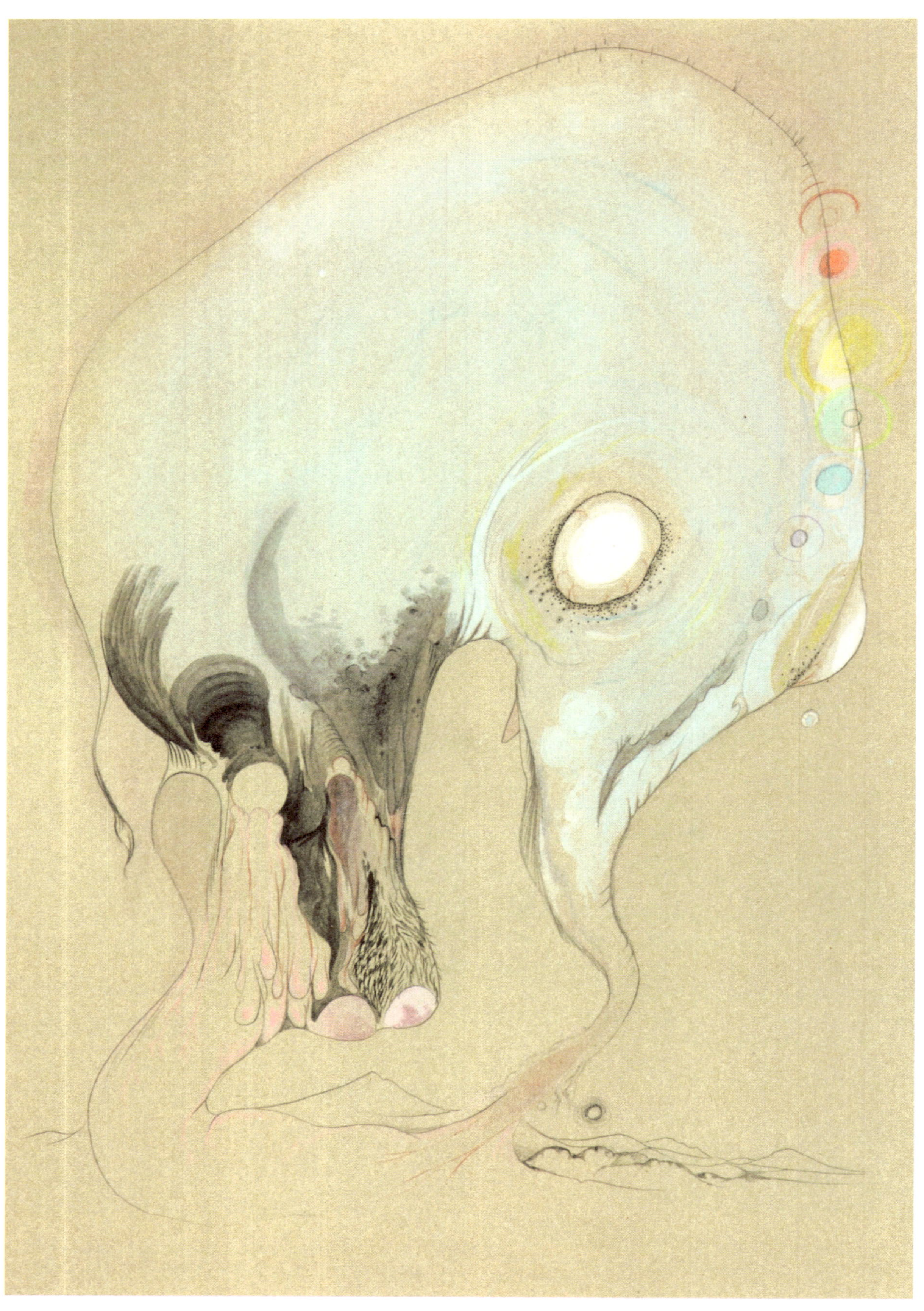

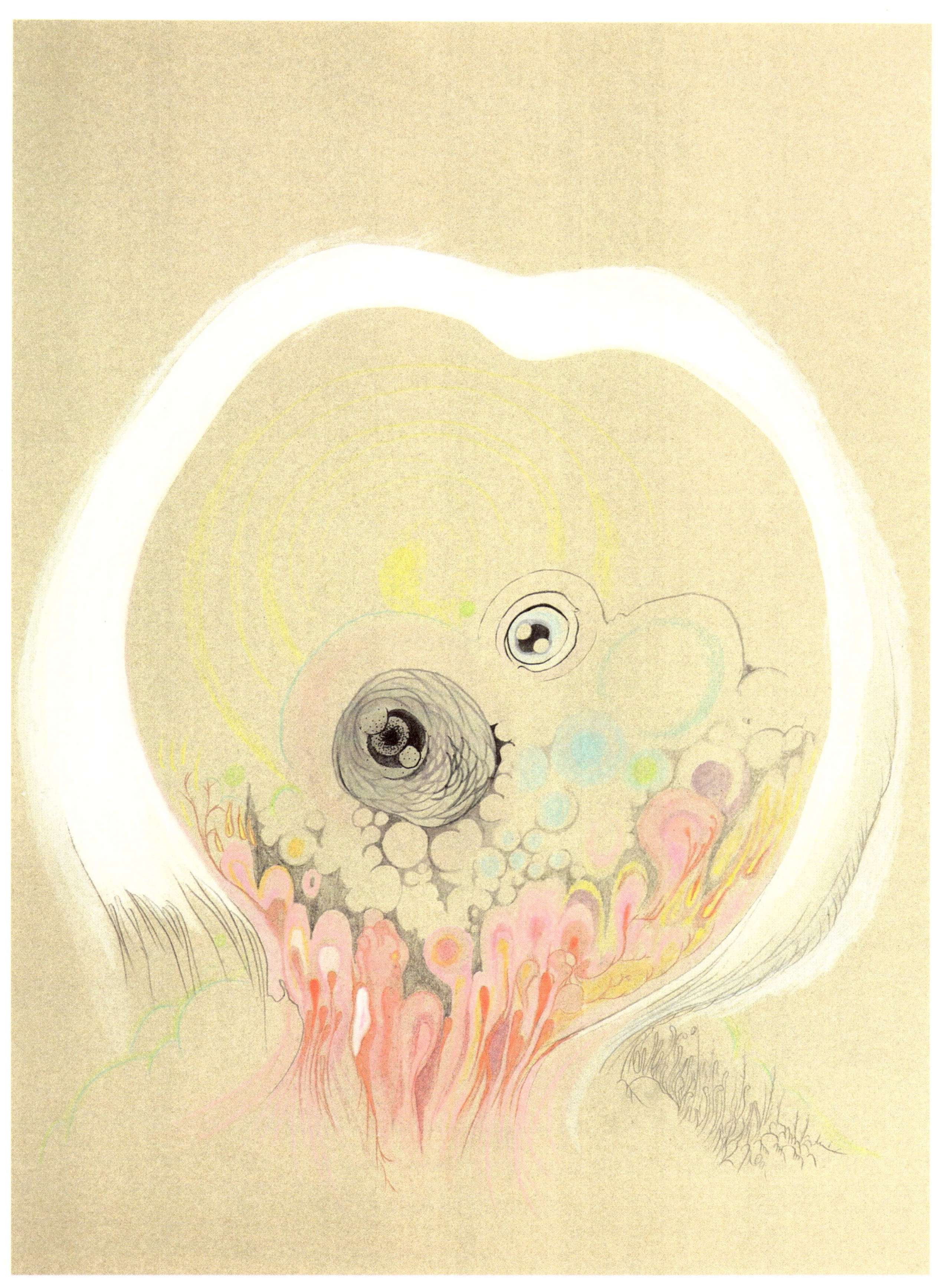

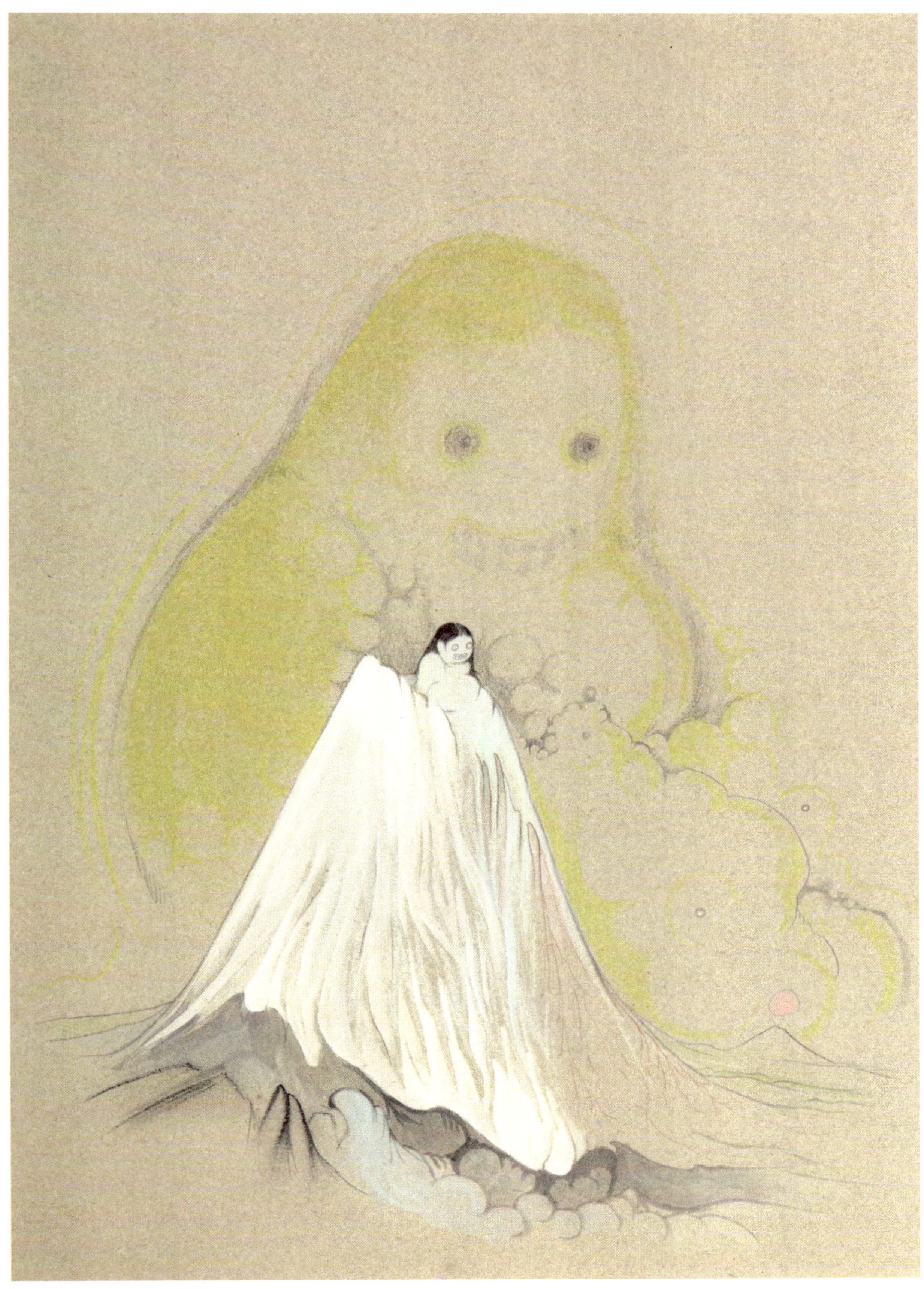

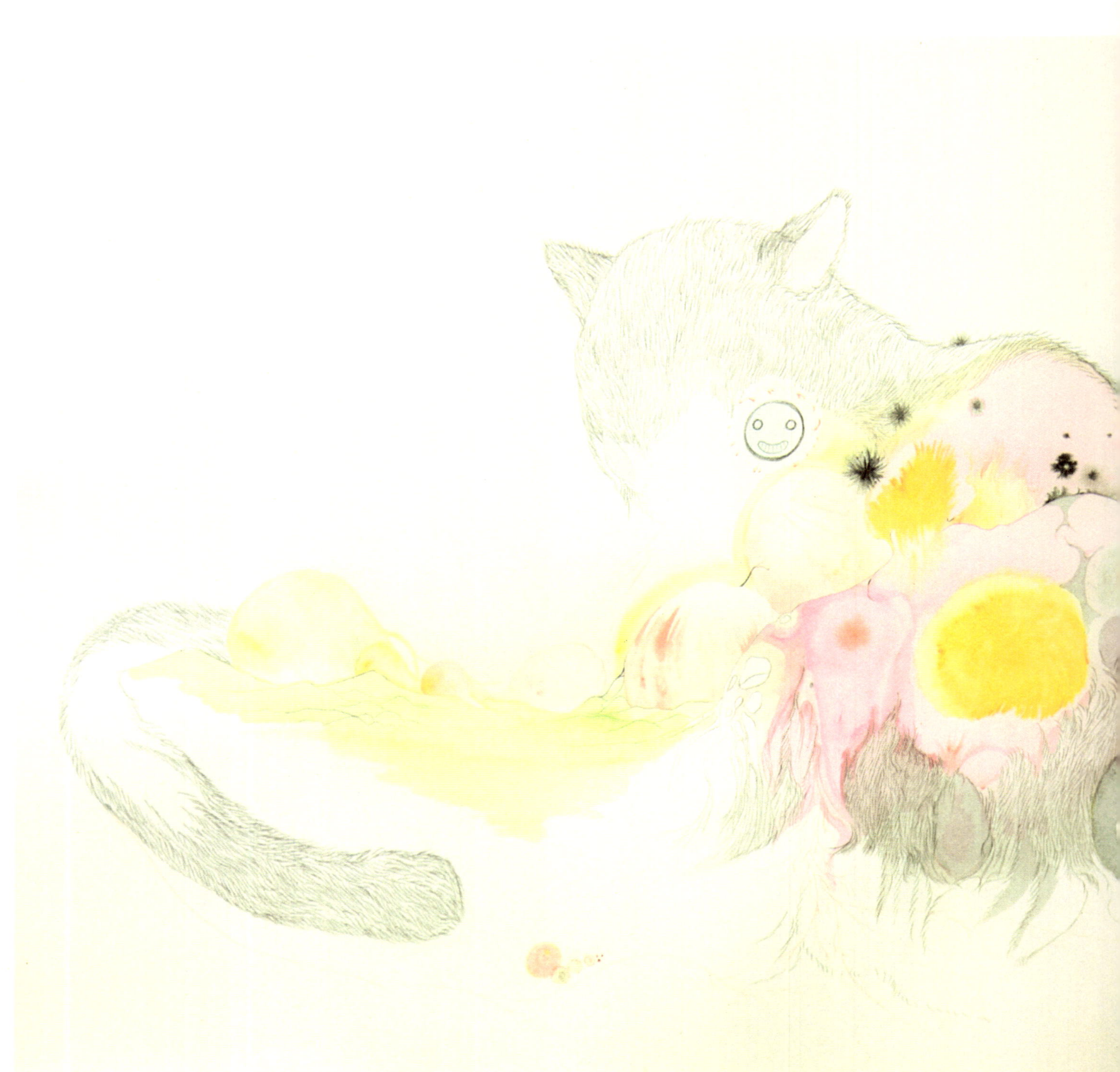

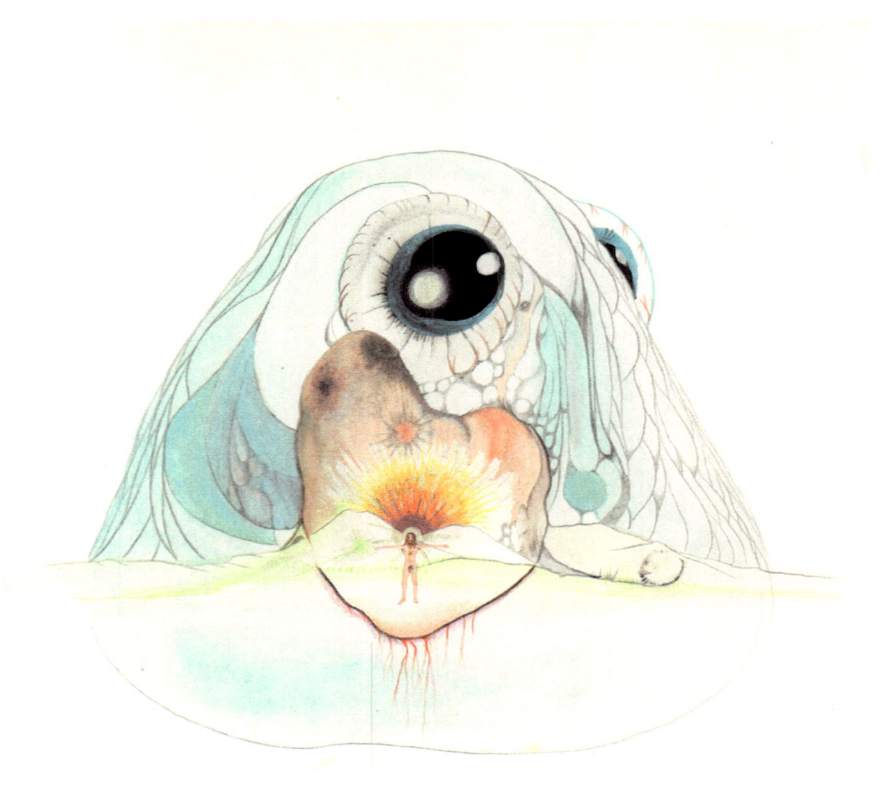

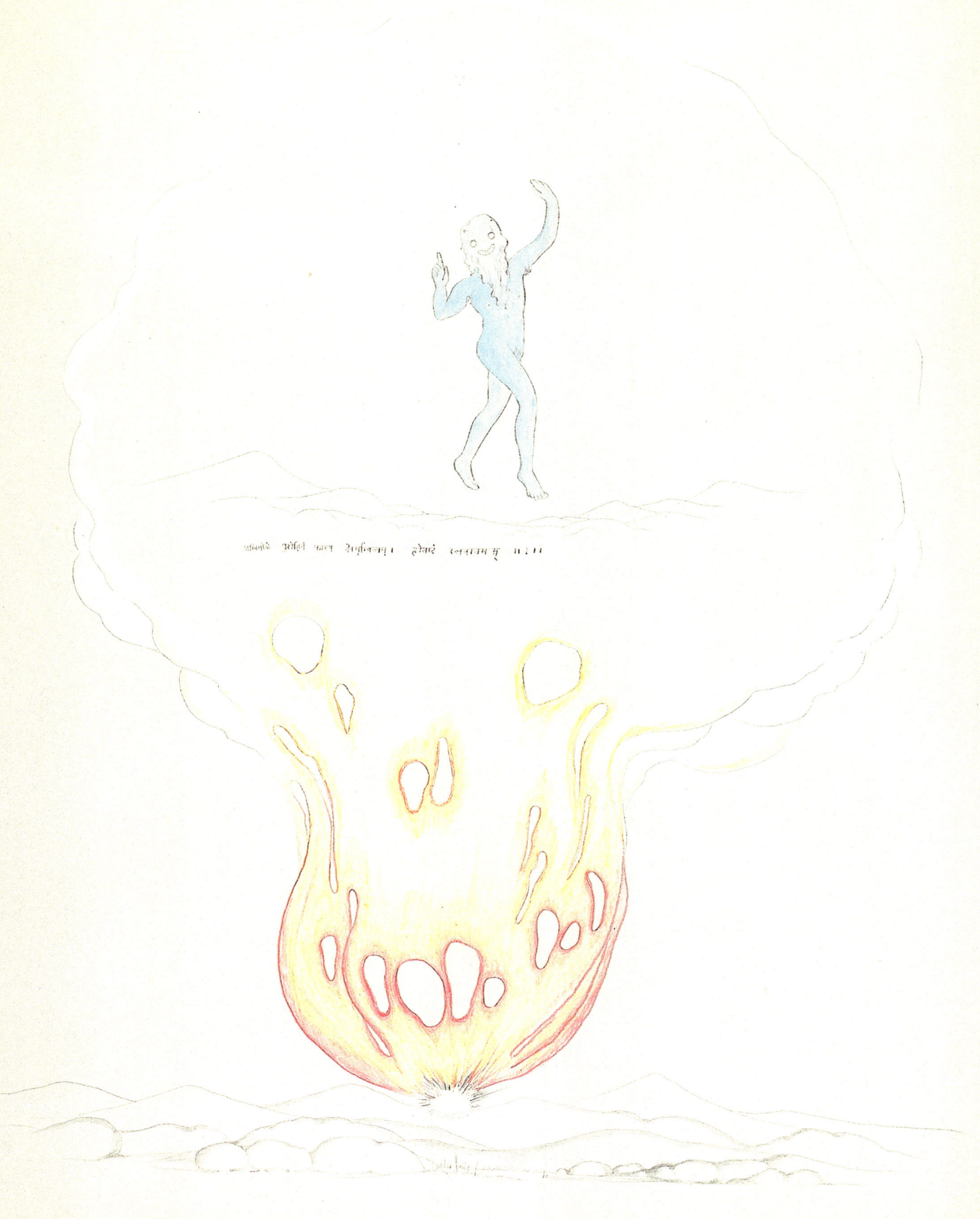

अग्निमीळे पुरोहितं यज्ञस्य देवमृत्विजम् । होतारं रत्नधातमम् ॥ १ ॥

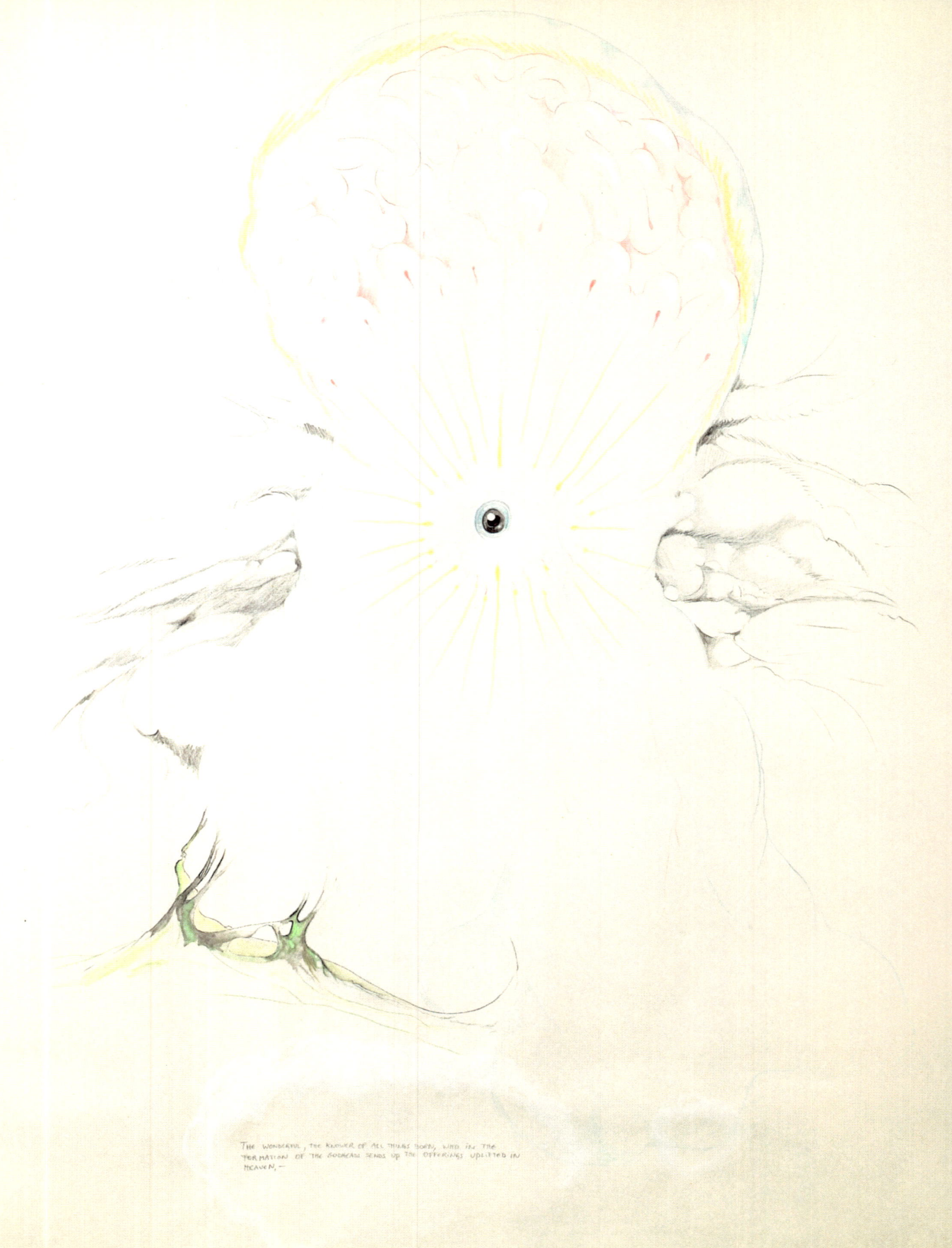
THE WONDERFUL, THE KNOWER OF ALL THINGS BORN, WHO IN THE
FORMATION OF THE GODHEAD SENDS UP THE OFFERINGS UPLIFTED IN
HEAVEN, —

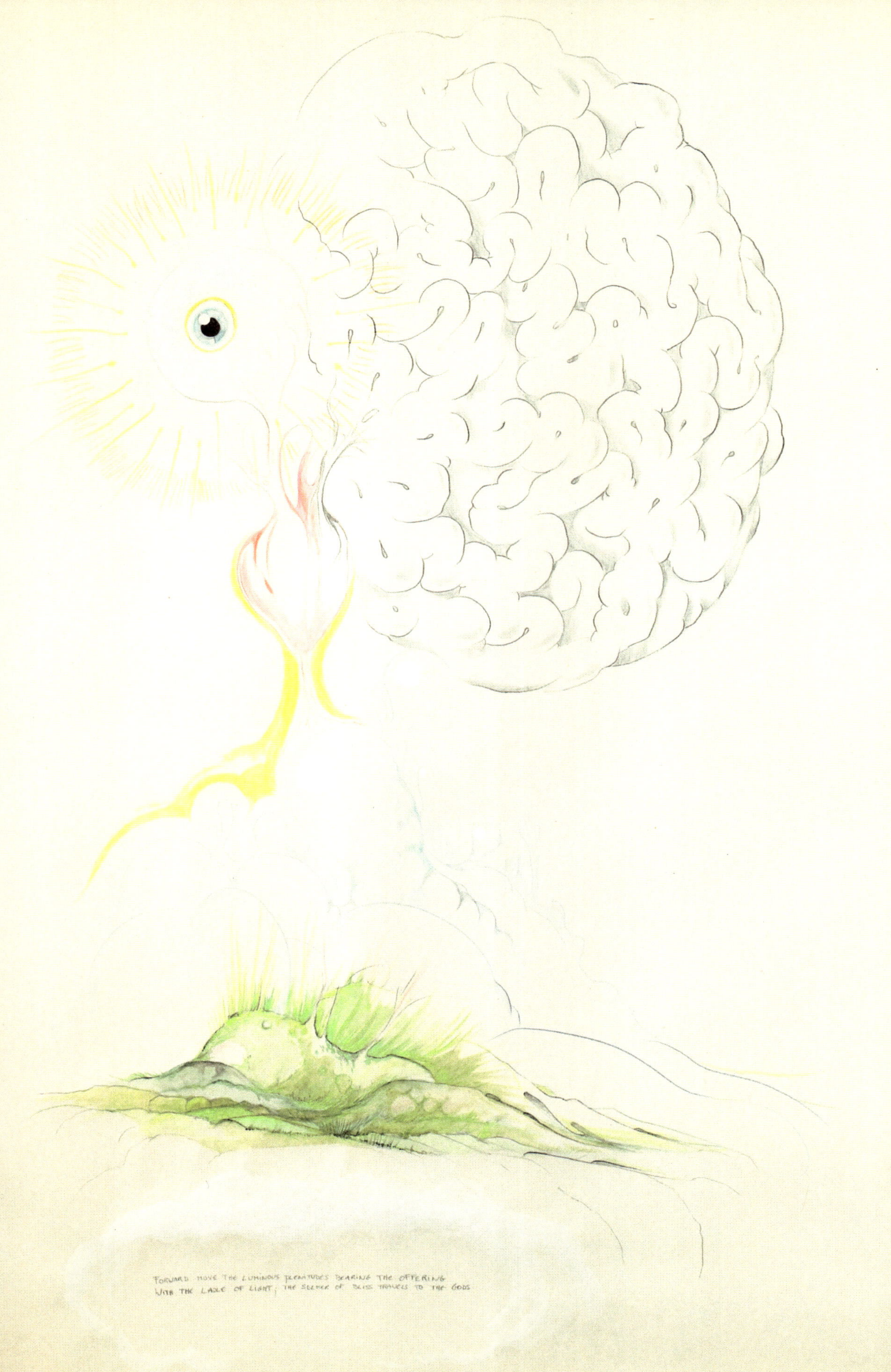

FORWARD MOVE THE LUMINOUS PLENITUDES BEARING THE OFFERING
WITH THE LADLE OF LIGHT, THE SEEKER OF BLISS TRAVELS TO THE GODS

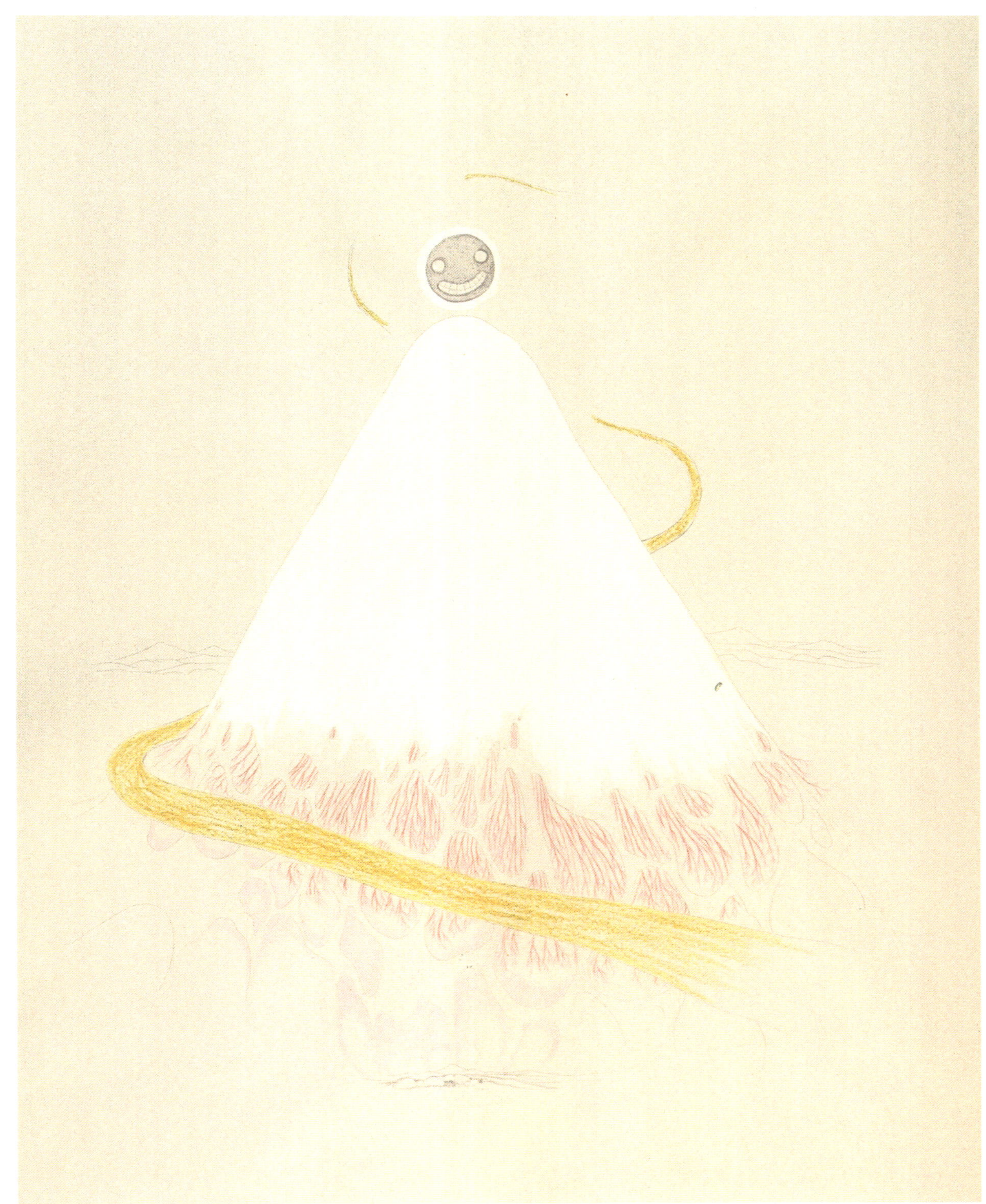

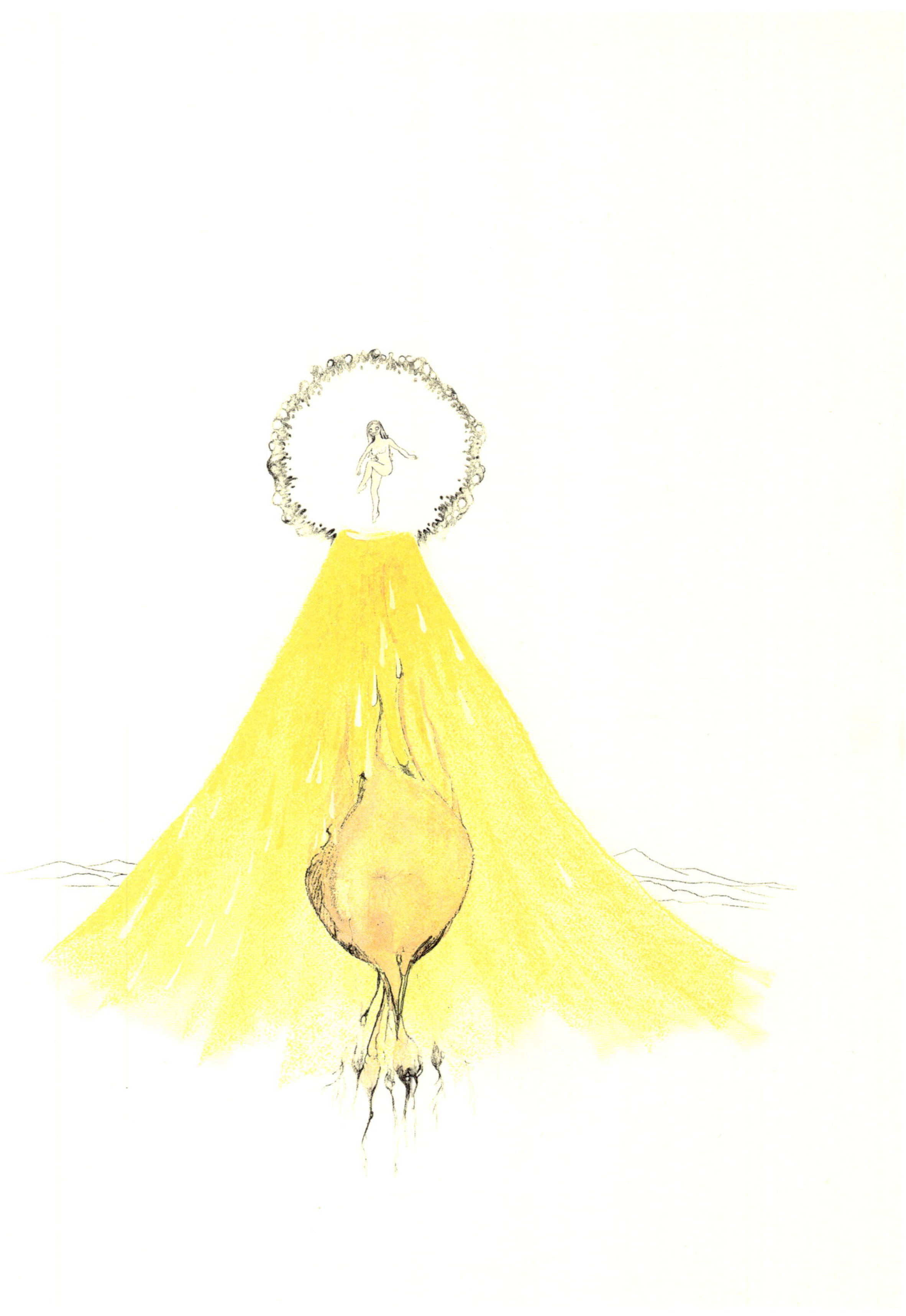

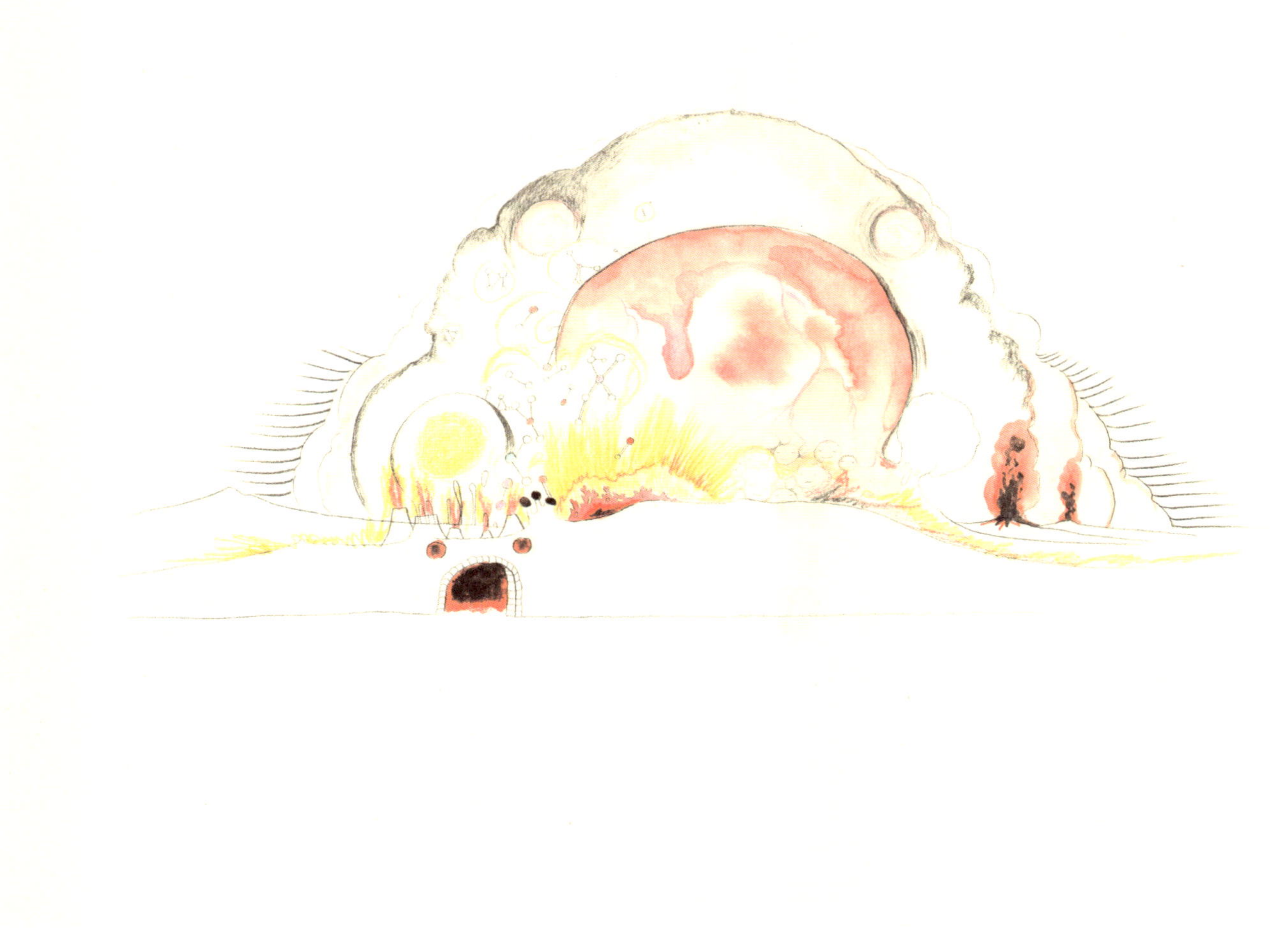

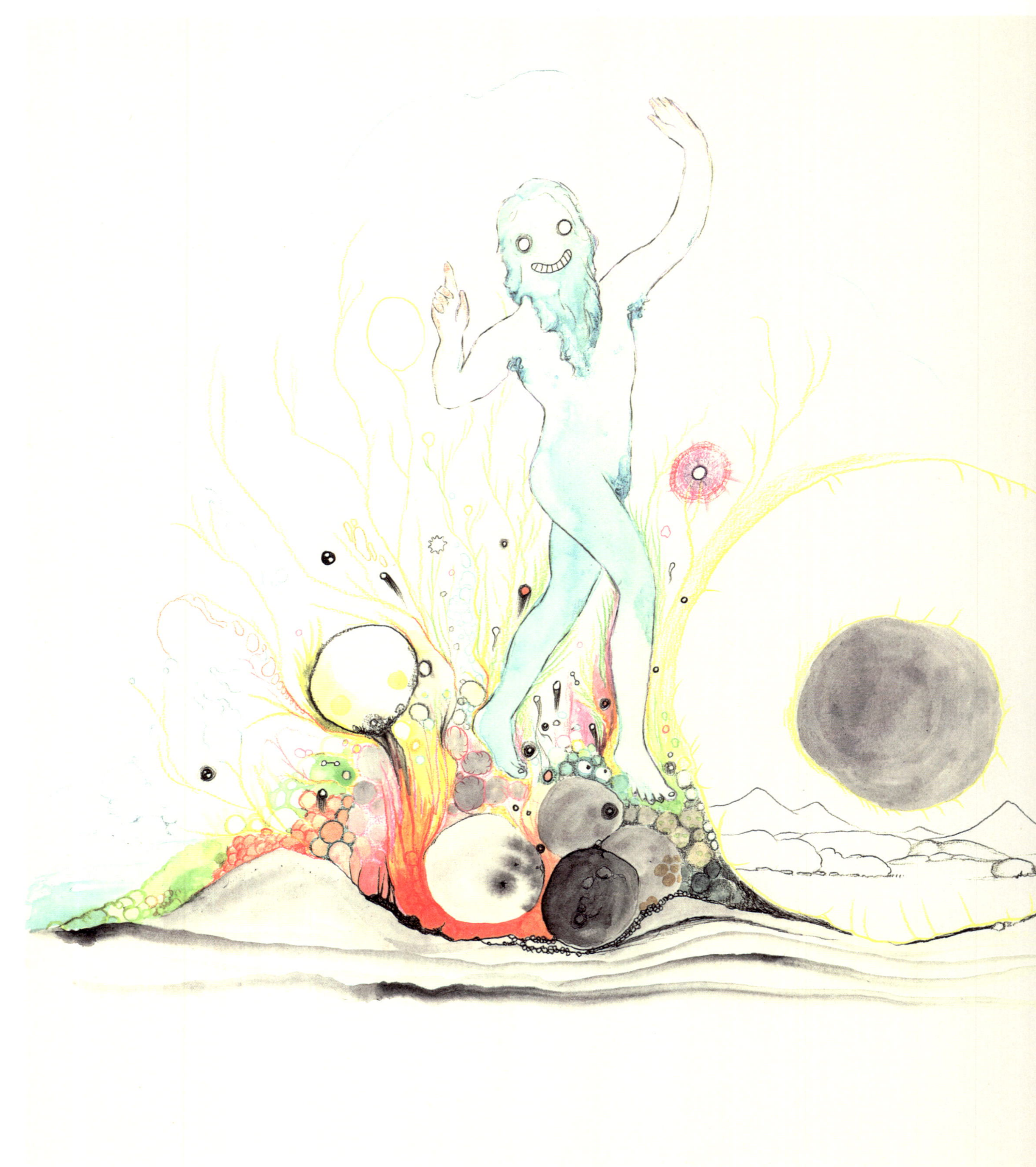

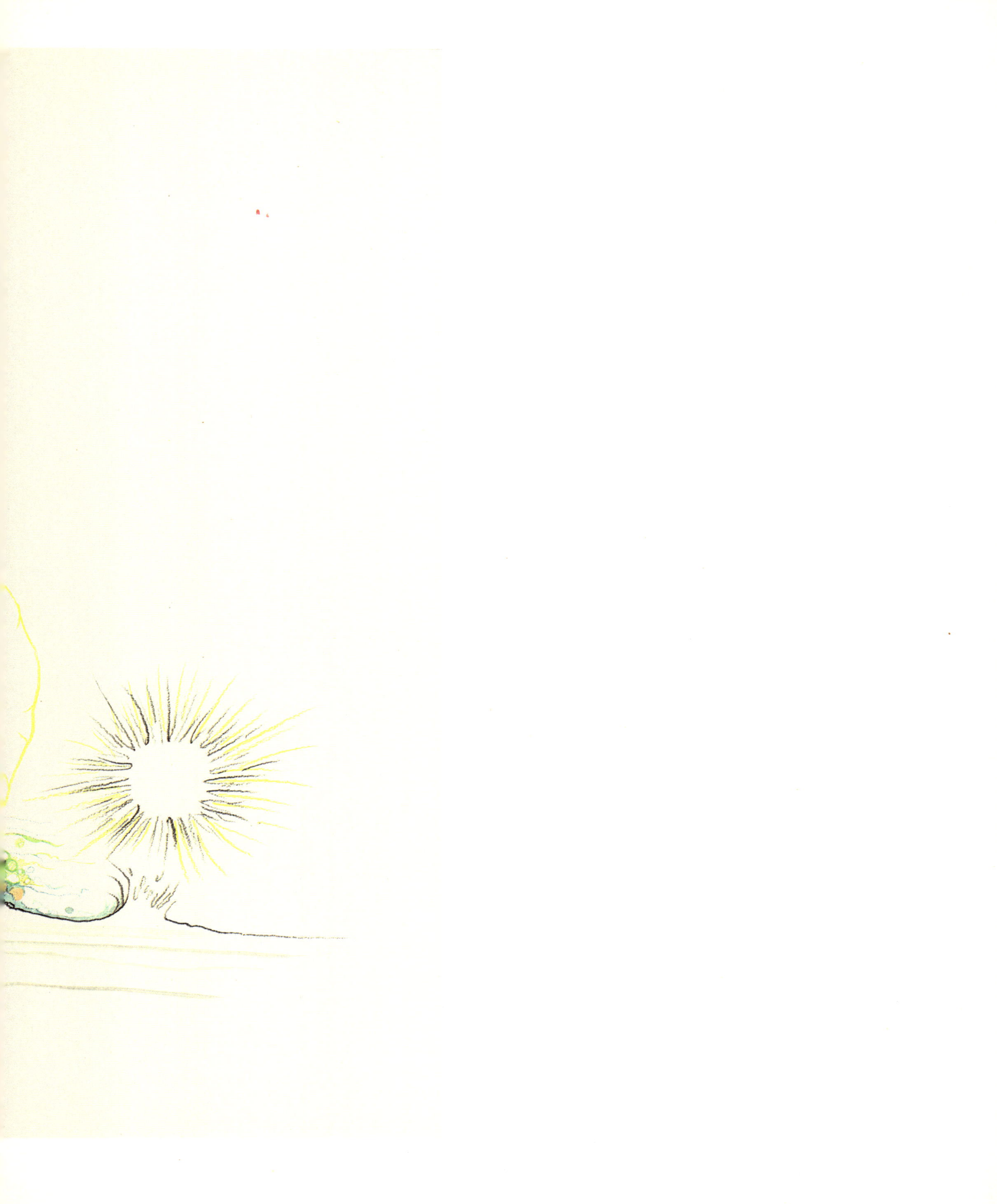

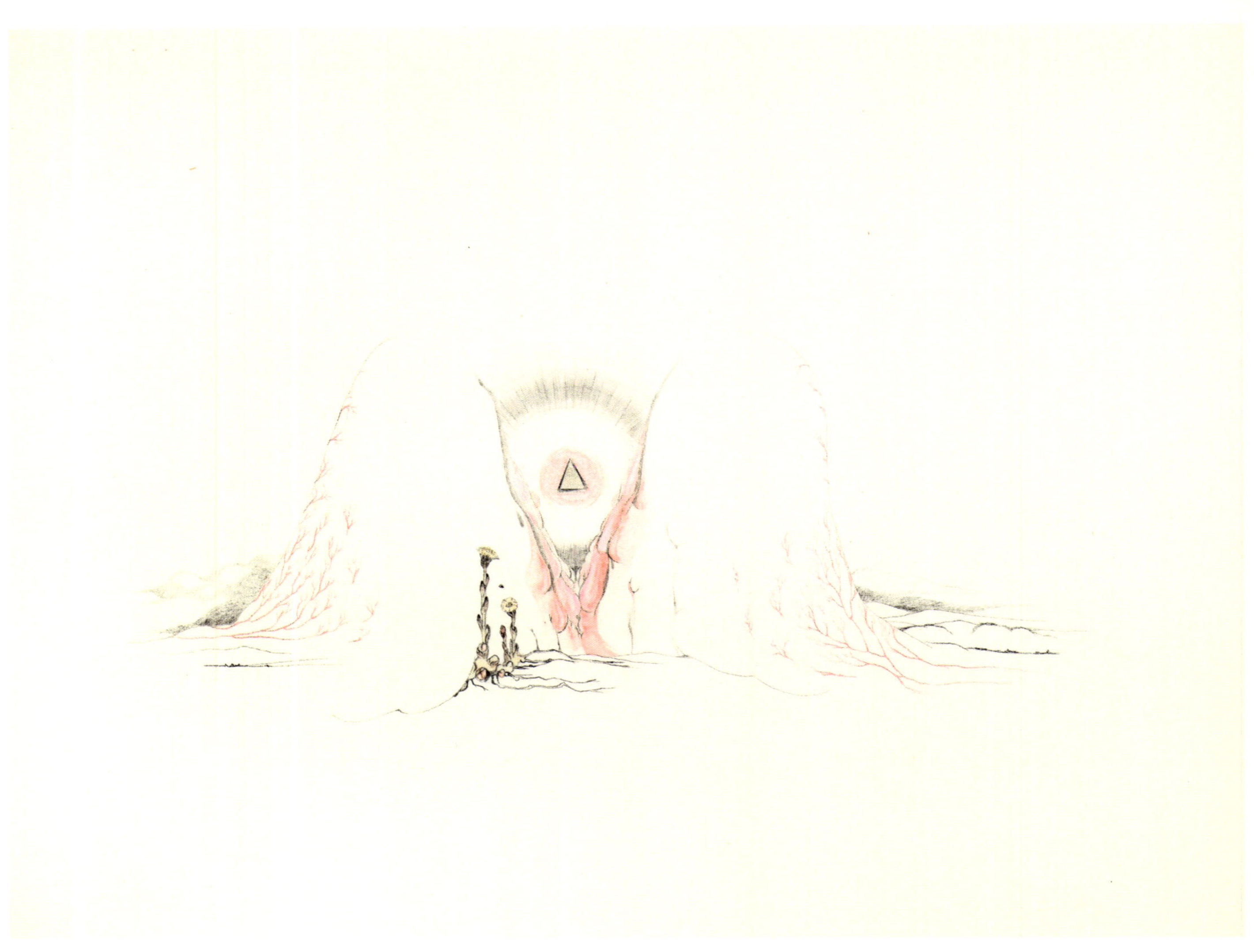

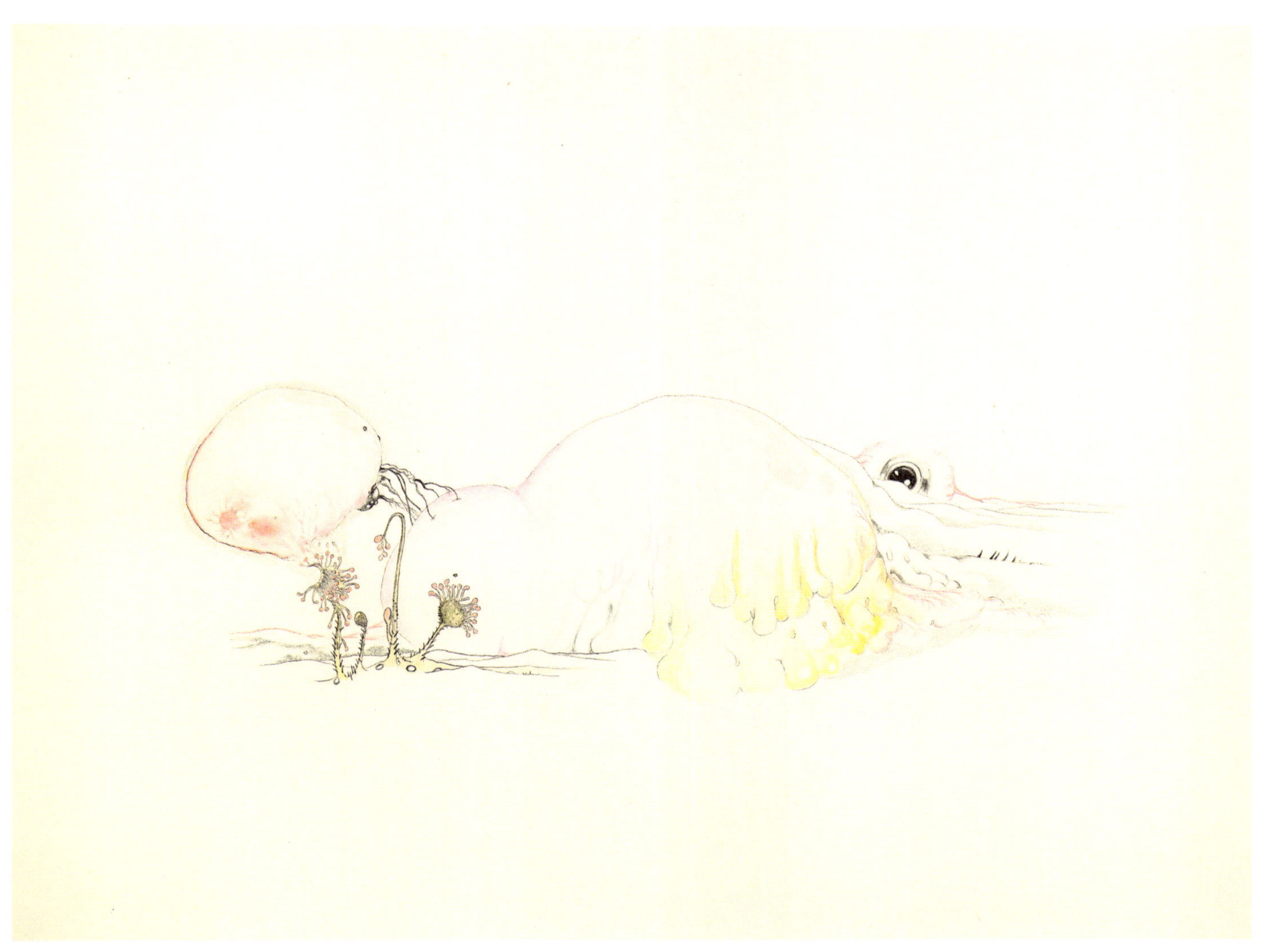

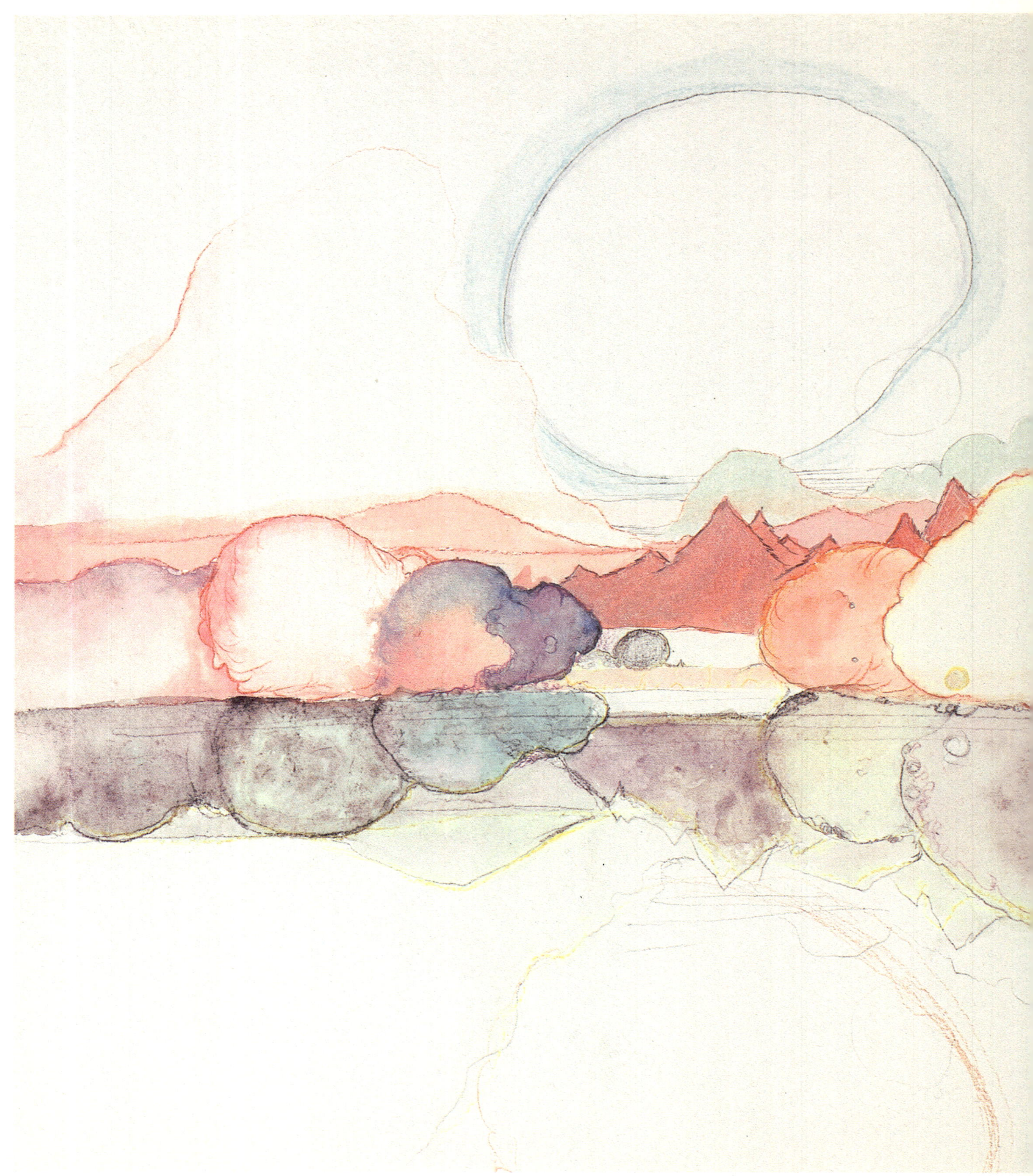

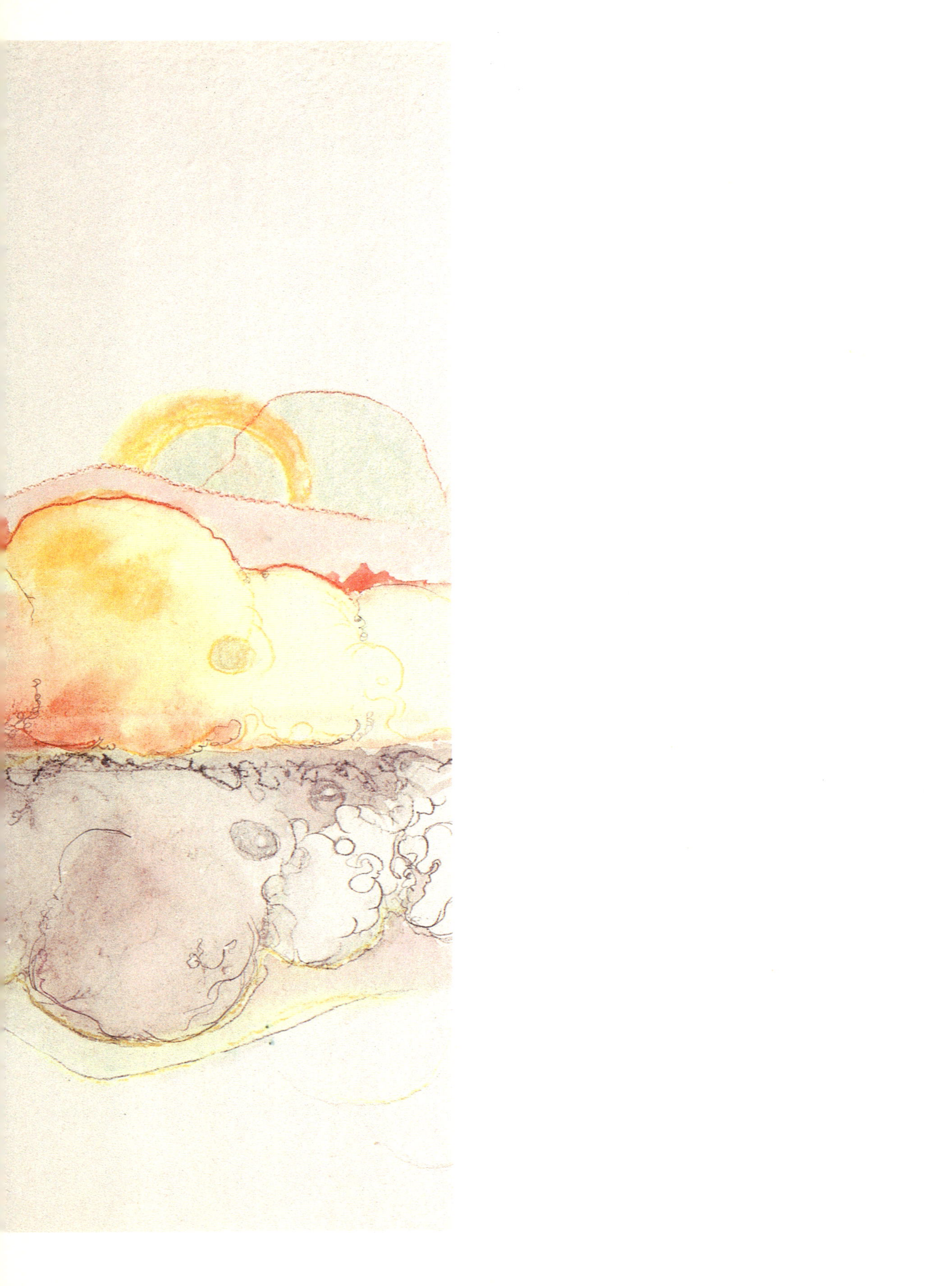

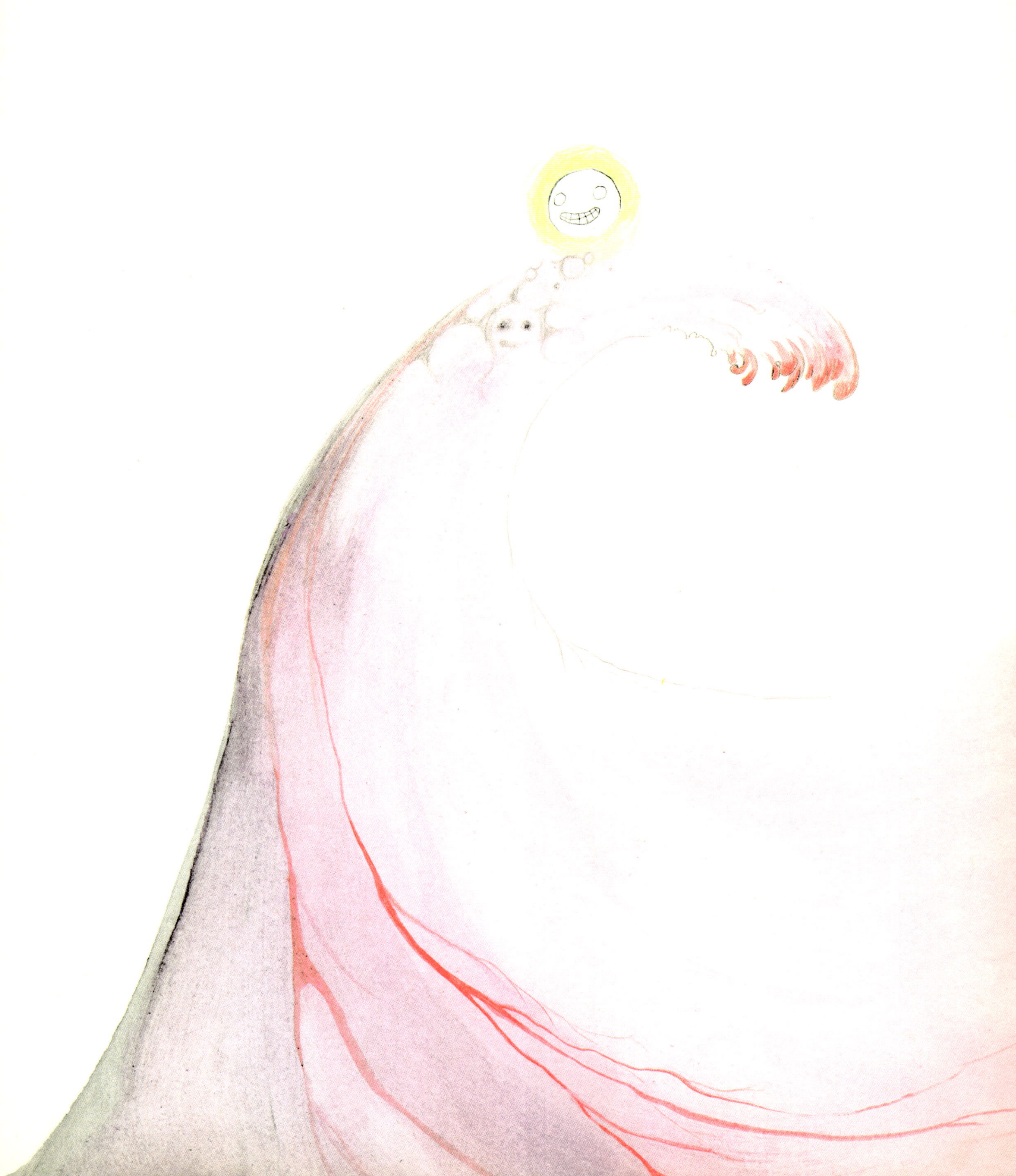

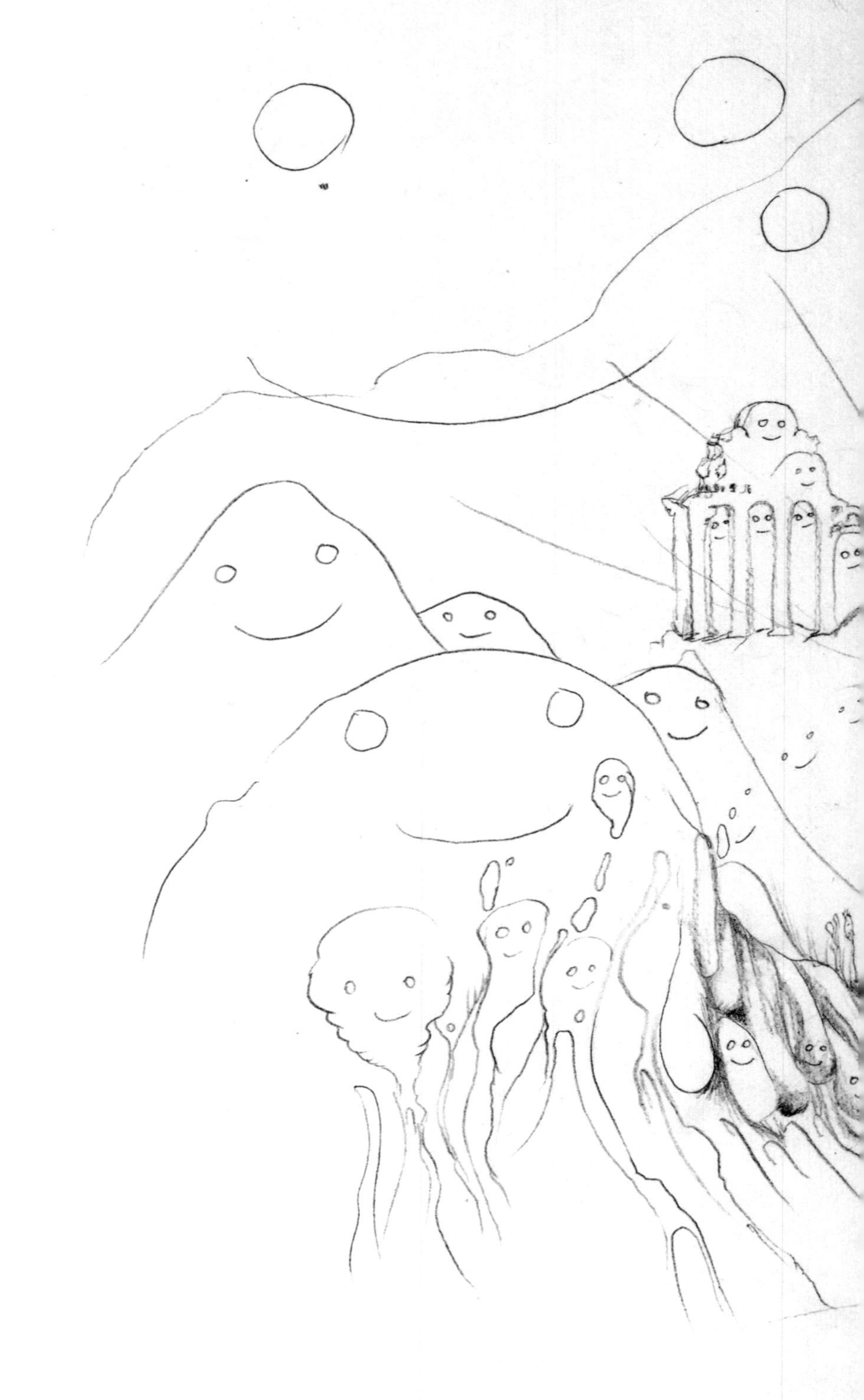

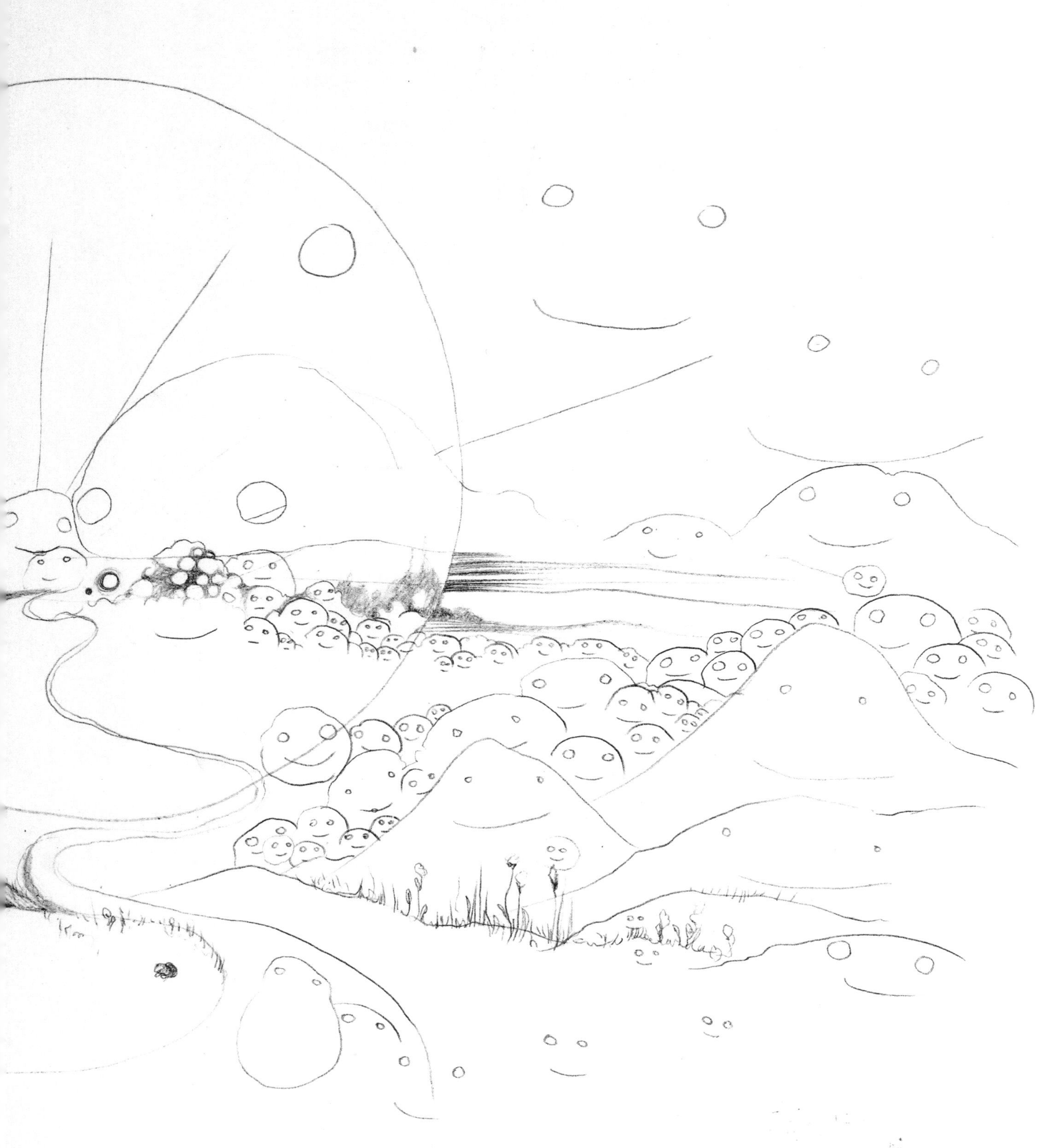

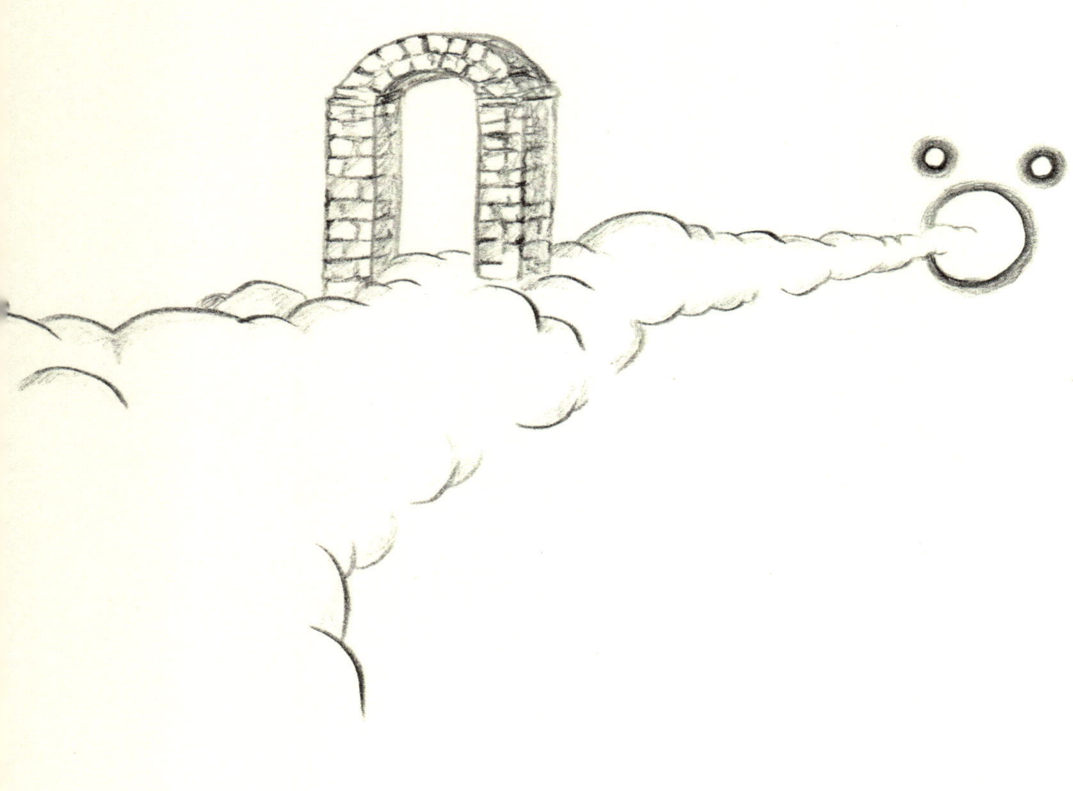

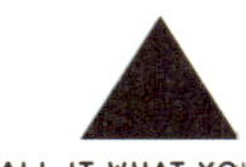

CALL IT WHAT YOU LIKE
STATEMENT OF BELIEF[1]
15 AOÛT 2008

VOICI L'UNIVERS ARDENT!
QUE LES PROFONDEURS ASTRALES, DONC, SE DILATENT
EN UN RÉCEPTACLE TOUJOURS PLUS PRODIGIEUX DE
SOLEILS ASSEMBLÉS.
QUE LES RADIATIONS PROLONGENT SANS FIN, DE PART
ET D'AUTRE DU SPECTRE, LA GAMME DE LEURS NUANCES
ET DE LEUR PÉNÉTRATION.
QUE LA VIE TIRE DE PLUS LOIN ENCORE LA SÈVE QUI
CIRCULE EN SES BRANCHES INNOMBRABLES…
QUE NOTRE PERCEPTION GRANDISSE, SANS FIN, DES
PUISSANCES SECRÈTES QUI DORMENT – ET DES INFINI-
MENT PETITS QUI GROUILLENT – ET DES IMMENSITÉS QUI
NOUS ÉCHAPPENT PARCE QUE NOUS N'EN VOYONS QU'UN
POINT.

— PIERRE TEILHARD DE CHARDIN, *HYMNE À L'UNIVERS*

J'AI JOUÉ DANS CE PALAIS DES FORMES INFINIES ET LÀ
J'AI APERÇU CELUI QUI EST SANS FORME.
JE PLONGE AUX PROFONDEURS DE L'OCÉAN DES FORMES,
DANS L'ESPOIR D'ATTEINDRE LA PERLE PARFAITE ET
SANS FORME.

— RANINDRANATH TAGORE, *L'OFFRANDE LYRIQUE*

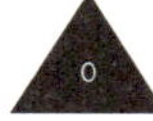

NOW AGE

SI ÉCRIRE C'EST PRESQUE DESSINER, JE VAIS ESSAYER DE REMPLACER LES TRAITS PAR DES MOTS, LES COULEURS PAR DES IMPRESSIONS, LES TEXTURES PAR DES SENS.

ÇA COMMENCE MAINTENANT ET ÇA RESSEMBLE À L'EXPÉ-RIENCE *FLASH-BACK* D'UNE VIE, JUSTE AVANT DE MOURIR ET DE VOIR UNE TOUTE PETITE LUMIÈRE AU BOUT DU TUNNEL.

PATATE D'ORGANES

JE CHOISIS MES PARENTS; JE PLONGE DANS UNE MEULE DE FOIN UN APRÈS-MIDI D'ORAGE. DEUX MOIS PLUS TARD, DEPUIS L'OCÉAN UTÉRIN, J'ENTENDS *A RAINBOW IN CURVED AIR* DE TERRY RILEY, À L'INSTANT OÙ MES GÉNITEURS S'ÉPOUSENT AU TEMPLE. L'EXPÉRIENCE FONDATRICE DE MA MYTHOLOGIE PERSONNELLE? MAIS IL VA FALLOIR TOUT OUBLIER POUR *RE-DEVENIR*. JE VEUX BIEN NAÎTRE. JE SUIS UN CORPS. QUOI DE PLUS NATUREL EN SOMME…

DANS LA MAISON BLEUE, IL Y A DES CHEVEUX LONGS, DU RIZ MACROBIO ET LES ŒUVRES COMPLÈTES DE WELEDA. ON PARLE D'AMOUR ET DE LUMIÈRE. PLEIN D'ADULTES MÉDITENT ET IL ME SEMBLE QU'IL Y A PLUS D'OXYGÈNE PARTOUT, QUE TOUT EST LÉGER ET ÉTINCELANT.

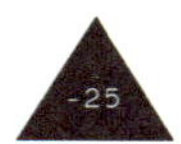

RIRE COSMIQUE

JE NE DORS PAS, JE RÉFLÉCHIS ET LÀ, DU COIN SUPÉ-RIEUR DROIT DE MA CHAMBRE, RÉSONNE SOUDAIN UN GIGANTESQUE RIRE DÉMENT.

MA PREMIÈRE HALLUCINATION AUDITIVE OU MA PREMIÈRE RENCONTRE DU 4E TYPE?

DIVISION DE LA JOIE

MON PREMIER AMOUR SCHIZO-SHAMAN M'EXPLIQUE QU'IL EST LE VENT DANS LES ARBRES. UN HAUT-PARLEUR HURLEUR, ÉPONGE FAMILIALE, AVEC UN STOCK DE DROGUE GRATUITE DANS LE CERVEAU DONT IL NE SAIT QUE FAIRE. LA MYSTIQUE SANS OBJET EST SOUFFRANCE.

EPIPHANIE LYSERGIQUE

CETTE NUIT D'AOÛT, JE TOMBE AMOUREUSE, LES GENOUX ENFONCÉS DANS LA FLUORESCENCE DES HAUTES HERBES. JE TOMBE POUR MONTER… AMOUREUSE.

J'AI DÛ QUITTER LE GROUPE S'OCCUPANT DE LA VIANDE ROUGE DU BARBECUE. ME PLACER EN MARGE DE LA CONSCIENCE COMMUNE POUR ENFIN OUVRIR MA BRÈCHE ET PARTIR, AVEC UNE SIMPLE ROBE, À LA LISIÈRE DU DOMAINE – DU DOMAINE DE LA RAISON.

AU-DELÀ DU PETIT MURET, LA CAMPAGNE S'ÉLARGIT VASTEMENT DANS LE CIEL COUCHANT.

LA MUSIQUE A DISPARU AU LOIN. UN CHANT SI PUR MONTE À TRAVERS MOI. LE VISAGE TOURNÉ VERS LE CIEL, JE FER-ME LES YEUX ET VOIS ENFIN… ÇA EST SI BEAU, ÇA CHANTE, JOUE DE LA MUSIQUE, PUIS M'ENVOIE PROMENER DANS L'UNIVERS AVANT LE GRAND JEU DE «JE TE PULVÉRISE».

JE SUIS TRANSFORMÉE EN CONFETTIS. JE SUIS MOINS QUE DE LA POUSSIÈRE, DES BOSONS X DE LUMIÈRE ET SIMULTANÉMENT PLEINS D'UN VIDE TOUT NOIR, REMPLIS D'ÉNERGIE. DANS UNE DÉSINTÉGRATION TOTALE DU MOI PSYCHIQUE ET PHYSIQUE, JE DEVIENS LE COSMOS.

JE NE CROIS PAS EN DIEU, JE *SAIS* DIEU; JE SAIS CAR COMMENT DOUTER DEVANT ET DANS UN SI GRAND AMOUR, UN SI GRAND HUMOUR, D'UNE BEAUTÉ AUSSI INOUÏE. JE PLEURE – DE L'EAU BÉNITE!? COMME LE DIT UN PROVERBE ANGLAIS: «ON A LA PREUVE DU PUDDING QUAND ON LE MANGE.» C'EST LE BUFFET À GOGO.

J'AI DÉJÀ LA MAJORITÉ MAIS JE VIENS À PEINE DE NAÎTRE DE JOIE.

LES FOURMIS CONTINUENT D'AIMER LEUR TRAVAIL SUR MES BRAS ET LES PAPILLONS S'ABSORBENT DANS MES CHEVEUX POUR RENAÎTRE EN LUCIOLES DANS MON CORPS. JE MARCHE MAINTENANT AVEC DES PIEDS NUS DE SEPT LIEUES, AVEC LES YEUX JE MAÎTRISE DES CHIENS DE GARDES DRESSÉS QUI ME SAUTENT À LA GORGE, ET JE PARLE À CHAQUE MORCEAU DE SALADE POUR LUI EXPLIQUER SON PASSÉ, SON PRÉSENT ET SON AVENIR. MON CERVEAU: CAVEAU DE VAMPIRE ENFIN OUVERT À LA LUMIÈRE DU JOUR.

JE PRENDS L'AVION POUR LA PREMIÈRE FOIS ET SURVOLE LA TERRE GRÂCE À UNE PILULE MAGIQUE ET UN WALKMAN EN PLASTIQUE. JE SUIS UNE «PSYCHONAUTE» QUI A TROUVÉ LE SOLEIL. LA CAISSE À JOUETS EST GRANDE OUVERTE.

GABBER BRAIN

LA CAISSE À JOUETS EXPLOSE SOUS LES BPM[2].

CAROLINE ET MOI AVONS APPRIS LES BASES DE NOTRE RÉINVENTION DU MONDE DANS UN MAGNIFIQUE *SUMMER OF LOVE*. JE SUIS SUR LE POINT DE RENTRER DANS L'HIVER DE L'AMOUR.

J'AI SUIVI TÉMÉRAIREMENT DES TRIBUS DANS UNE SPIRALE GLACÉE. ON M'A RASÉ LE CRÂNE ET POURTANT LA SAGESSE EST ENCORE LOIN.

L'INCONVÉNIENT DE L'ESCALADE CHIMIQUE SANS GUIDE, C'EST QUE CELA PEUT DEVENIR DE LA SPÉLÉOLOGIE.

L'INCONVÉNIENT DE LA SPÉLÉOLOGIE SANS LAMPE DE POCHE, C'EST QU'ON PEUT SE RETROUVER COINCÉE À RAMPER SANS FIN DANS LES MÉANDRES DE TROUS NOIRS DE LA TAILLE D'UNE TÊTE D'ÉPINGLE, OU DANS UNE BULLE TRANSPARENTE, OFFERTE ET VULNÉRABLE.

AINSI LA RÉVÉLATION CONTINUE D'ÊTRE STUPÉFIANTE, MAIS DANS LA DOULEUR. J'EN PERDS LE SOUFFLE ET MES POUMONS.

IL S'AGIT DE RASSEMBLER LES PETITS MORCEAUX QUI GISENT ÉPARS ET DE RECONSTRUIRE ICI LA *RÉALITÉ*, LÀ LE *RÊVE-HALLUCINATION-CAUCHEMAR*.

LA MORT DE L'EGO DE L'AUTEUR?

PARTAGER SON TRAVAIL, AVEC L'ILLUSION DE DISSOUDRE L'EGO DANS UN EGO PLUS GRAND, SEPT ANS DE POLITI-QUE DE L'EXTASE ET DE COULEURS ACIDES. RÉFLEXION, PARTAGE ET APPRENTISSAGE AVEC JEAN-MICHEL, MON JUMEAU LIBELLULE, L'AUTRE ŒIL QUI CO-PILOTE L'HÉLI-COPTÈRE SURVOLANT LES «PSYCHIC LANDSCAPES».

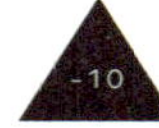

MAÎTRE, DISCIPLINE ET MAÎTRISE

J'AI GOÛTÉ POUR LA PREMIÈRE FOIS À CETTE ORANGE (SUNSHINE)[3] ET JE VEUX MAINTENANT EN BOIRE LE NEC-TAR TOUS LES JOURS. MAIS AUTREMENT; EN DOUCEUR, AVEC D'AUTRES OUTILS, D'AUTRES TECHNIQUES. EN PRE-NANT UNE TRANQUILLE MONTGOLFIÈRE PLUTÔT QU'UN AVION DE CHASSE.

JE ME DOUTE QUE TOUT EST NATURELLEMENT À PORTÉE DE MAIN, LES ORANGES, LE PRESSE-ORANGES, LE VERRE. IL SUFFIT DE…

LE NECTAR, LA SOURCE SUPRÊME, EST EN MÊME TEMPS À L'INTÉRIEUR ET À L'EXTÉRIEUR. IL ME FAUT DONC UN MAÎTRE QUI ME DONNERA LES TECHNIQUES ME PER-METTANT D'ACCÉDER À CETTE CONNAISSANCE, COMME J'AI EU UN MAÎTRE POUR M'APPRENDRE À LIRE; UN MAÎTRE TANT QUE JE NE SERAI PAS MON PROPRE MAÎTRE.

CE QUE JE VEUX: RETROUVER CE QUE JE N'AI JAMAIS PERDU ET TROUVER DES RÉPONSES AUX QUESTIONS QUE JE NE ME SUIS JAMAIS POSÉES.

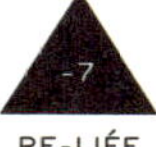

RE-LIÉE

J'AI MIS RAJA AVANT HATHA[4], QU'IMPORTE: CE N'EST PAS FACILE D'APPRENDRE QUE L'EXTASE ET LA LIBÉRATION S'OBTIENNENT PAR LA DISCIPLINE ET LA RIGUEUR.

RAM RUM RIM ROM RUM.

TORDRE ET PLIER SON CORPS POUR ASSOUPLIR ET DOMESTIQUER LE MENTAL, S'ABANDONNER, S'ABÎMER DANS LA PURE BÉATITUDE DE LA CONSCIENCE D'ÊTRE. ACCOMPLIR LE *SAT-CHIT-ANANDA*, FORMULE QUE J'ENTENDS DEPUIS TOUTE PETITE: ÊTRE, CONSCIENCE, BÉATITUDE[5].

MA SŒUR JESSY YOGINI M'APPRENDRA LE TAT-TVAM-ASI: TU ES CELA. ET PUIS SE REPOSER LA QUESTION, AI-JE UNE MISSION? SE DONNER, À SOI-MÊME ET AUX AUTRES, AUTANT QUE POSSIBLE. DE L'AMOUR DANS MON CORPS, DANS MON CŒUR, DANS MON ART. BIOLOVARAMA[6].

TEMESTA-THANATOS

LA NUIT NOIRE DE L'ÂME EST TOMBÉE BRUSQUEMENT. MORT ET RÉSURRECTION À L'ÂGE ÉTERNEL DU CHRIST COSMIQUE. UNIVEREVINU.

OU LE MOMENT OÙ VIDYA RENCONTRE AVIDYA[7].

JE DÉCOUVRE QUE LES TÉNÈBRES EXISTENT DONC JE NE VEUX PLUS EXISTER.

DANS CETTE OBSCURITÉ, MON ALIEN PERSONNEL M'APPELLE, ESSAIE DE S'ACCOMPLIR, MAIS IL EST SI LAID ! JE VOMIS, JE TREMBLE, IL VA ME DÉCHIRER ET M'ENVOYER À L'ASILE… D'ALIÉNÉS. JE NE SAIS PAS ENCORE QU'ALIEN A BESOIN D'AMOUR, COMME TOUT LE MONDE. VIENS MON MONSTRE, SORS DU PLACARD, JE SUIS DÉSOLÉE, JE T'AI ENFERMÉ SI LONGTEMPS… JE DOIS APPRENDRE QUE CE N'EST PAS EN REGARDANT LA LUMIÈRE QU'ON DEVIENT LUMINEUX, MAIS EN PLONGEANT DANS SON OBSCURITÉ. JE DOIS APPRENDRE À NE PAS AVOIR PEUR DES TRANSES ET DES CATALEPSIES, DANSES NÉCESSAIRES AUX ÉNERGIES LOURDES POUR DESCENDRE ET AUX ÉNERGIES LÉGÈRES POUR MONTER.

SOPHIE ME TEND LE MIROIR DES VANITÉS ET JE MESURE LA PUISSANCE DE MON AMBITION DE CONSCIENCE.

JE NOMME LA NON-DUALITÉ, MAIS J'ÉCRIS TON NOM, UNITÉ.

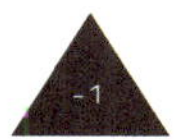

UN CANTIQUE QUANTIQUE

LE MENTAL INFÉRIEUR EST ASSOUPI, PLUS DE DOUTE (HEY MISS TIC, MISS TOQUE, TU TE PRENDS POUR QUI ?!).

CESSEZ DE CROIRE POUR COMMENCER À SAVOIR.

L'ÉNERGIE DE LA PENSÉE SE CRISTALLISE DANS LA MATIÈRE.

PIERRE TEILHARD DE CHARDIN DIT «IL N'Y A PAS, CONCRÈTEMENT, DE LA MATIÈRE ET DE L'ESPRIT: MAIS SEULEMENT DE LA MATIÈRE DEVENANT ESPRIT.».

ET L'INVERSE ?!

SI L'ESPRIT DEVIENT MATIÈRE ET LA MATIÈRE ESPRIT, JE SUIS RESPONSABLE, POUR LE MEILLEUR ET POUR LE PIRE. UNE SEULE PENSÉE EST SUFFISANTE POUR QUE MON CORPS S'EFFONDRE, QU'IMPORTE; UNE SEULE PENSÉE SUFFIRA À ME RENDRE INVINCIBLE.

LA RÉALITÉ A PERDU SON MASQUE. LA VRAIE RÉALITÉ, ELLE, EST ÉNORME.

LA SUBSTANCE CÉLESTE ENLÈVE SON PYJAMA, SORT DE SA CACHETTE ET RENTRE DANS LE TERRAIN DE JEU.

LA MÂYÂ[8] OU LE JEU INFINI ET MIROITANT DES POSSIBLES.

HEALING BOOOOM OU LA DANSE DE SHIVA

TOUT COMMENCE EN DANSANT. JE DANSE ET JE DÉPLOIE MES MAINS EN L'AIR COMME UN VAGUE SPECTACLE DE MARIONNETTES INVISIBLES ET BRÛLANTES. ÇA CHAUFFE, ÇA PICOTTE.

SUR CETTE TERRASSE DE MAISON DE POUPÉE LONDO-NIENNE, L'ÉCUREUIL QUI ME JETTE UN CAILLOU ME DIT: *VAS-Y MA GRANDE, C'EST ÇA, ESSAYE.*

JE LISSE L'AIR, LES ATOMES, LES BOSONS X ET LES CORPS, QUE SAIS-JE ENCORE. JE N'AI PAS D'ALPHABET POUR LIRE ET COMPRENDRE MAIS, À LA PLACE, UNE CERTITUDE QUI

BAT TOUS LES RECORDS: L'ESPACE QUI NOUS SÉPARE TOUS N'EST QU'UNE ÉNORME PÂTE À PIZZA. UNE NOUVELLE EXTASE DES SENS À PARTAGER. C'EST UNE SENSATION SI CLAIRE ET SI PRÉCISE, IL N'Y A PLUS DE DOUTE POSSIBLE. ÇA C'EST SÛR, ÇA C'EST SÛR, ÇA C'EST SÛR.

JE PRENDS LE BUS ET JE VOUS AIME.

«ENTRE TOI ET MOI, QUEL EST LE PLUS IMPORTANT ?» IMMÉDIATEMENT JE PENSAI «MOI», MAIS J'ÉPROUVAI UN PEU DE HONTE À L'AVOUER. MON HÉSITATION AMUSA LE SORCIER, CAR LA RÉPONSE QU'IL ATTENDAIT N'ÉTAIT NI «MOI» NI «TOI». ELLE ÉTAIT «ET». LE LIEN. THIERRY JANSSEN: «LA SOLUTION INTÉRIEURE».

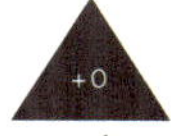

HYMNE EXPÉRIMENTAL

MAINTENANT LA CONSCIENCE, LA CONNAISSANCE DE LUI, DE ÇA, DE TOI, EST BIEN ÉTABLIE, TOUTE FERME ET DENSE, COMME MON CORPS APRÈS UNE LONGUE NAGE DANS UN LAC À 17°, ELLE EST LÀ TOUS LES JOURS, DEVANT MA TASSE DE THÉ, À VÉLO, EN VOLVO, EN AIMANT, EN NAGEANT, EN DANSANT, EN BUVANT UNE BIÈRE. JE VAIS CUIRE ÉTERNELLEMENT POUR TOI UN GÂTEAU EN FORME DE CŒUR.

JE MÉDITE ET JE M'ENTENDS TE DIRE «ORDONNE-MOI ET JE T'OBÉIRAI» ET TU ME RÉPONDS «TOI ORDONNE, ET J'OBÉIRAI».

TU ES PERCEPTIBLE, MULTICOLORE, BARIOLÉ, INFINI. *ALLMIGHTY.*

RAM RUM RIM ROM RUM.

SAT CHIT ANANDA.

QUE LA FORCE SOIT AVEC TOI ET MOI…

LE DESSIN DE LA VIE DIVINE EN 1'000 VOLUMES PEUT COMMENCER. JE NE SUIS PLUS TIMIDE.

JE PEUX ENFIN DIRE SIMPLEMENT, JE SUIS UNE MYSTIQUE, FOLLE DES DIEUX.

DONC JE DESSINE ET JE FABRIQUE (CAR QUE FAIRE D'AUTRE, SINON M'ASSEOIR POUR TOUJOURS ET SOURIRE VAGUEMENT).

JE DESSINE «DIEU», MAIS SANS DIEU NI MAÎTRE OU, PLUTÔT, AVEC TOUS LES DIEUX ET TOUS LES MAÎTRES.

LE GRAND RIRE COSMIQUE… MAIS AUSSI 30 MILLIONS DE DIEUX ET DÉESSES, BRAHMA, ZEUS, QUETZACOAL, ISIS, SHIVA, KRISHNA, JÉSUS, TOUTE LA COMPAGNIE; DIEU & CO. TOUS LES AMIS DES FOUS DES DIEUX. JE REPRÉSENTE LES DIEUX MAIS AUSSI L'ÉNERGIE, LE *PRANA*, LE *QI*, LA VIBRATION, LES BOSONS X, UNE MYRIADE DE CHOSES PROTÉIFORMES DANS LEUR PROCESSUS RELEVANT POSSIBLEMENT DU DIVIN. QUE CE SOIT UNE MONTAGNE, BOB L'ÉPONGE OU UN *SMILEY*, CE NE SONT POUR MOI QUE DES ALLÉGORIES, DES ICÔNES, DES ÉMANATIONS DU DIVIN. DES TOTEMS SANS TABOU.

LE VIDYARAMA OU MON PETIT SPECTACLE: DES PAYSAGES ENTIERS D'AMOUR TOUT NU SANS RIEN D'AUTRE.

DES PAYSAGES DE MONDE DANS DES MONDES, DANS DES MONDES INVISIBLES.

UN SHAMAN-BABA DEVENU LES PLANTES QU'IL CONNAÎT. UN GIGANTESQUE RIRE QUI S'EN FOUT DE TOUT. PARCE QU'IL SAIT.

DES ŒUFS AUX RHIZOMES EXTERNES MULTICOLORES.

DES *SMILEYS* QUI SE REPRODUISENT DANS TOUS LES SENS, BÉATEMENT.

30 MILLIONS DE DIEUX-BARBAPAPAS ET BARBAMAMAS, ET LEUR SMALA.

DES ESPRITS PARTOUT, SE RÉVÉLANT DANS LES INFRA-STRUCTURES DE LA MATIÈRE.

UNE MAMAN DÉESSE NUE ET RAYONNANTE AU SOMMET D'UNE MONTAGNE.

UN PÈRE VADOR QUI A APPRIS À RESPIRER ET S'EST LAISSÉ ENVAHIR PAR LA VIE.

UNE MÉDUSE-PAPE *BRIHASPATI*, QUI A REMPLACÉ SES 8 CHEVAUX PAR 8 ESTOMACS TRANSLUCIDES GÉANTS.

LES ORGANES INTERNES DU MAÎTRE SE RÉUNISSANT EN UN SEUL CŒUR.

UN DIEU BLEU QUI DANSE ET FAIT DU FOOTBALL AVEC DES MONDES MACROSCOPIQUES.

LE FILS ET LA FILLE DE M. ET MME UNTEL L'ÉTERNEL DANS UN IMMENSE TRIANGLE BLANC, PAR-DELÀ L'ESPACE ET LE TEMPS.

UN CHRIST QUI SE MATÉRIALISE DANS LA POUSSIÈRE PARCE QUE LA CONSCIENCE GLOBALE L'A DÉCIDÉ.

UN UNIVERS EN DEVENIR, TOUT NOIR.

UNE MONTAGNE DE SANG, UNE MONTAGNE DE SOLEIL ET UNE MONTAGNE DE CENDRES.

UNE DÉESSE PHOSPHORESCENTE JETTANT DES MÉTÉORI-TES PUSTULENTES DANS LE COSMOS.

UNE AUTRE AVEC TOUT L'OUTILLAGE, DÉPLAÇANT TOUS LES OBSTACLES.

UN MONT FUJI VERT ET ENNEIGÉ POUR TOUJOURS.

DES PETITS PAINS DE SEIGLES DE PONT SAINT ESPRIT[9] QUI RIGOLENT.

UN DIEU UNIQUE ET MULTIPLE, IMMANENT ET TRANSCENDANT, COMME: UN ÉNORME GLUCIDE, UN CŒUR D'ENDIVE, UN TROU NOIR, DE LA MOUSSE AUX FRAISES, LE BIG BANG QUI S'ARRÊTE NET.

DE L'AMOUR AVEC DU POIL, DU FROMAGE ET DE LA MUSIQUE AUTOUR.

LA TRINITÉ. CRÉATION, PRÉSERVATION, DESTRUCTION, COMME UN DISQUE RAYÉ.

L'APPARITION. LA MANIFESTATION. LA COUR DE RÉCRÉATION GLOBALE.

MAIS MA «MYSTIQUE» EST REBELLE À TOUTE MISE SOUS CONTRÔLE, MÊME AU NIVEAU DU LANGAGE LUI-MÊME, À MOINS D'ÊTRE EXPRIMÉE INDÉFINIMENT. JE LIS LES MYSTIQUES ET RECONNAIS LA GÉNÉALOGIE DE MON EXPÉRIENCE, MAIS JE DOIS ICI ME TAIRE, CONSCIENTE DE LA LIMITATION DE MES MOTS, ET REPRENDRE MON CRAYON À DESSIN, PLUS APTE À EXPRIMER ENCORE ET TOUJOURS CETTE VOLONTÉ FAITE DE SILENCE, DE COMPASSION ET D'AMOUR. PLUS APTE À S'INCLINER DEVANT LA SPLENDEUR D'UN RIRE COSMIQUE INFINI.

1 *STATEMENT OF BELIEF*
EN ANGLAIS: PROFESSION DE FOI.

2 *BPM*
ABBRÉVIATION ANGLAISE DE *BEAT PER MINUTE*. LE BATTEMENT PAR MINUTE EST UNE UNITÉ DE MESURE UTILISÉE POUR EXPRIMER LE TEMPO DE LA MUSIQUE OU LE RYTHME.

3 *ORANGE SUNSHINE*
LE LSD «ORANGE SUNSHINE» EST APPARU PENDANT L'ÉTÉ 1969 AUX ETATS-UNIS. IL AVAIT LA RÉPUTATION D'ÊTRE UN *ACIDE* DIFFÉRENT DES AUTRES GRÂCE À DES INFLUENCES COSMIQUES ET À UN KARMA SPÉCIAL.

4 *HATHA YOGA*
LE HATHA YOGA EST UNE DISCIPLINE D'HARMONISATION ET DE DÉVELOPPEMENT DES FACULTÉS PSYCHOLOGIQUES (CONCENTRATION, SÉRÉNITÉ) ET DES FACULTÉS CORPORELLES (FERMETÉ, SOUPLESSE), C'EST AUSSI LE YOGA LE PLUS CONNU DES OCCIDENTAUX. LE RAJA YOGA ASSOCIE TOUTES LES TECHNIQUES DE YOGA (YOGA DE LA CONNAISSANCE TRANSCENDANTE, YOGA DE LA DÉVOTION ET DE L'ADORATION, YOGA DU SERVICE ET DE L'ACTION DÉSINTÉRESSÉE, YOGA DE LA TECHNIQUE).

5 *SAT-CHIT-ANANDA*
LITTÉRALEMENT, EN SANSKRIT, «ÊTRE-CONSCIENCE-BÉATITUDE».

6 *BIOLOVARAMA*
NÉOLOGISME (SPECTACLE DE L'AMOUR DE LA VIE) ET TITRE D'UNE EXPOSITION PERSONNELLE AU MAMCO, GENÈVE, EN 2004.

7 *VIDYA, AVIDYA*
EN SANSKRIT VIDYA SIGNIFIE «QUI SE DIRIGE VERS LA LUMIÈRE OU LA CONNAISSANCE», CE QUI A LA CONNAISSANCE DE L'UNIQUE. «AVIDYA» SIGNIFIE «QUI SE DIRIGE VERS LES TÉNÈBRES OU L'IGNORANCE, CE QUI A LA CONNAISSANCE DU MULTIPLE», LA *NUIT OBSCURE* DES MYSTIQUES. DANS UNE APPROCHE NON-DUALISTE, «AVIDYA» ET «VIDYA» SONT COMPLÉMENTAIRES ET INDISSOCIABLES.

8 *MÂYÂ*
DANS LA PHILOSOPHIE SPÉCULATIVE VÉDIQUE, LA *MÂYÂ* EST L'ILLUSION D'UN MONDE PHYSIQUE QUE NOTRE CONSCIENCE CONSIDÈRE COMME LA RÉALITÉ. DE NOMBREUSES PHILOSOPHIES OU RECHERCHES SPIRITUELLES CHERCHENT À «PERCER LE VOILE» AFIN D'APERCEVOIR LA VÉRITÉ TRANSCENDANTE, D'OÙ S'ÉCOULE L'ILLUSION D'UNE RÉALITÉ PHYSIQUE. DANS L'HINDOUISME, ON PENSE QUE LA *MÂYÂ* EST L'UN DES TROIS LIENS QUI DOIVENT ÊTRE DÉNOUÉS AFIN DE RÉALISER LA *MOKSHA* (LIBÉRATION DU CYCLE DES RÉINCARNATIONS OU *SAMSARA*), LES DEUX AUTRES ÉTANT L'*ANAVA*, L'EGO OU CONSCIENCE DE SOI, ET LE *KARMA*, LA «LOI DES ACTES». LE CONCEPT DE *MÂYÂ* EST CENTRAL DANS LE *VÉDANTA* OÙ IL DÉSIGNE L'ILLUSION COSMIQUE, LE POUVOIR DE CRÉATION QUI ENGENDRE LE MONDE MANIFESTÉ SOUS LA FORME D'UN VOILE D'IGNORANCE QUI SE SURIMPOSE À L'ABSOLU, BRAHMAN. LE CONCEPT DE *MÂYÂ* DEVIENT NÉGATIF DANS LE BOUDDHISME *MAHÂYÂNA*, QUI DÉSIGNE *MÂYÂ* COMME L'ABSENCE DE NATURE PROPRE DES PHÉNOMÈNES, LA VACUITÉ.

9 *PONT-SAINT-ESPRIT*
LA NUIT DU 24 AOÛT 1951, 300 HABITANTS DE PONT-SAINT-ESPRIT DANS LE GARD ONT ÉTÉ PRIS DE TERRIFIANTES HALLUCINATIONS QUI ONT DURÉ DES SEMAINES; 30 SONT INTERNÉS EN HÔPITAL PSYCHIATRIQUE, SEPT MOURRONT. TOUS ONT MANGÉ UN PAIN TOXIQUE, EMPOISONNÉ, MAIS PAR QUOI? ON DÉCOUVRE QUE LA LUMIÈRE N'A JAMAIS ÉTÉ FAITE SUR LES CAUSES DE L'INTOXICATION. L'ERGOTISME, MALADIE DUE À LA CONTAMINATION PAR UN PARASITE DU BLÉ ET DONT LES HALLUCINATIONS SONT COMPARÉES À CELLES DU LSD, EST ÉCARTÉ. ON ÉVOQUERA, POUR LES ÉCARTER AUSSI, LA CONTAMINATION PAR LE MERCURE, LES EAUX POLLUÉES, LES PRODUITS DE BLANCHIMENT. EN FAIT, DIT KAPLAN, LA CAUSE LA PLUS PROBABLE EST SANS DOUTE LA PRÉSENCE DE MYCOTOXINES, MAIS ON N'A AUCUNE CERTITUDE. ON N'A MÊME PAS ÉCARTÉ DÉFINITIVEMENT LA CONTAMINATION CRIMINELLE PAR UNE MOLÉCULE EXTRAITE DE L'ERGOT.

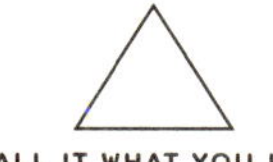

CALL IT WHAT YOU LIKE
STATEMENT OF BELIEF
AUGUST 15, 2008

THE WHOLE UNIVERSE IS AFLAME.
LET THE STARRY IMMENSITIES THEREFORE EXPAND INTO AN EVER MORE PRODIGIOUS REPOSITORY OF ASSEMBLED SUNS; LET THE LIGHT RAYS PROLONG INDEFINITELY, AT EACH END OF THE SPECTRUM, THE RANGE OF THEIR HUES AND THEIR PENETRATIVE POWER.
LET LIFE DRAW FROM YET MORE DISTANT SOURCES THE SAP WHICH FLOWS THROUGH ITS INNUMERABLE BRANCHES; AND LET US GO ON AND ON ENDLESSLY INCREASING OUR PERCEPTION OF THE HIDDEN POWERS THAT SLUMBER, AND THE INFINITESIMALLY TINY ONES THAT SWARM ABOUT US, AND THE IMMENSITIES THAT ESCAPE US BECAUSE THEY APPEAR TO US SIMPLY AS A POINT.

— PIERRE TEILHARD DE CHARDIN, *HYMN TO THE UNIVERSE*, TRANS. SIMON BARTHOLOMEW (NEW YORK: HARPER & ROW, 1961)

IN THIS PLAYHOUSE OF INFINITE FORMS I HAVE HAD MY PLAY AND HERE I HAVE CAUGHT SIGHT OF HIM THAT IS FORMLESS.
I DIVE DOWN INTO THE DEPTH OF THE OCEAN OF FORMS, HOPING TO GAIN THE PERFECT PEARL OF THE FORMLESS.

— RABINDRANATH TAGORE, *SONG OFFERINGS* (LONDON: MACMILLAN, 1912)

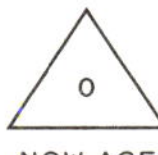

NOW AGE

IF WRITING IS ALMOST LIKE DRAWING, I'M GOING TO TRY TO REPLACE LINES BY WORDS, COLORS BY IMPRESSIONS, TEXTURES BY MEANING.

IT STARTS NOW, AND IT'S LIKE SEEING YOUR LIFE FLASH BEFORE YOUR EYES JUST BEFORE YOU DIE—SEEING A TINY LIGHT AT THE END OF THE TUNNEL.

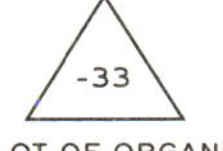

CLOT OF ORGANS

I CHOOSE MY PARENTS, PLUNGING INTO A HAYSTACK ON A STORMY AFTERNOON. TWO MONTHS LATER, FROM THE UTERINE DEPTHS I HEAR TERRY RILEY'S *RAINBOW IN CURVED AIR,* AT THE MOMENT THAT MY BEGETTERS ARE GETTING MARRIED IN CHURCH. MAYBE THIS WAS THE FORMATIVE EXPERIENCE OF MY PERSONAL MYTHOLOGY. BUT EVERYTHING WILL HAVE TO BE FORGOTTEN IN ORDER TO *RE-BECOME.* I WANT TO BE BORN. I'M A BODY. WHAT, IN SHORT, COULD BE MORE NATURAL?

IN THE BLUE HOUSE THERE IS LONG HAIR, MACRO-ORGANIC RICE, AND THE COMPLETE WORKS OF WELEDA. PEOPLE TALK OF LOVE AND LIGHT. LOTS OF ADULTS MEDITATING; IT SEEMS TO ME THAT THERE'S MORE OXYGEN EVERYWHERE, THAT EVERYTHING IS LIGHT AND SPARKLING.

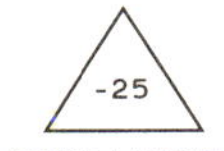

COSMIC LAUGHTER

I'M NOT SLEEPING, I'M THINKING, AND SUDDENLY A HUGE, DEMENTED LAUGH COMES FROM THE UPPER RIGHT CORNER OF MY BEDROOM.

MY FIRST AUDITORY HALLUCINATION, OR MY FIRST EN-COUNTER OF THE FOURTH KIND?

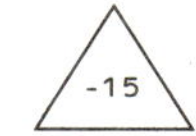

LYSERGIC EPIPHANY

ON THIS NIGHT IN AUGUST I FALL IN LOVE, KNEES DEEP IN THE FLUORESCENCE OF THE TALL GRASS. I FALL IN ORDER TO RISE—IN LOVE.

I HAD TO LEAVE THE GROUP THAT WAS BARBECUING THE MEAT. TO PUT MYSELF ON THE FRINGES OF COLLECTIVE AWARENESS IN ORDER TO FINALLY MAKE A BREAK. SO I HEAD, IN JUST A SIMPLE DRESS, FOR THE EDGE OF THE REALM—THE REALM OF REASON.

BEYOND A LOW WALL, THE COUNTRYSIDE OPENS VAST BENEATH THE SETTING SKY.

THE MUSIC FADES IN THE DISTANCE. A TOTALLY PURE SONG RISES WITHIN ME. I TURN MY FACE TO THE SKY, CLOSE MY EYES, AND FINALLY SEE: THAT IS SO BEAUTIFUL, THAT SINGS, PLAYS MUSIC, AND THEN SENDS ME ACROSS THE UNIVERSE BEFORE PLAYING THE GREAT GAME OF "I'LL CRUSH YOU."

I TURN INTO CONFETTI. I'M LESS THAN DUST OR X BOSONS OF LIGHT, YET SIMULTANEOUSLY FILLED WITH A COMPLETELY BLACK VOID, STUFFED WITH ENERGY. IN A TOTAL DISINTEGRATION OF MY PSYCHIC AND PHYSICAL EGO, I BECOME THE COSMOS.

I DON'T BELIEVE IN GOD, I *KNOW* GOD. I KNOW BECAUSE HOW CAN YOU DOUBT WHEN FACED WITH SO MUCH LOVE, SUCH GREAT HUMOR, SUCH UNHEARD-OF BEAUTY? I WEEP—HOLY WATER!? AS THE ENGLISH SAYING GOES, "THE PROOF OF THE PUDDING IS IN THE EATING." IT'S A BUFFET GALORE.

I'VE ALREADY REACHED THE AGE OF MAJORITY, BUT I'VE ONLY JUST BEEN BORN INTO JOY.

ANTS CONTINUE TO ADORE THEIR WORK ON MY ARMS AND BUTTERFLIES ARE ABSORBED INTO MY HAIR, ONLY TO BE REBORN AS FIREFLIES IN MY BODY. I NOW WALK WITH SEVEN-LEAGUE BARE FEET, WITH MY EYES, I OVERCOME THE TRAINED GUARD DOGS THAT LEAP AT MY THROAT, AND I TALK TO EVERY LEAF OF LETTUCE IN ORDER TO TELL IT OF ITS PAST, PRESENT, AND FUTURE. MY BRAIN: A VAMPIRE'S VAULT FINALLY EXPOSED TO DAYLIGHT.

I TAKE A PLANE FOR THE FIRST TIME, AND SOAR ABOVE EARTH THANKS TO A MAGIC PILL AND A PLASTIC WALKMAN. I'M A "PSYCHONAUT" WHO HAS DISCOVERED THE SUN. THE TOY BOX IS NOW FULLY OPEN.

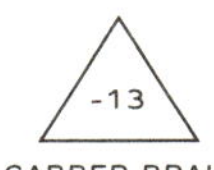

GABBER BRAIN

THE TOY BOX EXPLODES UNDER THE BPM. [1]

CAROLINE AND I LEARNED THE BASICS OF HOW WE'D REINVENT THE WORLD IN A WONDERFUL "SUMMER OF LOVE." I'M ON THE VERGE OF ENTERING THE WINTER OF LOVE.

I BOLDLY FOLLOWED THE TRIBES IN AN ICY SPIRAL. MY SKULL HAS BEEN SHAVED, YET WISDOM STILL SEEMS A LONG WAY OFF.

THE PROBLEM WITH CHEMICAL MOUNTAINEERING, WITHOUT A GUIDE, IS THAT IT CAN TURN INTO SPELUNKING.

THE PROBLEM WITH SPELUNKING IS THAT WITHOUT A FLASHLIGHT YOU COULD FIND YOURSELF STUCK CRAWLING, ENDLESSLY, IN MEANDERING BLACK HOLES THE SIZE OF A PINHEAD, OR IN SOME TRANSPARENT, ACCESSIBLE, AND VULNERABLE BUBBLE.

THUS REVELATION CONTINUES TO BE STUPEFYING—AND PAINFUL. I'M OUT OF BREATH, AND OUT OF LUNGS. IT MEANS GATHERING UP THE LITTLE PIECES THAT LIE SCATTERED AROUND, RECONSTRUCTING *REALITY* HERE, THE *DREAM–HALLUCINATION–NIGHTMARE* HERE.

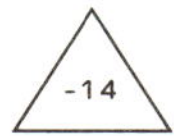

THE DEATH OF THE AUTHOR'S EGO?

SHARING WORK, IN THE ILLUSION OF SUBMERGING EGO IN A LARGER EGO. SEVEN YEARS OF THE POLITICS OF ECSTASY AND ACID COLORS. REFLECTING, SHARING, AND LEARNING WITH JEAN-MICHEL, MY DRAGONFLY TWIN, THE OTHER EYE THAT COPILOTS THE HELICOPTER FLYING OVER THE PSYCHIC LANDSCAPES.

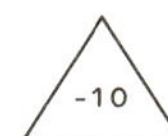

MASTER, DISCIPLINE, MASTERY

I HAD MY FIRST TASTE OF ORANGE SUNSHINE [2] AND NOW I WANT TO DRINK THE NECTAR EVERY DAY. BUT DIFFERENTLY. GENTLY, WITH OTHER TOOLS, OTHER TECHNIQUES. FLYING IN A QUIET HOT-AIR BALLOON RATHER THAN A FIGHTER PLANE.

I SUSPECT THAT EVERYTHING IS NATURALLY WITHIN REACH: ORANGES, ORANGE-SQUEEZER, GLASS. *YOU JUST HAVE TO …*

THE NECTAR—THAT SUPREME FOUNT—IS SIMULTANEOUSLY INSIDE AND OUTSIDE. SO I NEED A MASTER WHO WILL GIVE ME THE TECHNIQUES TO ALLOW ME TO ACQUIRE THAT KNOWLEDGE, THE WAY I HAD A TEACHER WHO TAUGHT ME TO READ: A MASTER FOR AS LONG AS I AM NOT MY OWN MASTER.

WHAT I WANT IS: TO FIND WHAT I'VE NEVER LOST, FIND THE ANSWERS TO QUESTIONS I'VE NEVER ASKED.

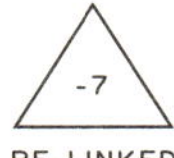

RE-LINKED

I PUT RAJA BEFORE HATHA, [3] BUT THAT DOESN'T MATTER, IT'S NOT EASY TO LEARN THAT ECSTASY AND LIBERATION ARE ACHIEVED THROUGH DISCIPLINE AND RIGOR.

RAM RUM RIM ROM RUM.

TWIST AND BEND YOUR BODY TO TAME THE MIND, MAKING IT MORE SUPPLE, ABANDONING AND DAMAGING YOURSELF IN THE PURE BLISS OF THE AWARENESS OF BEING. AC-COMPLISH *SAT-CHIT-ANANDA,* [4] A PHRASE THAT I HEARD AS A LITTLE KID: EXISTENCE, CONSCIOUSNESS, BLISS.

MY SISTER JESSY YOGINI WILL TEACH ME THE *TAT-TVAM-ASI*: THOU ARE THAT.

AND THEN ASK MYSELF AGAIN—DO I HAVE A MISSION? TO GIVE OF MYSELF, TO MYSELF AND TO OTHERS, AS MUCH AS POSSIBLE. LOVE IN MY BODY, IN MY HEART, IN MY ART. BIOLOVARAMA. [5]

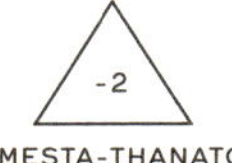

TEMESTA-THANATOS

THE DARK NIGHT OF THE SOUL FELL SWIFTLY. DEATH AND RESURRECTION AT THE ETERNAL AGE OF THE COSMIC CHRIST. UNIVERSESREVINU.

OR, THE MOMENT WHEN VIDYA MEETS AVIDYA. [6]

I DISCOVER THAT SHADOWS EXIST, SO I DON'T WANT TO EXIST ANY LONGER.

IN THE DARKNESS MY PERSONAL ALIEN CALLS TO ME, TRIES TO BECOME HIS FULL SELF, BUT HE'S SO UGLY! I THROW UP, I SHAKE, HE'LL TEAR ME APART AND SEND ME TO AN ASYLUM FOR THE ALIENATED. I DON'T YET REALIZE THAT ALIEN NEEDS LOVE, LIKE EVERYONE ELSE. COME, MY LITTLE MONSTER, COME OUT OF YOUR CLOSET, I'M SO SORRY I SHUT YOU UP FOR SO LONG. I HAVE TO LEARN THAT YOU DON'T BECOME LUMINOUS BY LOOKING AT THE LIGHT, BUT BY DIVING INTO DARKNESS. I MUST LEARN NOT BE AFRAID OF TRANCES AND CATALEPSY—THEY'RE DANCES TO GENERATE HEAVY ENERGIES FOR DESCENDING, AND LIGHT ENERGIES FOR RISING UP.

I HAND MYSELF THE MIRROR OF VANITIES AND I WEIGH UP THE POWER OF MY DRIVE FOR AWARENESS.

I SAY NON-DUALITY, BUT I WRITE YOUR NAME, UNITY.

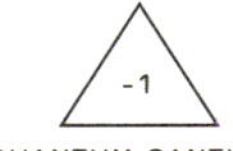

QUANTUM CANTICLE

THE LOWER CONSCIOUSNESS HAS DOZED OFF, NO DOUBT ABOUT IT (HEY MISS TEAK, MISS TAKE, WHO DO YOU THINK YOU ARE?!).

STOP BELIEVING TO BEGIN KNOWING.

THE ENERGY OF THOUGHTS CRYSTALLIZES INTO MATTER. PIERRE TEILHARD DE CHARDIN SAID, "CONCRETELY, THERE IS NO MATTER AND MIND; BUT ONLY MATTER BECOMING MIND."

AND THE OPPOSITE?!

IF MIND BECOMES MATTER, AND MATTER, MIND, I'M RESPONSIBLE, FOR BETTER OR WORSE. A SINGLE THOUGHT IS SUFFICIENT TO MAKE MY BODY COLLAPSE; NO MATTER, A SINGLE THOUGHT WILL SUFFICE TO MAKE ME INVINCIBLE.

REALITY HAS LOST ITS MASK. THE TRUE REALITY, THOUGH, IS HUGE.

CELESTIAL SUBSTANCE TAKES OFF ITS PYJAMAS, LEAVES ITS HIDING PLACE, AND RUNS ONTO THE PLAYING FIELD. MAYA,[7] OR THE INFINITELY DAZZLING GAME OF POSSIBILITIES.

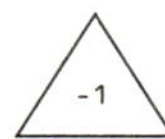

HEALING BOOOOOM, OR THE DANCE OF SHIVA

EVERYTHING BEGINS WITH A DANCE. I DANCE AND WAVE MY ARMS IN THE AIR LIKE A VAGUE SHOW OF INVISIBLE, BURNING MARIONETTES. IT'S HOT AND IT PRICKLES.

ON THIS TERRACE IN A DOLL'S HOUSE IN LONDON, THE SQUIRREL WHO THROWS A STONE AT ME SAYS, "GO AHEAD, GIRL, THAT'S IT—TRY."

I SMOOTH OUT THE AIR, THE ATOMS, THE X BOSONS AND BODIES, WHATEVER. I DON'T HAVE AN ALPHABET FOR READING AND UNDERSTANDING, BUT INSTEAD I HAVE A RECORD-BEATING CERTAINTY: THE SPACE SEPARATING US IS JUST ENDLESS PIZZA DOUGH. A NEW SENSORY ECSTASY TO SHARE. THE FEELING IS SO CLEAR AND PRECISE, THERE CAN BE NO DOUBT ABOUT IT. THAT IS FOR SURE, THAT IS FOR SURE, THAT IS FOR SURE.

I TAKE THE BUS, I LOVE YOU.

"BETWEEN YOU AND ME, WHAT'S MOST IMPORTANT?" I IMMEDIATELY THOUGHT "ME," BUT I WAS A LITTLE ASHAMED TO ADMIT IT. MY HESITATION AMUSED THE SORCERER, BECAUSE THE ANSWER HE WAS EXPECTING WAS NEITHER "ME" NOR "YOU." IT WAS "AND"—THE CONNECTION. THIERRY JANSSEN: "THE INNER SOLUTION."

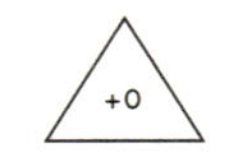

EXPERIMENTAL HYMN

NOW CONSCIOUSNESS, CONSCIOUSNESS OF SELF, OF THAT, OF YOU, IS WELL ESTABLISHED—FIRM AND SOLID—LIKE MY BODY AFTER A LONG SWIM IN A 60-DEGREE LAKE, IT IS THERE EVERY DAY, IN FRONT OF MY CUP OF TEA, ON THE BIKE, IN THE VOLVO, WHILE LOVING, SWIMMING, DANCING, DRINKING A BEER. I'LL BAKE YOU A CAKE IN THE SHAPE OF A HEART FOREVER AND EVER.

I MEDITATE AND I HEAR MYSELF SAY, "ORDER ME AND I SHALL OBEY," AND YOU REPLY, "YOU ORDER, I'LL OBEY."

YOU ARE PERCEPTIBLE, MANY-COLORED, GAUDY, INFINITE. ALMIGHTY.

RAM RUM RIM ROM RUM.

SAT CHIT ANANDA.

MAY THE FORCE BE WITH YOU AND ME …

THE DRAWING OF DIVINE LIFE, IN ONE THOUSAND VOLUMES, CAN BEGIN. I'M NO LONGER SHY.

I CAN FINALLY SAY, STRAIGHT OUT, I'M A MYSTIC, I'M CRAZY ABOUT THE GODS. SO I DRAW AND I MAKE (BECAUSE WHAT ELSE CAN I DO, EXCEPT SIT DOWN FOREVER WITH A VAGUE SMILE?).

I DRAW "GOD," BUT WITHOUT GOD OR MASTER, OR, RATHER, WITH ALL GODS AND ALL MASTERS. THE GREAT COSMIC LAUGHTER… AND ALSO THIRTY MILLION GODS AND GODDESSES, BRAHMA, ZEUS, QUETZALCOATL, ISIS, SHIVA, KRISHNA, JESUS, THE WHOLE LOT OF THEM, GOD & CO. ALL FRIENDS OF THE GOD FANATICS. I PICTURE THE GODS BUT ALSO ENERGY, *PRANA, QI,* X BOSONS, VIBRATIONS, A MYRIAD OF PROTEAN THINGS IN PROCESSES POSSIBLY RELATED TO THE DIVINE. WHETHER IT'S A MOUNTAIN, SPONGEBOB, OR A SMILEY, TO ME THEY'RE ALL JUST ALLEGORIES, ICONS, EMANATIONS OF THE DIVINE. TOTEMS WITHOUT TABOOS.

THE VIDYARAMA, OR, MY OWN LITTLE SHOW: ENTIRE LANDSCAPES OF TOTALLY NAKED LOVE, NOTHING ELSE.

LANDSCAPES OF THE WORLD, IN THE WORLDS, INVISIBLE WORLDS.

A SHAMAN-BABA WHO BECOMES THE PLANTS HE KNOWS. A GIGANTIC LAUGH THAT DOESN'T CARE ABOUT ANYTHING. BECAUSE IT KNOWS.

EGGS WITH EXTERNAL, MULTICOLORED ROOTSTALKS.

SMILEYS THAT REPRODUCE, BLISSFULLY, IN EVERY DIRECTION.

30 MILLION GOD-BARBAPAPAS AND BAREAMAMAS, WITH THEIR ENTIRE CLAN.

SPIRITS EVERYWHERE, POPPING UP IN THE INFRASTRUCTURES OF MATTER.

A SHINING NUDE MOTHER-GODDESS ATOP A MOUNTAIN.

A FATHER VADOR WHO HAS LEARNED TO BREATHE AND LETS HIMSELF BE FILLED WITH LIFE.

A POPISH, JELLYFISH-LIKE *BRIHASPATI*[8] WHOSE EIGHT HORSES HAVE BEEN REPLACED BY EIGHT GIANT, TRANSLUCENT STOMACHS.

THE INTERNAL ORGANS OF THE MASTER COMING TOGETHER IN A SINGLE HEART.

A BLUE GOD WHO DANCES AND PLAYS SOCCER WITH MACROSCOPIC WORLDS.

THE SON AND DAUGHTER OF MR. AND MRS. ETERNAL SO-AND-SO IN AN IMMENSE WHITE TRIANGLE, BEYOND SPACE AND TIME.

A CHRIST WHO MATERIALIZES AS DUST BECAUSE GLOBAL CONSCIOUSNESS DECIDED THUS.

AN EVOLVING UNIVERSE, ALL DARK.
A MOUNTAIN OF BLOOD, A MOUNTAIN OF SUN, AND A MOUNTAIN OF ASH.

A PHOSPHORESCENT GODDESS THROWING PUSTULAR METEORITES INTO THE COSMOS.

ANOTHER GODDESS WITH A COMPLETE SET OF TOOLS, REMOVING ALL OBSTACLES.

A GREEN, ETERNALLY SNOWY MONT FUJI.

LAUGHING RYE-BREAD ROLLS FROM PONT-SAINT-ESPRIT.[9]

A SINGLE YET MULTIPLE GOD, IMMANENT AND TRANSCENDENT, LIKE A HUGE CARBOHYDRATE, A CORE OF CHICORY, A BLACK HOLE, STRAWBERRY MOUSSE, THE BIG BANG FROZEN IN MID-ACTION.

PURE LOVE WRAPPED IN FUR, CHEESE, AND MUSIC.

THE TRINITY. CREATION, PRESERVATION, DESTRUCTION, LIKE A SCRATCHED RECORD.

APPARITION. MANIFESTATION. THE GLOBAL PLAYGROUND.

BUT MY "MYSTIC" REJECTS ANY OUTSIDE CONTROL, EVEN AT THE LEVEL OF LANGUAGE ITSELF, UNLESS IT'S EXPRESSED INDEFINITELY. I READ MYSTICS AND RECOGNIZE THE GENEALOGY OF MY EXPERIENCE, BUT I MUST NOW FALL SILENT, AWARE OF THE LIMITATIONS OF MY WORDS, AND PICK UP MY SKETCHING PENCIL, WHICH IS BETTER SUITED TO EXPRESS YET AGAIN A DETERMINATION BRED OF SILENCE, COMPASSION, AND LOVE. MORE SUITED TO BOW BEFORE THE SPLENDOR OF INFINITE, COSMIC LAUGHTER.

1 *BPM*
BEATS PER MINUTE, THE UNIT OF MEASURE FOR MUSICAL TEMPO AND RHYTHM.

2 *ORANGE SUNSHINE*
"ORANGE SUNSHINE" WAS A VARIETY OF LSD THAT APPEARED IN THE U.S. IN THE SUMMER OF 1969. IT WAS REPUTED TO BE DIFFERENT FROM OTHER KINDS OF ACID THANKS TO COSMIC INFLUENCES AND SPECIAL KARMA.

3 *HATHA YOGA, RAJA YOGA*
HATHA YOGA IS THE TYPE OF YOGA MOST FAMILIAR TO WESTERNERS, AND IT INVOLVES THE HARMONIZATION AND DEVELOPMENT OF FACULTIES BOTH MENTAL (CONCENTRATION, SERENITY) AND PHYSICAL (SUPPLENESS, MUSCLE TONE). RAJA YOGA COMBINES ALL THE TECHNIQUES OF YOGA—THE YOGA OF TRANSCENDENTAL AWARENESS, THE YOGA OF DEVOTION AND ADORATION, THE YOGA OF SERVICE AND SELFLESS ACTION, THE YOGAS OF TECHNIQUE (HATHA YOGA, KUNDALINI YOGA, TANTRIC YOGA, NIDRA YOGA, AND OTHERS).

4 *SAT-CHIT-ANANDA*
IN SANSKRIT, SAT-CHIT-ANANDA IS TRIPLE CONSCIOUSNESS: SAT IS EXISTENCE, CHIT IS CONSCIOUSNESS, AND ANANDA IS BLISS

5 *BIOLOVARAMA*
A NEOLOGISM MEANING "THE SPECTACLE OF LOVING LIFE" AND ALSO THE TITLE OF A SOLO SHOW AT MAMCO, GENEVA, IN 2004.

6 *VIDYA, AVIDYA*
IN SANSKRIT, VIDYA MEANS "SEEKS LIGHT AND KNOWLEDGE, HAVING KNOWLEDGE OF THE UNIQUE." AVIDYA MEANS "SEEKS DARKNESS AND IGNORANCE, HAVING KNOWLEDGE OF THE MULTIPLE"—THE *DARK NIGHT* OF MYSTICS. IN A NON-DUALIST CONTEXT, VIDYA AND AVIDYA ARE COMPLEMENTARY AND INDISSOCIABLE.

7 *MAYA*
IN SPECULATIVE VEDIC PHILOSOPHY, MAYA IS THE ILLUSION OF A PHYSICAL WORLD THAT OUR MIND TAKES FOR REALITY. MANY PHILOSOPHIES AND SPIRITUAL PATHS SEEK TO "PIERCE THE VEIL" IN ORDER TO PERCEIVE TRANSCENDENT REALITY, FROM THE ILLUSION OF PHYSICAL REALITY IS DERIVED. HINDUISM FEELS THAT MAYA IS PART OF THE THREEFOLD BONDAGE THAT MUST BE UNDONE IN ORDER TO ATTAIN MOKSHA (LIBERATION FROM THE CYCLE OF REINCARNATIONS, OR SAMSARA), THE TWO OTHERS BEING ANAVA (EGO OR SELF-CONSCIOUSNESS) AND KARMA ("THE LAW OF DEEDS"). THE CONCEPT OF MAYA IS CENTRAL TO VEDANTA WHERE IT DESIGNATES COSMIC ILLUSION, THE CREATIVE POWER THAT ENGENDERS THE WORLD MANIFESTED IN THE FORM OF A VEIL OF IGNORANCE CAST OVER THE ABSOLUTE, BRAHMAN. IN MAHAYANA BUDDHISM THE CONCEPT OF MAYA BECOMES NEGATIVE, BEING THE ABSENCE OF NATURE SPECIFIC TO PHENOMENA, EMPTINESS.

8 *BRIHASPATI*
BRIHASPATI (OR BRAHMANASPATI) IS THE NAME OF A VEDIC DEITY, PERSONIFICATION OF PIETY AND RELIGION, THE CHIEF OFFERER OF PRAYERS AND SACRIFICES, REPRESENTED AS THE PUROHITA OF THE GODS WITH WHOM HE INTERCEDES ON BEHALF OF HUMANKIND.

9 *PONT-SAINT-ESPRIT*
ON THE NIGHT OF AUGUST 24, 1951, THREE HUNDRED INHABITANTS OF PONT-SAINT-ESPRIT IN SOUTHERN FRANCE WERE STRUCK BY TERRIFYING HALLUCINATIONS THAT LASTED SEVERAL WEEKS. THIRTY PEOPLE WERE ADMITTED TO PSYCHIATRIC HOSPITALS, SEVEN DIED. ALL HAD EATEN A BREAD THAT WAS POISONED—BUT BY WHAT? FULL LIGHT HAS NEVER BEEN SHED ON THE CAUSE OF POISONING. ERGOTISM, A DISEASE CAUSED BY A WHEAT FUNGUS, WHICH CAN TRIGGER LSD-LIKE HALLUCINATIONS, WAS RULED OUT. ALSO RULED OUT WERE MERCURY POISONING, POLLUTED WATER, AND BLEACHING PRODUCTS. IN FACT, ACCORDING TO KAPLAN, THE MOST LIKELY CAUSE WAS THE PRESENCE OF MYCOTOXINS, ALTHOUGH WE CAN'T BE CERTAIN. NOR HAS THE POSSIBILITY OF CRIMINAL POISONING, USING A MOLECULE DERIVED FROM ERGOT, BEEN COMPLETELY ELIMINATED.

80–81   *CALL IT WHAT YOU LIKE*, 2008
WATERCOLOR, GOUACHE, COLORED PENCIL,
AND PENCIL ON PAPER
26 x 47 CM

82–83   *HYMNE EXPÉRIMENTAL*, 2008
WATERCOLOR, GOUACHE, COLORED PENCIL,
AND PENCIL ON PAPER
26 x 47 CM

84–85   *HELLO DARLING, ARE YOU EATING*, 2007
WATERCOLOR, GOUACHE, ACRYLIC, COLORED
PENCIL, AND PENCIL ON PAPER
62.5 x 82.5 CM

86–87   *YEAR 2035 (SMILING AND MOVING FLESH
MOUNTAIN)*, 2008
WATERCOLOR, GOUACHE, ACRYLIC, COLORED
PENCIL, AND PENCIL ON PAPER
31 x 44.5 CM

88   *SMILEY TRANSMIGRATION*, 2006
WATERCOLOR, GOUACHE, ACRYLIC, COLORED
PENCIL, AND PENCIL ON PAPER
50.5 x 65.5 CM

89   *ATOMIC BALINESE SMILE*, 2006
WATERCOLOR, GOUACHE, ACRYLIC, COLORED
PENCIL, AND PENCIL ON PAPER
22 x 26.5 CM

90   *CHEESY BALINESE CAT*, 2006
WATERCOLOR, GOUACHE, ACRYLIC, COLORED
PENCIL, AND PENCIL ON ANTIQUE PAPER
50 x 65 CM

91   *CHÈVRE COSMIQUE BALINAISE*, 2006
WATERCOLOR, GOUACHE, COLORED PENCIL,
AND PENCIL, ON INDIAN PAPER
20 x 30 CM

92   *BALINESE GIANT SMILE*, 2007
WATERCOLOR, GOUACHE, COLORED PENCIL,
AND PENCIL ON ANTIQUE PAPER
145 x 95.5 CM

94–95   *RISING EYE 1 + 2*, 2007
WATERCOLOR, GOUACHE, COLORED PENCIL,
AND PENCIL ON INDIAN PAPER
DIPTYCH, 44 x 30 CM EACH

96   *A GOD DOUBTING*, 2008
WATERCOLOR, GOUACHE, COLORED PENCIL,
AND PENCIL ON ANTIQUE PAPER
40 x 37 CM

97   *COSTUME DE CŒUR*, 2008
WATERCOLOR, GOUACHE, COLORED PENCIL,
AND PENCIL ON ANTIQUE PAPER
40 x 37 CM

98   *NEW BORN*, 2008
WATERCOLOR, GOUACHE, ACRYLIC, COLORED
PENCIL, AND PENCIL ON ANTIQUE PAPER
79 x 55.5 CM

100   *ROOTSTHING + ATOMIC MUSHROOM*, 2007
WATERCOLOR, GOUACHE, COLORED PENCIL,
AND PENCIL ON PAPER
31 x 40.5 CM

101   *LIMACE*, 2006
WATERCOLOR, COLORED PENCIL, AND PENCIL
ON PAPER
31 x 44.5 CM

102   *THE EYE IN THE SKY*, 2008
WATERCOLOR, GOUACHE, COLORED PENCIL,
AND PENCIL ON PAPER
8.8 x 11.8 CM

103   *IL FAIT PIPI*, 2008
WATERCOLOR, COLORED PENCIL, AND PENCIL
ON PAPER
36 x 15 CM

104   *SELF-PORTRAIT CRAZY*, 2008
WATERCOLOR, GOUACHE, COLORED PENCIL,
AND PENCIL ON PAPER
29 x 20 CM

106–107   *QUI ME VOIT PARTOUT…*, 2007
WATERCOLOR, GOUACHE, COLORED PENCIL,
AND PENCIL ON PAPER
25.5 x 30.5 CM

108–109   *INSPIRE, EXPIRE*, 2007
WATERCOLOR, GOUACHE, COLORED PENCIL,
AND PENCIL ON PAPER
19 x 50 CM

110   *CHRIST CO(S)MIQUE*, 2007
WATERCOLOR, GOUACHE, ACRYLIC, COLORED
PENCIL, AND PENCIL ON ANTIQUE PAPER
53 x 38 CM

113   *SHIVA SHAMPOO*, 2008
WATERCOLOR, GOUACHE, ACRYLIC, COLORED
PENCIL, AND PENCIL ON ANTIQUE PAPER
37 x 25 CM

114   *BARBAPHONE*, 2007
PENCIL ON PAPER
20 x 15 CM

115   *BARBABAYOGYOG*, 2007–2008
WATERCOLOR, GOUACHE, ACRYLIC, COLORED
PENCIL, AND PENCIL ON PAPER
56 x 42 CM

116   *MA SOURCE ROSE (BAD TRIP)*, 2005
COLORED PENCIL AND PENCIL ON PAPER
29.7 x 21 CM

117   *MINI BOB*, 2007
WATERCOLOR, GOUACHE, COLORED PENCIL,
AND PENCIL ON PAPER
14.5 x 9.5 CM

119   *HUGE REALITY*, 2007
WATERCOLOR, GOUACHE, ACRYLIC, COLORED
PENCIL, AND PENCIL ON PAPER
100 x 150 CM

120   *ROT GAZ*, 2007
WATERCOLOR, GOUACHE, COLORED PENCIL,
AND PENCIL ON PAPER
50 x 70 CM

121   *GAZ VALLEY*, 2007
WATERCOLOR, GOUACHE, COLORED PENCIL,
AND PENCIL ON PAPER
50 x 70 CM

122–123   *MUCUS MOUNTAIN*, 2006
WATERCOLOR, GOUACHE, COLORED PENCIL,
AND PENCIL ON PAPER
70 x 100 CM

124   *SOUL SANDWICH*, 2006
WATERCOLOR, GOUACHE, ACRYLIC, COLORED
PENCIL, AND PENCIL ON PAPER
66 x 100 CM

126   *BAKTI ELEPHANT*, 2007
WATERCOLOR, GOUACHE, ACRYLIC, COLORED
PENCIL, AND PENCIL ON CARDBOARD
59 x 42 CM

127   *BAKTI EYE*, 2007
WATERCOLOR, GOUACHE, ACRYLIC, COLORED
PENCIL, AND PENCIL ON CARDBOARD
59 x 42 CM

129   *BAKTI MOTHER*, 2007
WATERCOLOR, GOUACHE, ACRYLIC, COLORED
PENCIL, AND PENCIL ON CARDBOARD
59 x 42 CM

130–131   *CAT WHEEL + COSMIC SMILE*, 2007
WATERCOLOR, GOUACHE, ACRYLIC, COLORED
PENCIL, AND PENCIL ON PAPER
66 x 102 CM

132   *MINI CHRIST IN GOD MOTHER*, 2007
WATERCOLOR, GOUACHE, ACRYLIC, COLORED
PENCIL, AND PENCIL ON PAPER
31.5 x 35.5 CM

133   *AGNI, HYMNS TO THE MYSTIC FIRE*, 2007
GOUACHE, ACRYLIC, COLORED PENCIL, AND
PENCIL ON ANTIQUE PAPER
145 x 95 CM

134–135   *FORWARD MOVE THE LUMINOUS…*, 2007
GOUACHE, ACRYLIC, COLORED PENCIL, AND
PENCIL ON ANTIQUE PAPER
DIPTYCH, 145 x 94.5 CM   EACH

137   *WHAT IS THE MESSAGE?*, 2006
GOUACHE, ACRYLIC, COLORED PENCIL, AND
PENCIL ON ANTIQUE PAPER
145 x 94.5 CM

138   *PREMLATA*, 2006
WATERCOLOR, GOUACHE, ACRYLIC, OIL STICK,
COLORED PENCIL, AND PENCIL ON PAPER
76.5 x 57 CM

139   *PORTE NUCLÉAIRE & ATOMES*, 2006
WATERCOLOR, GOUACHE, COLORED PENCIL,
AND PENCIL ON PAPER
42 x 56 CM

140–141   *BRAHMA*, 2007
WATERCOLOR, GOUACHE, ACRYLIC, COLORED
PENCIL, AND PENCIL ON PAPER
42 x 56 CM

142   *TUSSILAGO FARFARA*, 2006
WATERCOLOR, GOUACHE, COLORED PENCIL,
AND PENCIL ON PAPER
42 x 56 CM

143   *DROSERA*, 2006
WATERCOLOR, GOUACHE, COLORED PENCIL,
AND PENCIL ON PAPER
42 x 56 CM

144–145   *SMILEY PERLETTE ET ŒUF D'ETHER PENDANT
L'ÉTÉ INDIEN*, 2005–2006
WATERCOLOR, GOUACHE, ACRYLIC, COLORED
PENCIL, AND PENCIL ON INDIAN PAPER
30 x 40 CM

147   *SURFING SMILE*, 2007
WATERCOLOR, GOUACHE, COLORED PENCIL,
AND PENCIL ON PAPER
29.5 x 20.5 CM

148–149   *SPIRITS*, 2005–2008
PENCIL ON INDIAN PAPER
32.5 x 48.5 CM

150–151   *NAKED GATE*, 2005
PENCIL ON PAPER
25 CM x 36 CM

THIS BOOK WAS PUBLISHED ON OCCASION OF THE EXHIBITION *VIDYA GASTALDON—CALL IT WHAT YOU LIKE...* AT THE NEW ART GALLERY WALSALL, SEPTEMBER 19–NOVEMBER 23, 2008.

EXHIBITION

THE NEW ART GALLERY WOULD LIKE TO THANK

ALL THE LENDERS WHO HAVE SUPPORTED THIS PROJECT. THEY ARE: GALERIE ART:CONCEPT, PARIS; LAURENCE DREYFUS; COLLECTION SARAH AND LOUIS ELSON; COLLECTION FLORENCE ET DANIEL GUERLAIN; LISA LIEBMAN AND BROOKS ADAMS, PARIS; ERNST SIEGEL COLLECTION, PARIS; GALERIE FRANCESCA PIA, ZURICH; ALEXANDRE POLLAZZON LTD, LONDON; COLLECTION J-E VAN PRAET; AND OF COURSE, THE ARTIST, VIDYA GASTALDON.

THANKS TO ALL THE NEW ART GALLERY STAFF

ROB ALLEN, BUILDINGS & FACILITIES MANAGER; REBECCA CARTWRIGHT, FINANCE ASSISTANT; MARK CLANCY, OPERATIONS MANAGER; LINDA DAVIES, OPERATIONS ASSISTANT; PETER DAVIS, LIBRARY ASSISTANT; JO DIGGER, COLLECTIONS CURATOR; VICTORIA FLETCHER, FINANCE MANAGER; MIKE GALLAGHER, ART HANDLING TECHNICIAN; MOAYAD HANOUSH, INFORMATION/ COMMUNICATIONS TECHNOLOGIES MANAGER; KEIKO HIGASHI, ASSISTANT EDUCATION CURATOR; DEAN HOUGH, TECHNICIAN; JEREMY HUNT, TECHNICIAN DESIGNER; IOANNIS IOANNOU, AUDIENCE DEVELOPMENT CURATOR; CHERYL JONES, LIBRARY SUPERVISOR; HELEN JONES, EXHIBITIONS CURATOR; NAILA KHAN, LIBRARY ASSISTANT; HOLLIE LATHAM, MARKETING & DEVELOPMENT MANAGER; HAYLEY MORRIS, SENIOR LIBRARY ASSISTANT; ZOE RENILSON, EDUCATION CURATOR; DEBORAH ROBINSON, SENIOR EXHIBITIONS CURATOR; VICKY SKELDING, EXHIBITIONS ASSISTANT; STEPHEN SNODDY, DIRECTOR; CHRIS WILKINSON, MARKETING & DEVELOPMENT ASSISTANT. VISITOR ASSISTANTS: PAMELA ANDERSON, RUTH BUTTERY, LAURA CURTIN, MICHELE HARRIS, ZAYNUL HUSSAIN, DAVID JORDAN, JULIE JONES, RAMANDEEP KAUR, PAUL MCINTOSH, CHRIS SANDERS, HAYLEY STEPHENSON, KAREN TURTON.

THE NEW ART GALLERY
GALLERY SQUARE
WALSALL WS2 8LG
UK
T +44 (0) 1922 654400
F +44 (0) 1922 654401
WWW.ARTATWALSALL.ORG.UK
INFO@ARTATWALSALL.ORG.UK

PUBLICATION

EDITOR
VIDYA GASTALDON

EDITING AND PROOFREADING
KEVIN SLIDE

TRANSLATION
DEKE DUSINBERRE

DESIGN
GAVILLET & RUST, GENEVA

DESIGN ASSISTANCE
TOBIAS RECHSTEINER

TYPEFACE
HERMES SANS (WWW.OPTIMO.CH)

PHOTO CREDITS
OLIVER PASQUAL, GENEVA; NATHALIE REBHOLZ, LAUSANNE; MARC DOMAGE, PARIS

COLOR SEPARATION AND PRINT
MUSUMECI S.P.A., ITALY

THE PUBLICATION HAS RECEIVED GENEROUS SUPPORT FROM PRO HELVETIA.

ADDITIONAL SUPPORT HAS BEEN PROVIDED BY SALON 94, NEW YORK, AS WELL AS GALERIE ART:CONCEPT, PARIS; GALERIE FRANCESCA PIA, ZURICH; ALEXANDRE POLLAZZON LTD, LONDON; AND HIROMI YOSHII, TOKYO.

VIDYA GASTALDON WOULD LIKE TO THANK FABRICE STROUN FOR ASSISTING WITH THE EDITING PROCESS OF THE TEXT, SOPHIE BERNHARD, BALTHAZAR LOVAY, RAPHAËL JULLIARD AND JÉRÔME MASSARD FOR THEIR THOUGHTFUL COMMENTS, AS WELL AS HER FAMILY AND FRIENDS FOR THEIR WARM SUPPORT.

ALL RIGHTS RESERVED. NO PART OF THIS PUBLICATION MAY BE REPRODUCED, STORED IN A RETRIEVAL SYSTEM, OR TRANSMITTED, IN ANY FORM, OR BY ANY MEANS, ELECTRONIC, MECHANICAL, OR OTHERWISE WITHOUT PRIOR PERMISSION IN WRITING FROM THE PUBLISHER.

© 2008, THE ARTIST, THE PHOTOGRAPHERS, THE NEW ART GALLERY WALSALL, AND JRP|RINGIER KUNSTVERLAG AG

PRINTED IN EUROPE.

PUBLISHED BY
JRP|RINGIER
LETZIGRABEN 134
8047 ZURICH
SWITZERLAND
T +41 (0) 43 311 27 50
F +41 (0) 43 311 27 51
WWW.JRP-RINGIER.COM
INFO@JRP-RINGIER.COM

ISBN 978-3-905829-84-6

JRP|RINGIER BOOKS ARE AVAILABLE INTERNATIONALLY AT SELECTED BOOKSTORES AND FROM THE FOLLOWING DISTRIBUTION PARTNERS:

SWITZERLAND
BUCH 2000, AVA VERLAGSAUSLIEFERUNG AG, CENTRALWEG 16, CH-8910 AFFOLTERN A.A., BUCH2000@AVA.CH, WWW.AVA.CH

FRANCE
LES PRESSES DU RÉEL, 16 RUE QUENTIN, F-21000 DIJON, INFO@LESPRESSESDUREEL.COM, WWW.LESPRESSESDUREEL.COM

GERMANY AND AUSTRIA
VICE VERSA VERTRIEB, IMMANUELKIRCHSTRASSE 12, D-10405 BERLIN, INFO@VICE-VERSA-VERTRIEB.DE, WWW.VICE-VERSA-VERTRIEB.DE

UK AND OTHER EUROPEAN COUNTRIES
CORNERHOUSE PUBLICATIONS, 70 OXFORD STREET, UK-MANCHESTER M1 5NH, PUBLICATIONS@CORNERHOUSE.ORG, WWW.CORNERHOUSE.ORG/BOOKS

USA, CANADA, ASIA, AND AUSTRALIA
D.A.P./DISTRIBUTED ART PUBLISHERS, L55 SIXTH AVENUE, 2ND FLOOR, USA-NEW YORK, NY 10013, DAP@DAPINC.COM, WWW.ARTBOOK.COM

FOR A LIST OF OUR PARTNER BOOKSHOPS OR FOR ANY GENERAL QUESTIONS, PLEASE CONTACT JRP|RINGIER DIRECTLY AT INFO@JRP-RINGIER.COM, OR VISIT OUR HOMEPAGE WWW.JRP-RINGIER.COM FOR FURTHER INFORMATION ABOUT OUR PROGRAM.

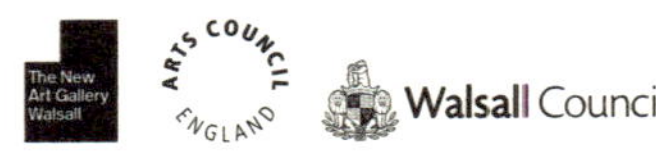